Give and Take

給予

華頓商學院最具影響力教授，創造人際紅利的處世策略

Adam Grant

亞當・格蘭特——著　汪芃——譯

WHY HELPING OTHERS DRIVES OUR SUCCESS

謹將本書獻給我的好友傑弗利．札斯洛，
他一生為人正是本書原則的最佳代言。

各界一致讚譽！

《給予》一書集結尖端研究、具體實例及深度洞見，提供引人深思並教人驚嘆的見解，闡明如何透過人際互動帶來成就和快樂。這部作品十分重要且極具可讀性，相信讀者一定會喜歡！

《過得還不錯的一年》作者／**葛瑞琴・魯賓**

亞當・格蘭特是正向心理學的明日之星！他在本書中完美地結合了科學與商場成敗的故事，說服我們以長期眼光來看，「給予」才是商場上的必勝之道。閱讀本書將使你重新省視自己的人生，建議除了自己閱讀，也送幾本給你最關心的人。

《邁向圓滿》作者／**馬汀・塞利格曼**

格蘭特在這部劃時代的巨作中檢視卓越成功人士的成就秘方，
他帶我們認識一個個令人敬佩的人物，以實證推翻大眾迷思，
證明成功的不二法則正是與他人分享榮耀，這是一本二十一世紀的成功聖經！

耐吉基金會創辦執行長暨總裁／**瑪麗亞・艾托**

《給予》是一部極上乘的作品，格蘭特端出三重饗宴：
故事說得像小說一樣好，有力的科學洞見令人大開眼界，
而奠基其上的建議更帶領個人和組織邁向成就。
這是我所見過對商場及人生最有影響力的一本書！

哈佛商學院教授暨《進步原則》共同作者／**泰瑞莎・艾麥拜爾**

《給予》徹底逆轉職場的遊戲規則，亞當・格蘭特這部精采作品
將改變醫生行醫的方式、管理人管理的方式、教師教學的方式，
以及所有老闆領導的方式，推動社會大眾以更適切的方式獲得更耀眼的成就。
這是一本不可不讀、會全面改變你生活及工作的書！

《只想買條牛仔褲：選擇的弔詭》作者／**貝瑞・史瓦茲**

這是我這幾年讀過最吸引人且鞭辟入裡的一本書，
格蘭特的論點鋪陳有力，道出看似違背直覺的致勝秘訣。
《給予》絕對是一部新經典，如果你希望提高職場及人生的生產力及快樂度，
這本書絕對不能錯過！

《就是要說服你》作者／**諾亞・葛斯坦**

作者在《給予》一書中集結大量強而有力的證據，
帶領讀者進行一場思想革命，以全新視角看待商場及人生中的成功要領。
格蘭特的論證鼓舞人心，寫作也扣人心弦，這是一本非讀不可的好書！

《影響力：讓人乖乖聽話的說服術》作者／**羅伯特・席爾迪尼**

本書是引人入勝的上乘之作，亞當・格蘭特推翻常理，點出致勝新法則，
這部作品充滿使人一讀就停不下來的人物故事和科學研究，
揭露成功的驚人法則，帶領我們通往成就之門。

谷歌人力資源資深副總裁／**拉斯澤羅・鮑克**

本書破除許多舊有迷思，推翻付出即軟弱、掠奪即成就的成見，
作者格蘭特帶領我們掌握人際互動的力與美！

杜克大學行為經濟學教授／**丹・艾瑞利**

• CONTENTS •

CHAPTER 1

善有善報

──談「施比受多」的風險與酬賞──

施與受的原則跟外交原則一樣──務必給一拿十。

──作家暨幽默大師 馬克・吐溫

故事要從矽谷說起，在一個陽光燦爛的週六早晨，兩位以女兒為傲的父親在一個足球場旁認識了。他們年幼的女兒正一起踢足球，兩人站在場邊看，沒過多久，他們就扯開話匣子聊起工作的事。兩個男人之中個頭比較高的是丹尼．夏德爾，他是創業家，開過好幾家公司，待過網景、摩托羅拉和亞馬遜等企業。他神色緊繃，留著一頭深棕色的頭髮，而一聊起商場的事便沒完沒了。夏德爾創辦第一家公司時年近四十，因此他老愛戲稱自己是「網路業的老頭」。他熱愛創業，此時正準備創辦第四家公司。

夏德爾很快便對另一位爸爸起了好感。這位女兒朋友的父親名叫大衛．霍尼克，他的工作正好就是出錢投資企業。霍尼克身高約莫一百六十公分出頭，頭髮也是深褐色，臉上戴著眼鏡，蓄著山羊鬍。霍尼克是個興趣廣泛的人：他收藏許多版本的《愛麗絲夢遊仙境》；大學時，他「創造」了自己的主修學位「電腦音樂」[1]，修過許多音樂史、物理學、電腦工程及聲學的課程，大學畢業後又攻讀犯罪學碩士學位，另外還拿了個法律學位。出社會後，他在律師事務所沒日沒夜工作了一陣子後轉戰一家創業投資公司，展開創投生涯。過去十年來，有無數創業家向他提案，而他的工作便是判斷這些新公司是否值得投資。

小朋友的足球賽中場休息，這時夏德爾轉過頭去對霍尼克說：「我最近正在創業，想跟你提個案，你有沒有興趣？」霍尼克專精的正是網路公司，因此在夏德爾眼中他是理想的金主，若事情談得成，這將是雙贏局面。大多數向創投公司提案的創業家都是初試啼聲，缺乏成功的創業經驗，而相較之下，夏德爾算是創業家裡的績優股，而且他不只成功過，還成功過兩次。一九九九年，他創辦的第一家公司「接受網站」（Accept.com）以一億七千五百萬美元的高價賣給亞馬遜，二〇〇七年，他的第二家公司「好科技」（Good Technology）更被摩托羅拉以五億美元的天價買下。他戰績非凡，霍尼克自然對他的提案很感興趣。

幾天後，夏德爾便驅車前往霍尼克的辦公室，向他介紹自己最新的創業計畫。在美國，有近四分之一的人因為沒有銀行帳戶和信用卡而無法上網購物，而夏德爾的創業點子正是要針對這個問題，提供一個創新的解決方案。霍尼克是頭幾個聽到這份提案的投資人，而他對夏德爾的創業點子一見傾心，不到一週後，他便找來合夥人，一起把投資條件清單放在夏德

1 譯註：美國某些大學允許學生在教授指導下，自行訂定個人化的主修科目。

爾面前——他決定投資夏德爾的公司。

雖然霍尼克迅速展現誠意，但夏德爾這尊大佛可不好請，因為以他在業界的名氣，加上這個令人心動的創業計畫，想投資的金主想必不少，這些霍尼克都心知肚明。霍尼克解釋：「常常很多創業家都有不只一家創投想投資，我們常要跟美國許多一流的創投公司競爭，想辦法說服創業家我們為什麼比其他金主好。」

如果霍尼克想快點敲定這筆投資案，最好的做法應該是給夏德爾一個期限，催促他盡快做出決定，只要霍尼克和合夥人提供的條件夠吸引人，又把期限訂得很短，夏德爾沒時間向其他投資公司提案，很可能就會跟他們簽約。不少風險投資公司都喜歡用這種策略來增加贏面。

但霍尼克不但沒給夏德爾訂期限，他根本是鼓勵夏德爾再多比較幾家。霍尼克認為創業家選擇投資人需要時間，因此他的原則是絕不催促。他說：「希望你慢慢考慮，好好決定。」雖然他也希望自己雀屏中選，但他把夏德爾的利益放在自己的利益之前，讓夏德爾慢慢評估。

夏德爾確實照做了：接下來幾週，他果真去向其他創投公司提案。但在這期間，霍尼克也想確保自己勝券在握，因此他把他最寶貴的資源寄給夏德爾：那是一份名單，上面有四十位願意替他背書的推薦人，能證明他是優質的投資人。霍尼克曉得創業家選投資人的標準跟一般人選理財顧問時差不多：他們想找的是有能力又可靠的人。創業家跟投資人簽約後，投資人會加入公司董事會，提供公司營運的專業建議，而霍尼克列出的這些推薦人，是他這十幾年創投生涯中流血流汗、扶起多少創業家才累積出來的，他確定這些人願意替他的才幹和人品背書。

幾週後，霍尼克接到一通電話。打來的是夏德爾，他要告訴霍尼克他的決定。

他說：「對不起，我決定跟另一家創投公司簽約。」

對方提出的財務條件跟霍尼克幾乎相同，所以照理說霍尼克列出的四十位推薦人應該讓他占上風才是，而且夏德爾的確找那些推薦人聊過，他也很清楚霍尼克是個好人。

然而這案子之所以吹了，正是因為霍尼克人太好。原來夏德爾擔心霍尼克只會一味鼓勵他，鞭策力不足，他怕霍尼克不夠強悍，沒辦法幫助他經營成功的事業，而他選擇的那位投資人在業界則是出了名的好手，擅長砥礪創業家，鞭策他們前進，因此夏德爾才會變心，他的想法是：「我應該找會挑戰我的人加入董事會，霍尼克太和藹可親了，沒辦法想像他當董事的樣子。」夏德爾在電話中向霍尼克解釋：「我的感性叫我選你們，理性卻叫我選他們，最後我決定聽從理性。」

霍尼克簡直青天霹靂，他開始在心裡放馬後砲：「我是傻子嗎？要是我逼他快點簽約，他說不定就簽了。可是我花了十年累積到今天的名聲，就是想避免這種事啊，到底為什麼會這樣？」

大衛・霍尼克學到了昂貴的一課：人善被狗欺。

但真是如此嗎？

一般咸信成功的人都有三項特質：一是努力，二是才幹，三是運氣，如果想成功，這三者缺一不可。而丹尼．夏德爾和大衛．霍尼克的故事則點出第四項極重要但常被忽略的關鍵：我們的成功取決於我們與他人互動的方式。在工作場域中，我們每次與人互動都是在做選擇：到底該盡量搜刮利益，或是不計較得失，儘可能貢獻出最大價值？

我是哈佛大學華頓商學院的教授，專長是組織心理學，我在職涯中花了超過十年時間研究這類抉擇，研究對象從谷歌到美國空軍都有，而我發現上述抉擇對一個人的成就有驚人影響。過去三十年來，社會學者做了許多開創性的研究，發現每個人對施與受的態度天差地別，換句話說，每個人偏好的「索取」和「給予」的比例都不同。為讓大家了解這些態度差異，我想先介紹在職場的「施與受」天平上分踞兩端的人：「索取者」和「給予者」。

索取者的定義很簡單，就是喜歡索取多過給予的人。索取者讓施與受的天平倒向對自己有利的一邊，凡事總先考慮自身利益，而非他人需求。在索取者看來，世界是個狗咬狗的戰場，要成功就得贏過別人，因此為了證明自己的才幹，他們會自吹自擂，做什麼事都要得到足夠的功勞。多數索取者並不是什麼狠毒殘酷的角色，他們只是提防心重，凡事求自保，心裡想著：「我得保護自己，否則誰會保護我？」假使大衛．霍尼克的個性比較像「索取者」，他就會給丹尼．夏德爾一個期限，把自己簽下投資案的目標擺第一，不在意夏德爾是否需要時間考慮。

然而霍尼克正好是索取者的相反——他是個給予者。給予者在職場上是相對罕見的少數族群，他們重視別人的利益，喜歡給予勝過索取。索取者往往把注意力放在自己身上，總是評估別人能給自己什麼好處，而給予者則比較關心他人，會去注意別人需要什麼，自己能給予什麼。這兩種傾向與金錢無關，跟誰捐的錢多、誰要求的薪資多沒關係；給予者和索取者的差別在於他們對他人採取的態度和行動。如果你是索取者，你幫助人是有策略的，會確保自己得到的好處比付出的多；而如果你是給予者，分析成本效益的方式或許就不同了——只要你的付出能讓他人獲得更高的價值，你就樂於貢獻，甚至不去思考自己得付出多少，完全不求回報。若你在職場上是個給予者，那代表你時時努力對他人慷慨，樂意用自己的時間精力、知識技能、創意和人脈來幫助別人。

我們可能會以為「給予者」的頭銜只配用來形容德蕾莎修女或甘地那種萬眾矚目的英雄英雌，但其實給予者並不需要做出什麼偉大犧牲，只須努力促進他人的利益即可，好比伸出援手、指點迷津、分享功勞或牽人脈等都是。這類行為在職場之外其實很常見，根據耶魯大學心理學者瑪格麗特．克拉克（Margaret Clark）的研究指出，大部分人在較親密的關係中都樂於當給予者——我們經營婚姻和友誼時往往不太計較，會盡量付出。

但職場上的施與受就複雜多了。在工作時，我們很少人是百分之百的給予者或索取者，我們通常都是第三種人——互利者，也就是會盡量在施與受之間取得平衡，凡事以「互相」為原則，強調自保，幫助別人時會希望對方回饋。如果你是互利者，代表你主張以德報德、以怨報怨，在人際往來中力求公平。[2]

給予、索取和互利是三種人際互動模式，但三者間並沒有明確分野，你很可能發現自己在職場上扮演著不同的角色，與不同對象互動時會有不同的相處模式。[3]例如你談薪水時可能會展現索取者的姿態，指導後進時又成為給予者，把自己的專業教導給同事時則奉行互利原則。但研究證實，職場上多數人都會發展出一套主要的人際互動原則，在大部分場合、對待大部分人都用相同的模式，而每個人選擇的互動模式就是他們成功與否的關鍵，重要性絲毫不下於努力、才幹和運氣。

事實上，施與受的人際互動原則與成功之間的關聯非常明顯。如果我請你猜誰最難成功，在給予者、索取者和互利者三者之中，你會猜誰呢？

這三者在專業場域中各有優劣勢，但其中一種已證實比其他兩種更容易吃虧。看完大衛·霍尼克的故事，你或許會猜給予者最容易失敗——而你猜得也沒錯。研究指出，給予者確實屈居成就金字塔的底層；學者研究各大行業，發現吃虧的經常是給予者，因為他們扶別人一把，過程中卻犧牲了自己成功的機會。

例如在工程圈裡，生產力和效率最低的工程師往往都是給予者。有份研究針對加州的一百六十多位專業工程師進行調查，研究團隊請受試者評估同事貢獻和受惠的程度，結果發現工作表現最差的工程師確實是給予比索取多的人，這些員工在公司裡完成的工作項目、技術報告和製圖最少，而犯下的錯、拖延的時間和浪費的金錢最多；這些給予者為了幫助別人付出更多心力，因此無法好好完成自己的工作。

醫學院裡也有類似的情形。一份比利時研究針對六百多位醫學院學生進行調查，發現成績吊車尾的學生較常回答「我樂於助人」、「我替他人的需求設想」，這些給予者多花心力幫忙同學溫書、分享自己所學，讓別人得以追上他們，因此其他同學的考試成績自然比較好。而業務員的狀況也相去無幾：我曾率領團隊研究一群北卡羅萊納州的業務員，我們比較索取者、互利者和給予者，結果發現前兩者的年銷售額整整比給予者多了二・五倍，因為給予型的業務員會替顧客著想，往往不願強力推銷。

這樣看來，各行各業的給予者都太關心、太信任別人，總是犧牲自己的利益成全他人，甚至有研究比較給予者和索取者，發現給予者的平均收入比索取者低了百分之十四，且成為犯罪受害者的風險是索取者的兩倍，此外給予者被認為其權勢和主導權比索取者低了百分之二十二。

好了，如果成就金字塔的底層多半是給予者，那高居頂端的又是誰呢，是索取者或互利者？

2 編註：在原書中，給予者、索取者、互利者原文分別為 giver、taker 和 matcher。

3 原註：洛杉磯加州大學人類學者亞倫・費斯克（Alan Fiske）研究發現，各文化的人都會混合給予、索取及互利等三種互動模式，從北美、南美到歐、亞、非、澳等都是如此。費斯克曾到布吉納法索與當地的摩西人同住，並發現他們也會輪流扮演這三個角色。例如他們樂於貢獻土地，若你想住進他們村子，他們會馬上分一塊土地給你，不求回報；然而在市集裡，他們便成了索取者，人人討價還價，務必講到最好的價錢。耕作時，他們又成了互利者：希望人人貢獻一樣的心力，每天的餐點也都均分。

兩者皆非。我觀察研究資料，發現一個驚人現象：社會上最成功的人也是給予者。

前面提到低生產力的工程師多是給予者，然而我們再看看調查結果，會發現生產力最高的人也是給予者。上述研究的加州工程師中，工作成果被評為質量俱佳的工程師都是一直樂於貢獻且不求回報的人。換言之，表現最差和最好的人都是給予者，索取者和互利者則多是中庸之流。

而且這不是特例，而是普遍現象。前述的醫學院研究指出成績差的學生通常給予者特質特別鮮明，然而表現最好的學生也是如此，給予型醫學院學生的成績整整高出平均百分之十一。甚至業務員的世界也不例外，儘管我發現低生產力業務員的給予者指標比表現一般的同事高出百分之二十五，但業績最好的業務員卻也是如此；頂尖的業務員都是給予者，而這些超級業務員的年度業績平均比索取者和互利者高出百分之五十。給予者同時占據了成就金字塔的底層和頂層，只要在各行各業中觀察人際互動模式和成就間的關聯，你會發現雖然輸家多是給予者，但贏家也都是給予者。

猜猜看，大衛．霍尼克最後成了輸家或贏家？

丹尼．夏德爾跟另一位投資人簽約後，心裡有揮之不去的陰霾。他心想：「我們剛完成一樁大事，該好好慶祝才對，為什麼我心裡沒那麼開心呢？跟現在這個股東簽約我很高興，他聰明、能力強，但錯過了霍尼克我卻很惋惜。」夏德爾希望能想辦法跟霍尼克合作，但有個潛藏的問題，那就是如果邀霍尼克加入，夏德爾和領投投資人的持股比例將會降低，所有權會變小。

最後夏德爾認為他個人願意付出這點代價，因此在募資結束前邀霍尼克來投資公司，霍尼克也答應了，因此取得公司的部分所有權。霍尼克加入了公司董事會後，夏德爾發現霍尼克其實很有魄力，常給他營運策略上的建議。他說：「我看見霍尼克的另一面，原來他很有才幹，只是藏在和藹的笑臉下。」夏德爾的新創公司起步不錯，一部分也多虧霍尼克的建議。夏德爾的公司名叫「方便付」（PayNearMe），經營的業務內容是讓沒有銀行帳戶和信用卡的美國人在網路上購物時使用條碼或卡片結帳，然後再到一些合作的實體店面付現金，例如7-Eleven或灰狗巴士站等。「方便付」初成立的一年半，每個月都以超過百分之三十的速度成長，而霍尼克成了股東，自然也分到一杯羹。

此外霍尼克也把夏德爾加進了他的推薦人名單，而這位推薦人或許比這筆生意本身更有價值。之後每當有創業家打電話詢問霍尼克的評價，夏德爾總回答：「你可能會覺得霍尼克只是人滿好的，但他其實很有料，非常棒——做事拚，膽量也夠，會指出你哪裡做不好，同時又很支持你。還有，他回應的速度非常快，能做到這點的投資人最了不起，你不管什麼時候找霍尼克，無論大事小事、白天晚上，他一定很快回你。」

霍尼克得到的報酬不只有「方便付」這筆案子。夏德爾實際與霍尼克共事後，開始欣賞霍尼克的真心付出，他看出霍尼克永遠把創業家的利益擺第一，因此開始撮合霍尼克和其他創業家。例如某次夏德爾跟線上法律服務公司「火箭律師」的執行長見面，他便向那位執行長推薦霍尼克當投資人，而雖然當時那位執行長已跟另一位投資人簽約，但最後霍尼克仍贏得這樁投資案。

雖然大衛・霍尼克知道當給予者有不少缺點，但他認為樂於付出正是他在創投業成功的關鍵。霍尼克估計，多數創投業者捧出投資條件清單後，成功簽下案子的比例大約是將近百分之五十。他解釋：「如果你想簽的投資案可以拿下一半，就已經是業界中表現很好的了。」然而霍尼克在十一年的創投生涯中遞出二十八份投資條件清單，其中有二十五位創業家都跟他簽了約，拒絕他投資的包含夏德爾共只有三人，換句話說，高達百分之八十九的創業家都欣然接受他的資金。而且多虧有霍尼克的資金和專業建議，接受他投資的企業有頗多成功案例，例如其中有一家公司的總市值在美股二〇一二年第一個交易日時甚至突破三十億美元，其他接受投資的公司也有不少被谷歌、甲骨文、特瑪捷、巨獸等大企業買下。

當然，霍尼克之所以能跟丹尼・夏德爾合作，一方面是因為努力和才幹，一方面是他看女兒比賽時幸運站對了地方，然而其實他與人往來的互動模式才是他打勝仗的關鍵。而且更棒的是，贏家不只有他一人，夏德爾也贏了，另外夏德爾陸續介紹的那些新創公司也都贏了，換言之，霍尼克不吝當個給予者，結果同時替自己和他人創造了價值，利人又利己。

●●●

我想在這本書裡告訴你的重點是：我們都跟大衛・霍尼克一樣，低估了給予者所能得到的成就；雖然我們常認為給予者不是太傻就是太逆來順受，但這種人最後獲得的成就常讓人跌破眼鏡。為了解給予者為何能高踞成就金字塔的頂端，我會帶你看幾個驚人的研究和案例，這些資料都能證明為何給予益處多多，而且其實沒大家所想的那麼危險。此外我也會介紹幾位成功的給予者，他們來自各行各業，有的從事顧問業，有的是律師、醫師、工程師，也有業務員、作家、創業家及會計師、老師、理財顧問和運動經理人等。一般人通常認為應該自己先成功後再考慮回饋他人，所以先給予的人似乎會晚別人幾步，然而我以下介紹的給予者卻推翻了這一套觀念。

但我們也不能忘記前述那些失敗的工程師和業務員。有些給予者確實會成為隨波逐流、任人擺布的泛泛之輩，而我也想探索，是什麼造成給予者中有領頭羊和小跟班的差異。結果我發現，成敗和每個人的天賦能力沒多大關係，每個給予者所採用的策略和選擇才是關鍵。如何貢獻才不會淪於成就金字塔的底層？為了讓你明白這件事，我得先打破迷思，說明以下兩件事：第一，給予者不一定都是好好先生、好好小姐；第二，給予者不是完全不在意自己的發展。我們每個人都有自己的目標，希望自己有所成就，給予者也是，他們也像索取者和互利者一樣懷抱雄心壯志，只是他們選擇用不同的途徑來達成目標。

而這就得說到我這本書的第三個目標——解釋給予者獨特的成功之道。話先說在前頭：給予者、索取者和互利者都能成功，事實確是如此，但給予者的成功有特別之處：他們能創造出多贏局面。索取者的成就經常損及他人利益，因此有研究指出，成功的索取者易招忌，旁人會想辦法挫他們的銳氣。相較之下，像大衛·霍尼克這樣的給予者成功時，旁人卻會為他們喝采、予以支持，而不是等著看他們跌跤。給予者的成功會造成漣漪效應，讓周遭的人一起成功，因為他們並不只是想辦法直接取得成就，而是會創造出更大的價值。例如創投家蘭迪．柯米薩就曾說過：「如果每個人都希望你贏，你自然比較容易贏；不要樹立敵人，成功機會就大得多。」

但在某些場域，貢獻的代價似乎遠遠大過好處。例如以政治而言，本章開頭馬克．吐溫的引言就說了，好的外交手腕應該每給予一分就索取十分，此外美國前總統比爾．柯林頓也寫過這樣一番話：「政治就是一直『要東西』，要別人支持，要別人貢獻，要選票，如此周而復始。」這麼說來，索取者遊說起來很有力，也能在選戰中智取對手，而互利者則應該對政治圈中無止境的利益交換十分擅長，那給予者在政壇上會如何呢？

不妨來看看一位鄉下老粗山普森的政壇奮鬥記吧。我要介紹的這位山普森曾說他的目標是成為「伊利諾州的柯林頓」，他一直期許能在參議院贏得一席。山普森早年是農場出身，看起來不太有前進政壇的本錢，然而他極有雄心壯志，二十三歲時就曾角逐伊利諾州議會的席次，當時共有十三位候選人競爭四席，山普森表現並不理想，票數位居第八。

選戰輸了，他轉而從商，借貸款跟朋友合開一家小店，結果經營不善，他還不起貸款，所有財產都被地方單位查封，不久後，合夥的朋友過世，身後沒留下任何資產，所有債務全落到山普森頭上。他曾打趣說這筆債簡直像「美國國債」——金額是他當時年收入的十五倍。但山普森後來花了許多年，仍把債務還清了。

山普森經商失敗後再次參選進軍州議會，這回雖然他才二十五歲，卻獲得第二高票，成功贏得席次。第一次會期開始時，他還向人借錢才買下人生第一套西裝。接下來他連續擔任八年州議員，期間還取得法律學位。最後，山普森四十五歲時終於準備要站上國家級舞台——競選參議員。

山普森知道自己將面臨一場苦戰。他的勁敵主要有兩位：詹姆斯・薛爾茲和萊曼・特朗卜。這兩人都曾在州立最高法院擔任法官，出身都比山普森好很多，薛爾茲是現職參議員，這次是爭取連任，而他家族中也有長輩是眾議員，算是政治世家，至於特朗卜則有一位顯赫的祖父是耶魯大學畢業的歷史學者。相較之下，山普森論經驗、論勢力都不如這兩位對手。

初選時，山普森儼然是匹黑馬，贏得百分之四十四的支持率，薛爾茲以百分之四十一緊追在後，特朗卜則遠遠落後，只獲得百分之五的票數。到了第二次投票，山普森更是遙遙領先兩位對手，獲得百分之四十七的選票。然而後來多了另一位候選人參戰——當時的伊利諾州州長喬爾・馬特森，這時風向就開始轉彎了。馬特森人氣頗旺，很可能把山普森和特朗卜的選票搶走。接著薛爾茲退出選戰，馬特森的支持率立刻躍升第一，高達百分之四十四，山普森降到百分之三十八，特朗卜的支持率則只有百分之九。然而不過幾個鐘頭，特朗卜卻以百分之五十一的得票率打贏選戰，低空飛過馬特森的百分之四十七。

山普森的支持率為何突然下滑，而特朗卜又是怎麼一飛沖天的呢？他倆的情勢之所以對調，其實是因為山普森把選票雙手奉上送給了特朗卜。山普森這樣做看似毫無道理，但其實是馬特森參選後，山普森便開始擔心自己是否能贏得選戰，而他知道特朗卜有一批為數不多卻死忠的選民支持到底。大多數人遇到山普森的處境，應該都會想辦法攻下特朗卜的選票，畢竟特朗卜的支持率只有百分之九，勝算實在渺茫。

然而山普森最在意的並非自己當選與否，而是他不希望馬特森贏得選戰。當時山普森認為馬特森正從事某些不法勾當，因為據聞馬特森涉嫌賄選，拉攏樁腳；無論傳聞是否為真，至少山普森的主要支持者也證實馬特森曾經試圖買他們的票。而馬特森則表示若山普森無法贏得選戰，選民當然該把票投給他這個有勝算的人。

對於馬特森的手段和動機，山普森的憂慮果然沒錯，因為馬特森在一年後州長任期將屆時便爆發醜聞：他將過期及贖回後未銷毀的政府支票兌現，一共拿了好幾十萬美元的贓款，最後被控詐欺。

山普森一方面是懷疑馬特森，另一方面也因為他對特朗卜有信心，因為他倆對某些議題立場一致。在選戰之前，山普森便已積極倡導某項社會及經濟政策的大轉彎，努力了好幾年，他深信這是改變伊利諾州的關鍵，而特朗卜也和他朝相同的方向努力，因此山普森並未設法搶走特朗卜的死忠選票，而是決定自我了斷。他告訴他的競選執行總幹事史蒂芬・羅根，他要退出選戰，請支持者改投特朗卜。羅根無法置信：為什麼支持者多的人要把選票送給人氣不旺的敵手呢？羅根聲淚俱下請求山普森重新考慮，但山普森心意已決。他就此退選，並呼籲選民改支持特朗卜，他犧牲自己，最後終於讓特朗卜獲得勝利。

山普森經常把自己的利益拋到腦後，這並不是第一次。在他把參議院席次拱手讓給特朗卜之前，他的律師生涯便因為一個致命的弱點而無法大放異彩。雖然山普森在業界聲譽不錯，但每次只要他認為客戶確實有罪，他就沒辦法勉強替對方辯護。一位同事指出，山普森的客戶都曉得「如果他們的官司確實該贏，他們就會打贏，但如果他們理虧，那麼找山普森辯護就是浪費時間」。例如山普森曾接過一個竊盜案件，他在法庭上對法官說：「如果你可以替這人說好話，那你就說吧，我沒辦法，如果我幫他說好話，陪審團會看得出來我其實覺得他有罪，就會把他定罪。」在另一場刑事庭審中，山普森甚至直接湊到一位律師身旁說：「這人有犯案，你來辯護吧，我沒辦法。」他就這樣把案子交給那位受僱律師，放棄了一大筆律師費。他這些作為贏得不少人的尊敬，卻也讓許多人懷疑他韌性不足，無法在政壇上使出鐵腕作風。

一位山普森的政壇對手形容他「近乎完人，只欠一項」，那就是他不適合掌權，因為他太容易關懷別人，影響了自己的判斷力。山普森在政治圈裡當給予者，使自己屈居弱勢，他不願自私自利，導致敗選，還讓大眾懷疑他是否太軟弱，不適合殘酷的政壇；在大家眼裡，特朗卜辯論起來砲火猛烈，而山普森只是個濫好人。山普森直言不諱：「輸了那場選戰我很難過。」但他依然認為讓特朗卜當選有助推動他倆共同的政治訴求。選戰後，一位地方記者在報導中表示特朗卜比山普森「更有真才實料，更能掌權」。

但山普森可沒想一直當陪襯角色。幫助萊曼．特朗卜選上參議員的四年後，山普森再度參選，結果又落選了，然而這次選前替他拉票拉得最勤的不是別人，正是萊曼．特朗卜。山普森的犧牲奉獻替他贏得了善意相挺，而且從敵人變盟友的不只有特朗卜。在山普森初次參選且握有百分之四十七票數、勝券在握時，一位芝加哥律師政治家諾曼．卓德怎麼也不肯把他能影響的百分之五票數從特朗卜轉到山普森身上；然而到了這次選戰，卓德卻也大力支持山普森。

又過了兩年，山普森在落選兩次後終於當選聯邦參議員，而根據一位具有真知灼見的政論家表示，卓德一直記得山普森「慷慨大度的行為」，因此他「比誰都要努力」確保讓山普森獲得提名。

一九九九年，美國「有線衛星公共事務網絡」（C-SPAN）政治電視台訪問一千多位關注政治的觀眾，請受訪者評論山普森及其他三十餘位曾任類似職位的政治人物，替這批人的政績打分數，結果山普森獲得最高評分，奪下第一名，儘管他曾數次落選，卻最得民心。好了，「山普森的鬼魂」其實是這位鄉下老粗在一些信裡用過的筆名。

這位「山普森」的本名是亞伯拉罕・林肯。

一八三〇年代，林肯努力想成為伊利諾州的狄瓦特・柯林頓——這位狄瓦特・柯林頓曾任聯邦參議員及紐約州長，是伊利運河背後的推手。林肯第一次選參議員時退選把票讓給萊曼・特朗卜，當時他倆共同的目標正是希望廢除奴隸制度。無論是為了解放黑奴不惜犧牲自己在政壇的機會，或是拒絕替有罪的客戶辯護，林肯始終貫徹他的原則，以大眾利益為優先。歷史、政治學及心理學領域的專家評論美國歷屆總統時，都稱林肯總統為名副其實的給予者，例如曾有兩位專家寫他「樂於奉獻，不畏艱難」，且「確實關心每一位人民的福祉」。值得注意的是，林肯是歷任美國總統當中最不自私、最不自負也最不愛說大話的一位，在一些獨立的總統傳記評比中，論分享功勞和照顧他人利益，林肯都位居前三名，與華盛頓、菲爾莫爾兩人並駕齊驅。一位與林肯共事過的將軍曾評論：「感覺他比其他人更具備偉人的特質及善良的情操。」

即便進了白宮，林肯仍將國家利益擺在自己的前面，例如他在一八六〇年當選美國總統後，便邀請他在共和黨黨內提名時擊敗的三位對手前進白宮，分別擔任國務卿、財政部長和總檢察長（相當於司法部長），而根據歷史學者桃莉絲．基恩斯．古德溫在《無敵》一書中的描述，林肯選的這批內閣實在絕無僅有：「他挑的內閣成員個個比他名氣大、學歷好、政治經驗豐富；這位出身西部大草原、名聲不怎麼響亮的小律師選這些人進內閣，其實是冒著鋒芒被遮蓋的風險。」

如果換成哪個索取者坐上林肯的位子，或許會為了維護面子和權力，去找些聽話的乖乖牌來當內閣成員，而換作互利者，則可能欽點一些之前支持自己的盟友來分一杯羹；然而林肯邀請的卻是與他戰得最兇的敵手。他曾回答一位難以置信的記者說：「我們需要共和黨最一流的人才來組成內閣，我沒有權利剝奪美國人的福祉，不讓這些人來服務國家。」這些政敵中有人鄙視林肯，有人則認為他根本沒有能力，但林肯最後終於贏得所有閣員的心。基恩斯．古德溫指出，林肯「成功擺平內閣成員的自我心態，正顯示一位真正偉大的政治家能將敦厚、敏銳、誠實、同情和同理心這些我們眼中的高貴情操都化為強大的政治資源。」

如果給予者在政治圈裡也能發光發熱，代表這種人在各行各業都能有所成就，儘管如此，貢獻是否有助成功，則取決於一個人是在什麼情境中付出。在我們繼續往下看之前，關於貢獻，請先牢記一個重點：樂於付出確實可能成為絆腳石。在零和或非輸即贏的情況下，當個給予者通常沒有好處，而這也是林肯每次犧牲自己成就他人時所學到的教訓。林肯本人也說過：「若真要說我這人有什麼短處，恐怕就是沒法拒絕別人吧！」

儘管如此，人生中的零和狀況少之又少，而總的說來，選擇當給予者的人最後往往滿載而歸，例如像林肯總統和大衛・霍尼克等人，他們的所作所為看似犧牲，最後卻帶來好處。只要我們把眼光放遠一點，就看得出林肯和霍尼克其實並未失敗；給予者贏得他人的善意和信任需要一些時間，但最後他們總是能獲得美譽，並建立有助成功的人脈。長期而言，貢獻雖有風險，卻也會帶來權力，例如幸福生活飯店集團（Joie de Vivre Hotels）的知名創辦人奇普・康利（Chip Conley）便曾說過：「給予者不適合百碼短跑，卻能在馬拉松中脫穎而出。」

在林肯的時代，這種馬拉松賽路途漫漫。當年沒有電話、網路和快捷的交通工具，因此人脈和名氣的建立往往十分緩慢。正如康利所說的：「在那個年代，連寄信都可能寄丟呢。」康利指出，現在的社會資訊傳遞方便，人際關係和聲譽的建立都更為容易，因此給予者邁向成功的腳步得以加快，曾任利惠（Levi's）副牌多克斯（Dockers）總裁、現任蓋普（Gap Inc.）全球責任資深副總裁的芭碧・思爾頓（Bobbi Silten）便說：「我們可以樂於貢獻，同時也有所成就。」

在今天的社會中，樂於貢獻能為職涯帶來更多成就，不只是因為現在「貢獻馬拉松」的路程縮短了，也因為現在工作場域的交流頻繁、科技發達，所以這個時代的給予者能得到更多好處。如今有超過一半的歐美企業讓員工以團隊方式完成工作，無論生產汽車、蓋房子、動手術、開飛機、打仗、演奏交響樂、寫新聞、替企業查帳、提供顧問服務等在在都是團隊工作，而在一個團隊裡，分享資訊、擔下苦差事、支援其他人等都需要給予者的角色。

當年林肯邀請政敵入閣，那些對手便見證了林肯願意為他人、為祖國貢獻多少。在林肯當選總統的幾年前，一位政敵埃德溫．斯坦頓曾說林肯根本就像一隻「笨手笨腳的長臂猿」，然而斯坦頓與林肯實際共事後，卻改口大讚他是「世上最懂得治理國家的人」。而因為我們現代人更偏好團隊合作，給予者也就有更多機會像林肯一樣展現自己的價值。

現在的人即使不須涉及團隊工作，也很可能身處服務業；我們不像祖父母那代，那時的人多從事製造業，往往獨立工作，不太需要與他人協力完成工作，因此當個給予者其實無助提升工作效率。然而在今天，許多人的工作都是在提供服務，而服務性質的工作就需要與人互動。一九八〇年代，服務業產值約占全球國內生產總值的一半，到了一九九五年卻增加到將近三分之二，而現在，有超過百分之八十的美國人都從事服務性質的工作。

服務業持續擴張，因此大家越來越看重有人脈、有聲譽的給予者。無論你本身是給予者、索取者或互利者，我打賭你絕對希望提供你服務的人是給予者吧？我們當然希望自己的醫生、律師、老師、牙醫師、水電工和房屋仲介等都是給予者，能為我們創造價值，而非試圖占便宜。這正是為什麼大衛．霍尼克能享有高達百分之八十九的成功率：因為創業家知道一旦霍尼克想投資公司，他就會把創業家的利益擺第一，不像許多創投家往往認為時間寶貴，只肯投資最有機會成功的人跟創業構想，而根本不考慮毛遂自薦的提案，相較之下，霍尼克甚至連完全不認識的人來信他都親自回信。他說：「不管是否能得到金錢上的利益，我都喜歡幫助別人。」他也說，真正成功的創投家應該「提供服務，因為不是創業家服務創投家，應該是創投家來服務創業家才對」。

服務經濟興起的道理或許也能說明為何功課最好和最差的醫學院學生都是給予者。在前述的比利時醫學院學生研究中，給予型的學生在第一年的課業成績非常不理想，這時給予是不利的——給予之於壞成績甚至比抽菸之於肺癌的相關性還高呢。

但給予型學生也只有頭一年表現欠佳。上了二年級，這些給予型學生已經迎頭趕上，事實上，平均而言他們還略勝同儕一點；而讀到第六年時，給予者的成績已超出平均許多，這時六年前測出的給予型學生成績優異的比例已經比抽菸者罹患肺癌的比例還高（也比使用尼古丁貼片者成功戒菸的比例還高）。到了醫學院最後一年，這些給予型學生成為醫師之後，他們領先的幅度仍持續拉大。觀察醫學院學生七年的總成績，我們會發現給予者得到好成績的機率比上述吸菸者罹患肺癌的機率還高，甚至比喝酒造成暴力行為的機率還高哩。

給予者從吃虧變成占便宜，這背後究竟有何道理？

這些給予型學生的所作所為都沒變，是醫學院的課程走向變了。原來從一年級到七年級，醫學院的訓練逐漸從獨立課程變成臨床見習、實習和病患照護，因此越到後來，學生的表現與團隊合作和服務越有關聯。而隨著課程結構改變，給予型學生因為能自然地跟專業醫護人員好好合作，也發自內心關懷病患，表現當然比其他同學傑出。

給予好處多，不只有醫學院如此。曾獲獎項肯定的史帝夫·瓊斯擔任過一家澳洲大型銀行的執行長，他曾想了解績優理財顧問的成功秘訣，便請團隊研究優秀理財顧問的成功因素，包含財金專業知識、努力等等，但瓊斯告訴我：「影響最大的關鍵其實是理財顧問是否把客戶的利益擺第一，擺在公司甚至他自身的利益之前。那時把這種價值觀灌輸給員工就是我的三大要務之一，我努力讓大家知道，注重客戶利益能替客戶、公司和他們自己都帶來好處。」

其中，理財顧問彼得·歐迪特正是這種給予者的代表。歐迪特是一位肩膀寬闊的澳洲佬，從前一度留過像邦喬飛那種前短後長的髮型，而且的確是邦喬飛歌迷。歐迪特初入社會時在一家大型保險公司工作，擔任電話客服專員，他任職第一年就因為極有熱忱、樂於替客戶服務而打敗好幾百位同事，贏得公司的「年度風雲人物」獎，並成為全公司最年輕的部門主管。數年後，彼得·歐迪特和其他十五位高級主管共同參與一場施與受的練習課程，結果每位主管平均幫助三位同仁，彼得卻幫到十五位同事。歐迪特是貨真價實的給予者，因為他甚至連未錄取的求職者都樂於幫忙，願意花好幾個小時運用自己的人脈替對方找其他工作機會。

二〇一一年，彼得在我們提到的這家銀行擔任理財顧問，他接到一位澳洲客戶的來電，對方說想對自己的養老基金做點調整，而他那筆基金約價值七萬美元。這位小客戶有個職員負責，但那位職員查了客戶資料，發現客戶是從事廢五金買賣的，那職員秉持著互利者的心態，不願去拜訪這位客戶——他認為這根本是浪費他的時間。彼得當然也不該服務這位客戶，因為他主要負責的是高淨值客戶，那些客戶交到他手上的金額是這位小客戶的上千倍，他最大的客戶甚至投了超過一億元。如果把彼得的時間換算成他能替公司賺的錢，那位做廢五金的客戶的基金總額加起來根本不值得讓彼得開這趟車去拜訪他。彼得說：「他是小到不能再小的客戶，沒人想服務他，不管哪個同事替他服務都吃虧。但我們不能因為一個人不重要就不把他放在眼裡。」

因此彼得排出時間去拜訪那位廢五金買賣商，替他修改理財計畫。彼得在客戶房子前面停車，下巴差點沒掉下來，因為他見到門上滿是蜘蛛網，看來像是幾個月沒開過。他把車開到後頭，一位三十四歲男子替他開了門，只見客廳裡滿是蟲子，而他一抬頭就能直接看到屋頂——天花板整個被拆掉了。客戶隨意往幾把摺疊椅的方向指了指，示意彼得坐下，彼得便開始著手修改客戶的理財計畫。這位客戶看起來是個誠懇上進的藍領勞工，彼得很同情他，便決定慷慨幫忙。彼得說：「你要不要跟我聊聊你自己，看看有什麼我能幫得上忙的地方。」

客戶便說他很愛車，說著就帶彼得走到後面一間黯淡骯髒的車庫。彼得已有心理準備，等著面對另一個窮愁潦倒的景象——想必會見到一堆廢鐵吧。然而他走進車庫後卻驚訝得倒抽一口氣：眼前有一輛一九六六年出廠的第一代雪佛蘭卡瑪洛（Camaro）、兩輛配備一千匹馬力引擎的澳洲「英勇」（Valiant）古董直線加速賽車、一輛加大馬力的多用途雙門轎跑車，還有一輛電影《衝鋒飛車隊》中的福特雙門車。原來這位做廢五金的客戶不是工人而是老闆，而且他的「廢五金」價值連城，這棟房子是他新買的，才正要開始整修，而這整塊土地有將近四萬五千平方公尺，價值一百四十萬元。接下來一年，彼得替這位客戶的公司進行再造、優化他的稅務申報，還協助他修繕房子。彼得說：「而這一切的起點不過是向對方展現一點善意。隔天我進公司，就打趣取笑那位不去拜訪客戶的同事，他連一點力氣都不肯貢獻。」後來彼得和那位客戶建立起深厚關係，隔年他服務這位客戶的服務費升為一百倍，且客戶還表明希望未來都由彼得服務。

在職涯中，彼得．歐迪特樂於給予的特質使他把握許多索取者和互利者必然錯失的機會，卻也令他付出不少代價，之後我會在第七章詳述彼得被兩個索取者利用的故事，那件事差點讓他在商場上永遠消失。但最後彼得還是從谷底爬起，成為澳洲頂尖的理財顧問，而他認為這其中的關鍵在於學習從給予中擷取好處，並將付出的代價減少到最小。彼得擔任澳洲創惟財富管理公司董事總經理期間，公司一度瀕臨破產，但在彼得手中死裡回生，還搖身成為業界龍頭，而彼得說，這一切成就都源於「給予」。「真的，我在業界能有今天，都是因為我樂於給予，給予就是我選的武器，每次我跟別的理財顧問競爭客戶、最後成功拿到客戶後，客戶都會說，我這種態度就是他們信任我的原因。」

儘管當今科技和企業組織的變革已經強化了給予的優勢，但給予其實有一項最歷久彌新的特質：當我們想想自己做人的原則時，多數人內心深處都期許自己當個樂於給予的人。過去三十年來，受人敬重的心理學者謝洛姆．施瓦茨（Shalom Schwartz）持續研究世上各文化的人秉持哪些價值觀和為人準則，而其中一份研究針對上千位澳洲、智利、芬蘭、法國、德國、以色列、馬來西亞、荷蘭、西班牙、南非、瑞典和美國成人進行調查，樣本頗具代表性，該份問卷譯成各國語言，問卷中提出幾種不同的價值觀，請填答者評分標出各種價值觀在他們心中的重要程度，以下是一些例子：

清單一

財富（金錢、物質）
權力（居上位、控制他人的力量）
享樂（享受人生）
勝利（贏過他人）

清單二

樂於助人（致力促進他人福祉）
負責任（值得依靠）
正義（關懷弱勢）
同理心（會回應他人的需求）

索取者偏好清單一的價值，給予者比較在意清單二的價值，而施瓦茨想知道，哪個國家的人最看重「給予」這件事。現在請你再看一次上面列的十二個國家，猜猜看，哪個國家的人會重視給予甚於索取呢？

答案是全部，十二個國家中，大部分的受訪者都回答給予是他們唯一看重的價值，勝過權力、成就、刺激、自由、傳統、遵循社會期待、安全和享樂等所有價值。更甚者，在全球七十餘個國家中，所有人最看重的價值也是「給予」，多數國家的多數人都認同，阿根廷、亞美尼亞、比利時、巴西、斯洛伐克、新加坡人等都一樣。在世上多數文化中（包括美國），多數人都表示對人有所貢獻是他們待人處世的最高理想。

某方面來說，這其實不令人意外，畢竟許多人都讀過《愛心樹》這類讚揚分享和關懷的故事給孩子聽；然而我們卻常把給予獨立起來，放在工作場域之外。我們喜歡讀《愛心樹》那種情操偉大的童書，但作家羅伯．葛林暢銷的《權力世界的叢林法則》、許多商場大師推崇的《孫子兵法》等，在在證明我們認為給予者在商場上不太可能成功。

因此，職場上的給予者往往怯於承認自己有這種特質。二〇一一年夏天，我認識一位名叫雪莉安．卜立思的女性，她在一家赫赫有名的金融服務公司擔任主管。雪莉安很明顯是個給予者，她在公司花費許多時間教導後進同事，還自願負責一項女性員工領導力計畫及一個大型慈善募款活動。雪莉安解釋：「我的本能就是想給予，我從來不等別人待我好我才待他們好，我想做有影響力的事、會讓一切變好的事，我的給予行為最能幫助哪些人，我就會幫那些人。」

雪莉安為精進自己的商業敏銳度，曾休息六週，參加一個領導能力訓練課程，一起參加的學員都是各國企業主管。在課程中，她接受一個詳細的心理衡量測驗以了解自己的優勢，而測驗結果令她大吃一驚：她最突出的專業優勢竟是「友善敦厚」和「同情心」。雪莉安在大家眼中是個堅毅果斷、極有領導能力的主管，她很怕測驗結果破壞了別人對她的印象，因此不肯讓別人知道。「我怕被當成怪人，怕大家從此換了一種眼光看我，怕他們不再把我當成一個嚴肅的主管。」雪莉安事後坦承：「我習慣把自己的人性留在辦公室外，凡事以贏為目的，我希望自己最醒目的能力是勤奮認真、結果導向，而不是友善敦厚和同情心。在商場上，有時我們得視情況戴上不同的面具。」

許多人也是這樣，害怕被人覺得軟弱天真，便不敢在職場上展現出給予者特質。不少人一生中其實秉持著給予者的價值觀，但在工作場合卻選擇戴上互利者的面具，儘可能平衡貢獻和索取。曾有一份研究請受試者填寫問卷，回答他們認為自己對於職場人際互動的態度通常是給予、索取還是互利，結果僅有百分之八的人回答自己是給予者，其餘百分之九十二的人在職場上都不願意施多於受，而回答希望當互利者的人比希望當給予者的人多了兩倍餘。

原是給予者和互利者的人一旦把職場當成零和的戰場，往往就會給自己壓力，改採取索取者的做法。零和情況有可能是處於採用強迫排名制度（將員工依績效排名）的企業、可能是幾家公司在競爭同一批客戶，也可能是就讀一所採曲線轉換法評分的學校，又或者是理想的職缺供不應求等，總之在這些狀況下，大家似乎就會認為別人都會展現出索取的做法，而非樂於給予。而史丹佛大學心理學者戴爾·米勒（Dale Miller）解釋，許多人都怕如果自己樂於付出就會遭人利用，便決定「懷抱競爭心理才是理性正確的做法」。甚至有實驗請一群人穿上正式套裝做哈佛商學院的案例分析，結果發現光是這個活動就足以讓受試者不再注重與其他人的關係及他人利益。康乃爾大學經濟學者羅伯特．法蘭克（Robert Frank）指出，天底下大部分人都怕被索取者利用，導致「因為預期別人會表現出小人的一面，結果自己也變成了小人——我們因為不想當傻瓜，便漠視自己原有的高貴情操。」

面對索取者時，當個給予者就更危險了，而大衛．霍尼克知道，全球頂尖的創投家中，有許多都是索取者——他們會向創業家獅子大開口，要求超高比例的股份，並在投資成功後把功勞往自己身上攬。而霍尼克決心扭轉這種常態。曾有理財顧問詢問霍尼克的人生目標為何，而他回答：「我最想證明一件事，那就是成功不一定得踩在別人頭上。」

為了證明這件事，霍尼克打破了創投產業的兩條神聖法則。他在二〇〇四年開了一個談創業投資的部落格，這件事史無前例。創投業一直是黑箱產業，資訊極不透明，因此霍尼克決心讓創業家有機會一窺究竟。他開始將資訊公開分享在網路上，深入解釋創投家的思維，期望能幫助創業家改善他們的提案。霍尼克的合夥人和公司法務長都曾經勸退：為何要公開商業秘密呢？要是讓其他創投家讀了，他的想法很可能供人取用，而且無所回報。霍尼克回想當時表示：「創投家把自己談案子的思維開誠布公講開，大家都覺得這簡直是瘋了，然而我真的想和各界創業家溝通討論，並希望對他們有所助益。」而反對的人確實有理，霍尼克說：「後來的確有很多創投家都跑來看我的部落格，所以我寫出自己想簽哪些公司時，大家都看到了，案子就變得更競爭。」但這是霍尼克心甘情願付出的代價。「我的重點完全放在替創業家創造價值。」因此他持續經營這個部落格，到現在已經八年了。

霍尼克第二個跳脫傳統思維的做法，則是被大型會議上演說技巧欠佳的人給激出來的。霍尼克大學時期曾與一位教授合辦了一個演講人團隊，邀請許多有意思的人到校演講，演講陣容包含「龍與地下城」遊戲發明人、世界溜溜球大賽冠軍，甚至有替華納兄弟創造卡通角色嗶嗶鳥和大笨狼的動畫師等。與上述人士相較之下，創投及科技業的大型會議所邀請的講者演說技巧實在差得遠了。霍尼克說：「我發現我後來就不進會場聽講者說話了，我就待在外面大廳跟人聊天，了解大家都在做什麼，所以這些會議真正的價值其實在這些談話和新建立的人脈上，我就想啦，如果我們辦個大型會議，不談內容，直接把重點放在談話和人脈上呢？」

於是在二〇〇七年，霍尼克籌劃了他此生第一場年度研討會。這場會議就取名為「大廳」，會議宗旨是邀創業家齊聚一堂暢談他們對新媒體的看法。霍尼克砸了大約四十萬美元舉辦這場研討會，有不少人勸他打退堂鼓，大家警告他：「弄不好，你會毀了公司的名聲。」他們是在暗示如果研討會搞砸，霍尼克可能連自己的工作也保不住，然而霍尼克卻又往前踩了一步。寄發邀請函時，他做了一件令人難以想像的事——邀請敵對公司的創投家也來參加。

有些同事覺得霍尼克瘋了，他們問：「你幹嘛邀別的創投家出席啊？」如果霍尼克在活動中遇見有絕妙創業點子的創業家，說不定就能拔得頭籌，為什麼他要放棄這種優勢，把機會分給競爭對手呢？霍尼克再一次忽視這些反對票。「我希望辦一個替所有人創造價值的活動，而不是只為了我自己。」後來與會的某位競爭對手非常喜歡這種活動形式，甚至自己辦了一場類似「大廳」的研討會——但他沒邀請霍尼克及其他競爭對手，因為合夥人不允許。儘管如此，霍尼克依然邀了許多創投家參加研討會。

當給予者必須付出代價，這點大衛．霍尼克心知肚明。他說：「有些人以為我是在痴心妄想，他們認為成功的不二法則就是得當個索取者。」如果霍尼克要當個索取者，他或許就不會花時間聽那些不請自來的創業簡報、親自回覆每封電子郵件、在部落格上將資訊分享給競爭對手，或是邀敵手來「大廳」研討會一同受益。如果他只受不施，那他應該節省時間、保護知識、惜用人脈；如果他希望互利，就應該向那位出席「大廳」卻沒邀他參加自己活動的創投家要求利益交換。然而霍尼克比較重視眾人的需求，而非自己的利益。霍尼克一路堅持自己的價值觀，成為一位極出色的創投家，慷慨作風也使他獲得眾人尊敬。他說：「這是雙贏，我不只創造一個方便大家談生意、經營人脈的環境，也打造出自己心目中的理想世界。」職場上的給予不只帶來風險，也會帶來成就，霍尼克以自身經驗證明了這點。

本書的重點就是闡明「給予」的好處和風險，第一部分將闡述給予者的成功之道，說明樂於奉獻的人為何能成就非凡，我將介紹卓越的給予者以哪些獨到技巧來進行四大互動——經營人脈、團隊合作、辨別人才及影響他人。檢視人脈交際，能點出建立新人脈及鞏固舊有人脈的獨到方法；檢視合作原則，能了解如何與同事高效合作並贏得尊敬；檢視評價他人的方法，能讓我們以看似違背直覺的方法來判斷並培育人才，激發人的潛力；最後，檢視影響他人的方法，能讓我們了解如何使別人支持我們的想法和利益，也就能以全新的策略來表達、銷售、說服及協商。我將剖析成功的給予者以哪些獨到做法來進行上述四種互動——還有索取者和互利者可以向給予者學習什麼。在這本書裡，你會讀到全美國人脈最廣的人如何經營人脈、史上一流電視節目的天才推手為何甘願默默耕耘不出風頭、一位選秀屢次押錯寶的籃球經理最後逆轉勝的傳奇、結巴律師打敗辯才無礙律師的故事，以及如何由臉書個人檔案看出某個人是索取者。

第一部分談完給予的好處，第二部分將接著討論給予者可能付出的代價，並解釋如何將這些代價降到最低。我會探討給予者如何保護自己免於筋疲力竭或成為別人眼中的濫好人、墊腳石。在這部分，我將介紹一位藉由給予更多來減少勞心勞力的老師，也會談到如果一個人想活得長壽且快樂，應投注多少時數來從事志願工作。此外還會寫到為何有些顧問因給予而生涯受阻，有些卻因此飛黃騰達，以及為何我們有時會錯認誰是給予者、誰是索取者，以及給予者在談判桌上能如何保護自己。另外，你也將學到如何避免成為墊背型給予者，以及如何見機行事引導他人從索取轉為奉獻。另外我還會介紹一個活動，過程僅費時九十分鐘，卻能大大激發人的給予精神。不僅如此，我們還會談談為何許多人願意把可以在克雷格列表網站（Craigslist）販售的物品免費送人、為何有些醫事放射師進步有些卻退步、為何「超人」會讓人喪失主動做善事的動力，另外還會說到為何名叫「丹尼斯」的人成為牙醫的比例明顯比較高。

讀完本書之後，你將重新思考許多你原本奉為圭臬的成功法則。如果你本來就是一位願意犧牲小我的給予者，你將可以學到許多洞見，從墊背一躍成為成功人士；如果你骨子裡樂於奉獻，在職場上卻只敢當個互利者，那麼你將欣然見識到，原來奉行自己內心深處的價值觀竟能創造出源源不絕的機會，還會發現助人不需犧牲自我成就的真諦。別想著先成功再貢獻，因為給予才是通往成就的康莊大道。而如果你目前的價值觀比較偏向索取者，讀完本書後，你或許會想轉型成為給予者，嫻熟給予的藝術，像這樣信仰施比受更有福的人越來越多了，而你也能像這些人一樣，藉由成就他人而成就自己。

但如果你把給予當作成功的手段，本書法則在你身上可能不會見效。

CHAPTER 2

孔雀與熊貓

——給予者、索取者和互利者的人脈之道——

想漫步在利他的光明中創造價值，或獨行於自利的黑暗中招致毀滅，端看個人決定。

——人權鬥士、諾貝爾和平獎得主 馬丁・路德・金恩博士

幾十年前，有個出身貧困的人投注畢生之力實現了美國夢。他出身寒微，在密蘇里州的務農小鎮長大，小時住處甚至沒有供水管線。為了協助養家，他很年輕便忙著送報、到農場幹活，每天工時很長。他供自己讀完密蘇里大學，獲選為菲貝塔卡帕優良學生聯誼會會員，之後並取得經濟學碩士及博士學位。出社會後他擔任公職，先是進入海軍，之後又接連在美國政府擔任幾項要職，並曾獲頒美國海軍榮譽勳章和國防部服役獎章。其後他創辦了自己的公司，擔任長達十五年的董事長暨執行長，到他下台前，他的公司市值已達一千一百億美元，在全球四十個國家擁有兩萬多名員工，且曾連續五年獲《財星》雜誌選為「最創新企業」及全美最佳企業前二十五名。他曾在被問及成功之道時回答：「尊重是……黃金法則……絕對要正直誠信。」並說「大家都知道我個人律己甚嚴，注重操守。」他還創辦了家族慈善基金會，共捐獻超過兩百五十多萬美元給超過兩百五十家機構，且將公司年收益的百

分之一用作慈善用途。他的樂於奉獻甚至博得美國前總統小布希的注意，小布希曾讚譽他是個「好人」，說他「為人慷慨大方」。

但後來他被起訴了。

這個人是肯尼斯・雷伊（Kenneth Lay），也就是安隆案的頭號罪犯。安隆是一家能源、原物料及證券公司，總部在美國休士頓。二〇〇一年十月，安隆發布第三季財報，虧損六億一千八百萬美元，股東權益蒸發十二億美元，這是美國史上最大的盈餘重編。同年十二月，安隆宣告破產，兩萬名員工失業，許多人的畢生積蓄也隨著這家公司倒閉而化為烏有。調查員發現安隆不只以假財報欺騙投資人，隱瞞其負債逾十億美元的事實，還操控加州及德州的能源及電力市場，更非法賄賂外國政府以簽下跨國生意。雷伊共被控六項共謀及詐欺罪名。

當然，雷伊對於安隆的非法活動到底了解多少，這或許還有討論空間，但他無疑是個索取者，儘管他在很多人眼中或許看起來樂於付出，但他其實是個冒牌給予者。雷伊認為自己有權濫用安隆企業的資源來替自己圖利；《房間裡最精明的人：安然破產案始末》一書作者貝薩妮・麥克萊恩和彼得・埃爾金德在書中提到，雷伊會向公司借鉅額貸款、會命令職員把他要吃的三明治放在銀盤和高級瓷器上送來，還有一次某秘書要替一位洽談公事的主管預訂公司的飛機，卻發現雷伊一家人當時總共占用了三架公司客機，都是私人用途，此外，在一九九七到一九九八年間，安隆員工有高達四百五十萬元的差旅都交由雷伊妹妹的旅行社辦理；根據控訴，雷伊在安隆宣告破產前賣出超過七千萬美元的股票，此舉無疑是在船沉前先把船上寶藏淘空。雷伊的行徑早在一九七〇年代他任職於艾克森石油公司時便有人提出警告，因為當時一位主管替雷伊寫推薦信，信中雖大讚他的能力，卻也補了一句「但他或許有點太過野心勃勃」。而今許多人認為早在一九八七年，雷伊在安隆石油時期就曾批准並協助隱瞞一樁弊案：兩名交易員設立假公司竊走三百八十萬美元，讓安隆規避巨額交易損失。後來東窗事發，安隆石油不得不將高達八千五百萬美元的虧損放上帳面，雷伊卻矢口否認自己知情，將責任推得一乾二淨，他還曾經說過：「哪個人敢說我知情，現在就站起來啊。」根據《房間裡最精明的人》書中的說法，當時有一位交易員作勢要站起身，但被另外兩位同事強行拉住。

為什麼一個索取者能大富大貴？因為他認識有力人士，而且是一狗票的有力人士。肯尼斯．雷伊能撈油水，一部分是因為他將公司財務資源占為己有，但他的公司之所以經營得好，其實主要靠的是老套方法：他結識許多有權有勢的人，且經常利用這些人脈達到目的。早在大學時期，雷伊便很得一位經濟系教授的喜愛，這位教授名叫平克尼．沃克，而他正是雷伊結交廣大人脈的起點，不僅幫助雷伊取得一樁美國國防部的經濟研究案，後來更推他一把，在尼克森總統任內替他在白宮內弄了個幕僚助理長的職位。

到一九八〇年代中期，安隆在一樁併購案後將公司遷至休士頓，雷伊成為董事長暨執行長，他收攏權力的同時，也逐漸與一些政治掮客走近，讓這些掮客保護安隆的利益：他讓平克尼．沃克的弟弟查爾斯加入安隆董事會，並在老布希競選總統期間與其締結關係。一九九〇年，雷伊在休士頓替老布希總統主持一場重要的七大工業國高峰會議，表現精湛，令與會眾人十分驚豔，在場的人包含當時的英國首相柴契爾夫人、德國總理赫爾穆特．科爾及法國總統法蘭索瓦．密特朗。後來老布希競選連任時輸給比爾．柯林頓，雷伊一點時間也沒浪費，立刻聯絡了一位朋友，因為那人正是柯林頓的一大得力助手，關係緊密，甚至上過同一家幼稚園；沒過多久，雷伊就成了新總統的高爾夫球球伴了。而幾年後，小布希當上總統，雷伊又立刻請他的人脈進行遊說，要求能源產業自由化，並動員他在德州政府和華府任職的眾高官朋友，讓政策往對安隆有利的方向轉。在事業生涯中的每個階段，雷伊都能利用強大人脈，大幅改善他所屬企業的前景——或是他自己的前景。

千百年來，世人都曉得「人脈」的重要。根據西北大學管理學教授布萊恩．烏濟的說法，人脈的好處有三：一是透過私人管道獲取提供消息，二是匯聚各種專才，三是帶來權勢。因此有人脈的人便能獲得珍貴的資訊、專業及影響力。許多研究成果都指出，人脈廣的人績效評估的分數較高、官升得快、收入也比較高。而因為人脈就奠基於人際互動和人際關係，因此提供了絕佳的觀察角度，能讓我們檢視各種施與受模式對成就的影響。大家在人脈關係中如何應對進退？大家經營人脈的目的是什麼？

首先，「人脈」這個概念本身經常帶有負面意涵，如果我們認識一位新朋友，他表現出一副想多認識人的樣子，我們通常就會覺得對方對我們友善只是因為他想建立互利的人脈關係，或想從我們身上得到什麼好處。你或許已經遇過這種不怎麼誠懇的人，他們需要你幫忙的時候就對你殷勤，一旦得到他們想要的東西後，又在你背後捅你一刀，或者不再理你。這種「冒牌給予者」讓人脈交際成為一種不擇手段的自利活動，似乎只是利益的墊腳石。而另一方面，給予者和互利者則是真心喜歡經營人脈，因為他們把人脈當成是接觸新朋友和新想法的管道。我們透過工作和其他場合會認識許多人，而既然每個人都有各自的知識和資源，需要時請這些人脈協助、建議和引見也是合理的事。話說到此，我們就必須問一個重要問題：我們可以用各種不同的互動模式經營出兼具寬度和深度的人脈嗎？或者有某一種互動模式能經營出最有力的人脈？

在本章，我想探討的是給予者、索取者和互利者如何發展出各具特色的人脈類型，以及他們人際互動的特點和結果。我會分別舉例說明給予者和索取者經營及維護人脈的做法，並從中看出端倪——例如在安隆案爆發的四年前就揪出索取者的狐狸尾巴。最後我想說明，儘管給予者和索取者都可能經營出廣大人脈，但給予者的人脈帶來的價值通常持久得多，只是乍看之下或許不易察覺。

二〇一一年時，《財星》雜誌進行一項大型研究，選出全美國經營人脈最厲害的人，方法是運用社群網站找出誰認識最多位全美影響力最強的大人物，因此《財星》員工彙整了財星前五百強執行長、科技業最聰明的頭五十號人物、五十位影響力最強女性、四十位未滿四十歲的商場明日之星等名單，然後交叉比對這六百四十位高影響力人物和全球最大專業社群網站「鄰客音」（LinkedIn）的九千多萬名會員。

他們找到了這位人脈王，在《財星》列出的六百四十位風雲人物之中，這個人認識最多位，此外他在LinkedIn網站上有超過三千位聯絡人，其中包含網景共同創辦人馬克・安德森（Marc Andreessen）、推特共同創辦人伊凡・威廉斯（Evan Williams）、相簿網站

Flickr共同創辦人卡泰麗娜·費克（Caterina Fake）、臉書共同創辦人達斯汀·莫斯柯維茲（Dustin Moskovitz）、音樂共享網站Napster共同創辦人西恩·帕克（Sean Parker）、交易網站Half.com創辦人喬許·柯波曼（Josh Kopelman），甚至還有死之華合唱團的前任御用大廚，而看了下文你就會知道，這位人脈大亨正是一位典型的給予者。這號人物正是LinkedIn創辦人雷德·霍夫曼（Reid Hoffman），他曾寫道：「乍聽之下這好像違背直覺，但其實一個人越是秉持利他態度，從人際關係得到的好處也就越大。如果你的初衷就是幫助別人，那麼你很快就能建立名聲，替自己拓展無數機會。」這個道理一部分跟「人脈」運作的演進有關，然而我真正想探索的是我們經營人脈的動機如何捏塑人脈的深度及廣度，以及如何影響人脈所提供的能量。

● 一眼看穿「假給予、真索取」的冒牌給予者

如果你曾在認識某位新同事時加強警戒心，或許是因為你在對方身上嗅到自私自利的味道。每當我們碰到索取者，為了保護自己，我們往往會把交際的大門關上，不會輕易信任對方或伸出援手，而為了避免吃閉門羹，許多索取者便成了演技一流的冒牌給予者，裝出慷慨大方的樣子，只為了以給予者或互利者的身分大搖大擺混進我們的人脈網絡中。肯尼斯·雷伊二十年來用的正是這一招，且幾乎總是見效，他給人好處、大作慈善，予人正面形象，因此人脈之門大開，令許多人樂於伸出援手。

但冒牌給予者在人際往來的過程中難免露出馬腳。肯尼斯・雷伊與華府達官貴人互動時風度翩翩，但他的為人卻被不少同儕和下屬看穿。一位安隆前員工回顧過往時表示：「以前想邀雷伊開會，就必須先邀個有頭有臉的人出席會議再說。」荷蘭語有一句把這種雙面人描述得十分傳神的話：「吻上位，踹下位。」索取者對屬下頤指氣使，對上級卻畢恭畢敬，在有權勢的人面前往往扮演幾可亂真的給予者，為了博得大人物的歡心，往往無所不用其極地討好奉承，因此索取者在大人物面前通常能贏得良好的第一印象。曾有三位德國心理學者進行一項實驗，發現一群陌生人初次見面時，大家第一印象最喜歡的往往是「自視甚高、喜歡操縱及利用他人」的人。

索取者巴結上位時往往演技一流。一九九八年華爾街分析師造訪安隆時，雷伊曾找來七十名員工假扮工作忙碌的交易員，創造出能源交易事業欣欣向榮的假象來唬那些分析師。他事先要求員工把自己的生活照帶到某樓層，布置得彷彿他們一直在那裡辦公，然後當天就領著分析師走過他精心布下的陣仗，演出一場好戲，員工還得假裝打電話，讓分析師誤以為他們正忙著買賣能源和天然氣。而這就是雷伊實際上是索取者的另一個線索：他汲汲營營向上管理，卻不在意下位者如何看他。據聞塞繆爾・約翰遜曾寫過一句話，頗能表達這背後的道理：「要想真正了解一個人，就看他如何對待那些無法給他半點好處的人。」

索取者或許能因為「吻上位」而崛起，卻也會因為「踹下位」而失勢。雷伊竭力巴結華爾街分析師時，便利用了自己的員工，要他們犧牲自己的誠信，裝出假門面欺瞞分析師。根據研究指出，通常人的權力越大，就會自視越高、感覺自己能掌控的東西越多——也就是會更沒有包袱，更敢表現出自己的天性。因此索取者得勢後，便不會那麼關心自己給同儕及下位者的觀感，他們會認為自己有權追求自利的目標，儘可能搜刮利益。如此一來，隨著時間過去，虧待同儕和下屬的做法便會損害他們的人際關係和聲譽。畢竟多數人都是互利者：大部分人的核心價值觀是公正、平等和互惠，如果索取者沒遵守這些原則，其人脈網絡中的互利者就會以牙還牙，以示公義。

舉個例子說明吧。想像你參與了普林斯頓大學心理學者暨諾貝爾獎得主丹尼爾．康納曼的知名研究，進行一場「最後通牒賽局」。跟一名陌生人面對面坐在桌子兩側，他剛得到了十美元，而他的任務是告訴你他想在你們兩人之間如何分配這筆錢；這是最後通牒，因為如果你接受他的決定，就能得到他想付你的金額，但如果你拒絕他的分法，雙方都不會拿到半毛錢。你們很可能不會再見到彼此，因此他展現出索取者的姿態，決定自己拿八塊錢，只留兩塊給你。請問你會怎麼做呢？

如果純以利益的角度出發，理性的人應該接受對方的決定，畢竟得到兩元總勝過一毛都拿不到。然而實際上多數人卻選擇拒絕，相信你應該也是，因為你會願意犧牲那兩塊錢來懲罰對方的不公不義，你寧願兩手空空也不讓索取者得到那八元。研究顯示，如果分配不均的程度到八比二甚至更誇張的比例，多數人都會選擇拒絕。[4]

4 原註：有趣的是，在最後通牒賽局實驗中，負責分配的人通常不會提出如此不公平的比例；超過四分之三的分配者都提議對分，換句話說，多數人都是互利者。

為什麼我們會想懲罰自私的索取者？原因不是怨恨，我們不是想報復占我們便宜的索取者，而是為了公義。倘若你是互利者，看到占別人便宜的索取者，你一樣會選擇懲罰他。康納曼也率先進行另一項研究，他邀請一群受試者，提供他們兩個選項：與一個曾提出不公平提議的索取者對分十二元，或與一個曾提出公平提議的互利者對分十元。結果有超過百分之八十的人都選擇跟互利者對分十元，換言之，他們寧可少拿一元，也不願讓索取者拿到六元。

最新研究指出，人被索取者傷害後往往會散播聲譽資訊（reputational information）。社會科學學者馬修．費恩伯格（Matthew Feinberg）、鄭喬伊（Joey Cheng）和羅布．衛勒（Robb Willer）在研究中指出：「八卦是一種無遠弗屆、高效率且低成本的懲罰方式。」大家一旦聽到關於索取者的聲譽資訊，就會保留心中的信任，避免自己遭利用，時日一久，索取者的壞名聲傳千里，便會危及原有的人脈，也不利拓展新人脈。雷伊貪婪的小人行徑揭露後，從前與他站在同一陣線的人（例如布希家族）便疏遠了他。密西根大學專長研究人際互動的社會學者韋恩．貝克解釋：「只為獲取利益而拓展人脈的人不會成功；人脈的好處無法強求，而是投注時間精力經營有意義的人際互動後自然產生的。」

但在大舉投資時間精力經營人際關係之前，我們必須先學會在日常細節中分辨哪些人是自私自利的索取者。對很多人來說，經營人脈最難之處就在於臆測新朋友有何動機或企圖，尤其我們都見識過意有所圖的冒牌給予者。下一個新朋友究竟是想開啟一段真心相待的關係，或只是為了從你身上挖到好處？有沒有什麼分辨的秘訣呢？

幸好根據學者研究，索取者的確會露出馬腳，或者說得明確一點：他們會秀出馬腳。

在動物界中，某些雄性動物會集體進行求偶秀儀式來展現雄風魅力；每當繁殖季節來臨，這些雄獸便聚在某處，依據地位各就各位，然後做出各種浮誇的表演來吸引並追求一旁觀看的雌獸，有的是跳求偶舞，有的是鳴唱誘人的旋律，甚至有些會上演特技表演。而百獸中求偶秀最炫目的就是孔雀了，雄孔雀每到繁殖季節就會占好位置炫耀自己的羽毛，牠們會昂首闊步、攤開羽衣，並不停旋轉著展示自己的尾部。

而把鏡頭轉到執行長界，我們會發現索取者往往也喜歡來一場這樣的華麗演出。

策略學教授阿里吉特・恰特吉（Arijit Chatterjee）和唐諾・漢布瑞克（Donald Hambrick）曾執行一項劃時代的研究，他們觀察多達一百多位電腦硬體及軟體業執行長，分析每家公司十多年來的年報，尋找有沒有類似上述「秀」出馬腳的痕跡，而他們的研究成果已替領導能力的定義寫下新的一頁。

其實就算我們不認識肯尼斯・雷伊，沒看過任何財報數字，也早在一九九七年就能預見安隆的倒閉，因為這家公司的命運早在瓦解的四年前就顯示在一張照片裡了。請看下一頁兩張附在年報中的執行長照片，這兩個人同樣出身貧寒，同樣曾為尼克森總統行政團隊的一員，同樣創辦了自己的公司、成了富有的執行長，也同樣捐獻大筆金錢做慈善事業。你能從這兩人的面容或服裝，分辨出哪個人是索取者嗎？

左圖是老喬恩・杭士曼，這張照取自他公司二〇〇六年的年報，他是一位樂於付出的給予者，我們將在第六章仔細介紹；而右圖中的就是肯尼斯・雷伊。儘管成千上百的專家分析過安隆的財務報表，但所有人都忘了一個關鍵：一張圖勝過千言萬語。若我們更仔細注意安隆年報中的細節，或許就能發現索取者在上位大秀特秀的證據。

但證據跟我想的並不一樣，不在這些執行長的面容或服裝裡。恰特吉和漢布瑞克在上述的電腦產業執行長研究中提出一項假設：索取者會自認是企業的中心，就像太陽系裡的太陽，而兩位學者發現了一些索取者賣弄演出的線索。其中一個線索出現在這些執行長接受訪問的時候。索取者比較自我中心，因此較常使用單數第一人稱，例如我、我的、我自己，而不會用複數的第一人稱，好比我們、我們的或我們自己。根據研究，這些電腦業執行長談到他們的企業時，所使用的第一人稱代名詞平均有百分之二十一是我，而特質最鮮明的索取者使用我的機率卻高達百分之三十九。換言之，索取型執行長每次提到自己，十次就有四次是完全指自己，沒想到其他人。

而另一個線索是薪酬：索取型執行長的薪資會比公司裡其他高級主管要高上許多。索取者認為自己居於上位，有權分到比別人多很多的一杯羹。在電腦業，索取型執行長領到的薪資加獎金平均是其他同事的三倍多，相較來說，一般平均概況下，電腦業執行長的薪酬僅是第二高薪者的一倍半再多一點而已。此外，索取型執行長握有的選擇權等非現金報酬平均是第二高薪者的七倍多，而業界平均值僅兩倍半。[5]

不過最有趣的線索其實在企業每年給股東的年度報告裡。下面是前面那兩張雷伊和杭士曼的照片在年報裡的排版狀態：

左圖是杭士曼在公司二〇〇六年年報中的照片，照片很小，所占版面不到全頁十分之一；而右圖取自安隆一九九七年的年報，是全版大圖。

恰特吉和漢布瑞克比較電腦業公司的年報時，發現各執行長照片的醒目程度有相當大的差異，有些年報根本不會放執行長的照片，有些則有執行長的全版獨照。猜猜看，哪種執行長是索取者？

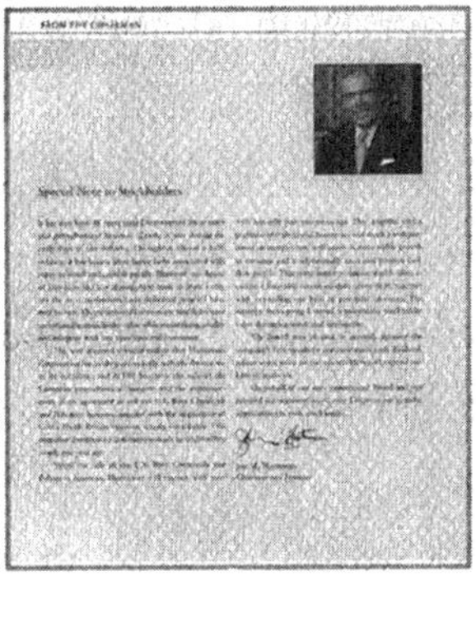

5 原註：這份電腦產業研究也指出，當掌權的是索取型執行長時，企業的表現往往波動較大，無論股東報酬和資產報酬都是大起大落，因為索取者出手太過自信，常喜歡豪賭，會做出大膽、不切實際的決策，例如他們較容易執行收購案，而且通常標的較大，此外擬訂的公司營運策略也會經常變動。這些決策有時會有好結果，但長期而言，索取型的執行長往往使企業陷入危機。

索取型的執行長唯我獨尊，大型照片可以突顯自己並釋放清楚的訊息：「我就是這家公司的核心人物。」但這真的能證明他們是索取者嗎？為了找到答案，恰特吉和漢布瑞克找來專精科技業的證券分析師來評比這些執行長，評比項目包含每個執行長是否「自我意識過於膨脹，表現出高人一等的姿態、權力感及總是需要人關注愛戴的傾向……喜愛成為注目焦點，要求他人高度尊敬，愛出風頭且性格傲慢。」結果分析師的評分結果和各執行長在年報中占的版面幾乎呈完美相關。

以安隆為例，在那份宛若預言的一九九七年年報中，焦點全放在肯尼斯．雷伊身上。在前九頁裡，有整整兩頁放了雷伊和當時營運長傑夫．史金林的全版照片。接下來一九九八、一九九九年的年報也是如此，到二〇〇〇年，雷伊和史金林的照片甚至往前移到第四頁和第五頁，雖然縮小了點，但兩人各有四幀照片，就像一條幻燈片一樣——只不過這些照片比較像四格漫畫。雷伊的其中三張照片幾乎一模一樣，露出沾沾自喜的微妙笑容，儼然是個自視非凡的高級主管。可惜雷伊最後並未得到童話中的完美結局，他在審判前死於心臟病發。

現在我們已經學到兩種辨認索取者的方法：第一，我們聽到聲譽資訊時，就能藉以判斷那些人如何對待他們的人脈；第二，當我們有機會觀察索取者的行動和留下的痕跡，就能找找他們愛「秀」的線索，無論是彰顯自己的照片、自我中心的談話內容或不合理的高薪等都是精準可靠的線索，能讓我們辨認出索取者。多虧二〇〇一年後世界大不同，現在我們要觀察這些線索容易多了，因為人脈網絡變得更透明，為我們打開一道道窗，檢視每個人的聲譽及他們的愛「秀」程度。

● 透明的人脈網絡

二〇〇二年，安隆倒閉幾個月後，一個叫做強納森・亞伯拉姆斯的資訊工程師創辦了「Friendster」，這是全球第一個社群網站，使用者可在線上發布個人檔案，並公開自己的人脈網絡。而接下來兩年內，又有幾位創業家陸續創建LinkedIn、聚友網（Myspace）和臉書。現在每個人都能查詢陌生人的人際網絡和聲譽。二〇一二年，全球人口突破七十億，而臉書的活躍用戶已將近十億，意即世界上每十人就有超過一人使用臉書網站。班杰明・柯若學（Benjamin Crosier）、葛瑞歌雷・韋伯斯特（Gregory Webster）和哈禮・狄隆（Haley Dillon）等三位心理學者曾在研究中表示：「社群網絡自古至今一直存在，只是近年來網路才讓社群網絡的電子資源呈現爆炸性成長……從日常溝通、結識一生摯愛到煽動革命，人脈都是傳遞資訊和資源必須的渠道。」

而網路上的人脈恰恰模擬了舊世界的特色。在科技革命使我們能以電話和電子郵件溝通之前，在人類改用汽車和飛機代步之前，大家擁有的人脈較有限，人脈網絡較集中而透明，而在封閉的人脈網絡中，要取得聲譽資訊及觀察愛「秀」行為很簡單。而隨著溝通和交通變得容易、人口日益增加，人際互動便漸趨分散且匿名，人的聲譽和愛秀行為都變得難以觀察。這也就是為什麼肯尼斯・雷伊能將大部分的行徑隱匿於無形，因為他換職位、換公司時，人脈網絡中的成員不一定能輕易互通資訊，新的人脈不一定能取得他的聲譽資訊；他的一舉一動在安隆公司內部不會錄成短片上傳YouTube、推上推特、讓谷歌搜尋引擎搜到，也不會有哪個匿名人士在公司內部網路或網誌上記錄。

但如今索取者想冒充給予者可就困難多了。現在我們認識了誰，上網就能從許多公開資料中了解對方的聲譽，也能查到共同認識的人。我們不需要看某公司的年報也能揪出索取者，因為索取者在社群網站的個人資料中就能以各種形式大秀特秀，無論是文字或照片都能透露許多線索，甚至研究指出，連一般人觀察他人臉書個人資料都能判斷對方是不是索取者。在一項實驗中，心理學家請一群受試者填寫問卷，測量這些人是否具備索取者特質，接著把他們的臉書網頁傳送給一群陌生人，結果發現那些素昧平生的人竟能指出哪些臉書檔案的主人是索取者，準確度高得不可思議。

索取者張貼的資訊被評為較自捧、自我中心且自以為是，所引述的名言錦句也被視為較自誇自傲；此外，他們的臉書朋友數量高出平均許多，因為索取者會儘可能新增朋友，即使交情淺薄也不在意，如此才能多加宣傳自己的成就、維繫人脈取得好處；最後，索取者也會張貼自己比較虛榮或比較好看的照片。

利用社群媒體揪出索取者的人越來越多，團購網站酷朋（Groupon）的中國南區總理李霍華也熱中此道。李霍華表示，他招募業務部門員工時，實力堅強的求職者多半態度積極，因此很難分辨他們之中哪些人是索取者，而哪些人只是純粹善於社交、個性主動。過程中，有位求職者曾讓李霍華留下深刻印象，他不僅履歷出色、面試表現絕佳，還擁有不少亮眼的推薦。但誰知道這位求職者是不是在偽裝呢？李霍華心想：「跟一個人聊一個鐘頭所得到的了解有限，只是冰山一角，而且他的推薦人都是他挑出來的。」而索取者很容易巴結到願意替他說好話的上級。

因此李霍華就上LinkedIn和臉書網站搜尋，找到一個他們共同認識的人，而對方給了一些令李霍華感到不安的評論。李說：「這位求職者似乎是個索取者，而且那人的話聽起來很可信。如果這個求職者在前公司表現得冷血無情，我真的想跟這種人共事嗎？」李霍華表示，社群網站完全改革了Groupon的招募流程。「現在我不需要打電話到某公司去詢問一個人的評價，因為人與人之間的人脈都有許多重疊，招募流程刷掉一些人後，剩下的人我就去查他們的LinkedIn或臉書資料，有時對方可能跟我有共通朋友，或讀過同一所學校，或者是跟我哪位同事有關聯，總之現在我們可以很快查出一個人在同儕間的評價，當人際關係和聲譽都變得公開透明，身為一個索取者就很難一直成功。」

而在加州矽谷，有個人又將公開透明的社群網絡帶向另一個新紀元。這個人名叫亞當・弗瑞斯特・雷夫金（Adam Forrest Rifkin），生性沉默寡言，外型看起來像一隻大熊貓，而大家都叫他「程式熊貓」。據雷夫金自述，他是個害羞內向的宅宅，最喜歡的語言是程式語言JavaScript和影集《星艦奇航記》裡的外星克林貢語。[6] 此外他還說

6 原註：這條自介是向「怪人奧爾」揚科維奇（“Weirdo Al” Yankovic）的一首描述書呆子的歌曲致敬，那首歌有句歌詞是「我的克林貢語和 JavaScript 都很流利」。另外再補充一點：雷夫金還說他擔心自己這輩子花了太多時間在英文句點後面打兩格空格——現在大部分人都只打一格了。

自己是個「拼字狂」，曾花上大把時間重排自己名字的字母，希望能排出最貼切的形容，結果排出了一些不錯的詞組，像是露出燦爛冷笑（Offer Radiant Smirk）和女性主義雷達豬肉（Feminist Radar Fork）。雷夫金擁有兩個資工碩士學位和一個專利，還曾替美國航太總署（NASA）研發超級計算機應用程式及替微軟（Microsoft）研發網路系統。在一九九〇年代末期，他與羅西特・凱爾（Rohit Khare）共同創辦了軟體公司KnowNow，這家公司的目標是協助企業以更高效且高收益的方式來管理資訊。KnowNow取得超過五千萬美元的創投資金，營運十年成績非凡，雷夫金在二〇〇九年便宣布退休，當時他甚至不滿四十歲。

雷夫金是我在瀏覽大衛・霍尼克的LinkedIn聯絡人時發現的（霍尼克是我前一章提過的創投家）。我點開雷夫金的個人檔案，看到宣布退休的他又重出江湖，創辦了一家叫「熊貓鯨魚」的新創公司，宗旨是替使用者所交流的資訊留下永久且公開的紀錄。既然雷夫金如此倡導人際網絡的公開透明化，我開始好奇他的人脈狀況，因此我做了一件在這四通八達的資訊世界裡再自然不過的事：上谷歌搜尋「亞當・雷夫金」。結果第十六條搜尋結果吸引了我的注意：雷夫金竟是《財星》雜誌統計出來的「人脈王」。

● 種瓜得瓜，種豆得豆

在二〇一一年，亞當・雷夫金在LinkedIn網站上認識最多位《財星》雜誌選出的六百四十位頂尖影響人物，全球無人能及，就連戴爾電腦（Dell）身價非凡的創辦人麥克·戴爾或LinkedIn的執行長杰夫·韋納等大人物都望塵莫及。[7] 一個生性害羞、喜歡《星艦奇航記》和奇妙拼字遊戲的軟體阿宅人脈如此之廣，認識臉書、網景、推特、Flickr和Half.com等的創辦人，我不禁目瞪口呆。

亞當·雷夫金之所以能建立起這樣的人脈，全因他是個十足的給予者。「我的人脈是一點一滴建立起來的，其實應該說是多年來我秉持著希望認識的人都過得更好的心願，隨著小小的善意舉動，日復一日逐漸增加的。」打從一九九四年起，雷夫金便在許多網路社群中擔任領導者和守門人的角色，辛勤耕耘，用心鞏固人際關係，並幫助大家解決網路上的紛爭。他與朴喬思共同創辦Renkoo公司，所開發的應用程式在臉書和Myspace網站上有超過三千六百萬名使用者，使用次數超過五億次。但儘管產品受歡迎，但雷夫金並不滿足。他說：「如果你想讓很多很多人用你的軟體，應該要做一件真正有意義的事，可以改變世界的事。老實說，我希望有更多人願意幫助別人。」最後雷夫金結束了Renkoo，將所有時間投入貢獻社會，提供新創公司大量指導，並替工程師、創業家與任職大企業的商人牽線。

7 原註：基本上LinkedIn員工擁有許多在LinkedIn網站上拓展人脈的優勢，因此《財星》雜誌的統計並未將LinkedIn員工納入計算，但根據非正式資料指出，雷夫金的聯絡人數量甚至打敗絕大多數LinkedIn員工，勝過他的只有兩人——LinkedIn創辦人雷德·霍夫曼和金主大衛·施（David Sze）。

為了達成上述目標，雷夫金和朴喬思在二〇〇五年創辦「一〇六哩」（106 Miles），這是一個專業社群網絡，宗旨是透過對話的方式來教育創業的工程師。這個社群每個月聚會兩次，讓成員彼此切磋學習，截至目前為止已吸引五千多位創業家，幫助許多人成功創業。「我常被拉去讓創業家免費諮詢，」他沉思似的說，「其實我提供的價值不多啦，但幫助別人是我最愛的事。」

這個做法其實創造許多價值——不僅對雷夫金是如此，對他一路上指點迷津的人更是。例如二〇〇一年時，雷夫金很看好Blogger，這是一家很早起步的部落格服務。當時這家公司資金用罄，雷夫金便聘請該公司創辦人，讓他在自己的第一家新創公司KnowNow做事。雷夫金解釋：「我們僱用他是因為我們希望Blogger可以繼續營運下去。我們跟他簽約，請他幫我們公司寫程式，我們可以拿來當作示範的產品，他也可以得到資金繼續經營Blogger。」因為有那紙合約，Blogger的創辦人得以維持下去，更進一步和別人創辦了另一家公司——推特。雷夫金回憶道：「那時候還有一些人也給了伊凡・威廉斯工作，讓他可以保住公司。你永遠不知道一個人最後會有什麼成就；這不只是在建立自己的名聲，更重要的是能伸出援手幫助別人。」

當時負責撰寫「人脈王」報導的《財星》雜誌記者潔西卡・珊博拉一看到榮登冠軍的是雷夫金，她不禁大笑出聲。「我們之前就見過面了，這也不意外囉！之前我在為一篇虛擬商品和社群網絡的報導蒐集資料，就有人介紹他給我認識。」珊博拉現在任職於臉書，她說雷夫金「是一個完美的人脈王，而且他並不是汲汲營營想變紅或精於算計，大家都想找他，是因為大家都知道他是真心樂於貢獻。」雷夫金說他剛到矽谷時希望能融入大家，而貢獻自然是他想到的第一個方法。「我是個害羞封閉的阿宅，經營人脈的概念在我心中就像是一盞指引方向的明燈。當你什麼都還沒有的時候，第一個想做的事是什麼？當然就是認識人、拓展人際關係，得到替人做事的機會。」

雷夫金的LinkedIn檔案裡有他的座右銘：「我想讓這個世界變得更好，而且是用乾淨的方法。」截至二〇一二年九月為止，在LinkedIn網站上推薦雷夫金的人已多達四十九位，而且多數都提到他樂於奉獻的人格特質。互利者可能會替這四十九位朋友寫推薦，或者再主動替幾個重要人脈寫幾篇，看看這些有力人士會不會知恩圖報一下，然而雷夫金所付出的卻是他得到的五倍多：他在LinkedIn上一共替兩百六十五個人寫了詳細的推薦文。創業家雷蒙・羅孚說：「亞當對別人的付出真是不得了，他給予的遠比自己得到的多，他的處世哲學就是助人。」

雷夫金的人際互動模式充分體現給予者的人脈之道，他們與索取者、互利者設法從人脈汲取價值的態度形成鮮明對比。雷夫金的「施比受多」正是關鍵：索取者和互利者在人脈網絡中也會付出，但他們的付出是策略性的，他們期待對方能投以等值或超值的回報。索取者和互利者經營人脈時重視的是短期內能幫助他們的人，他們用這個標準來決定自己付出的內容、時機和方式，所有行動都不脫一個許多文化中常見的互惠準則：你對我好，我才對你好；你幫我，我就欠你了，所以我要還你人情債。羅伯特・席爾迪尼指出，許多人會充分利用這種互惠原則，自己希望得到多少，就給予多少。通常索取者和互利者不會被動等待別人先幫忙才付出回報，而是看準了未來能從誰身上得到好處，就先主動對那些人示好。[8]人脈大師啟斯．法拉利亦曾在《別自個兒用餐》一書中做出此結論：「最好在受惠之前就先給予。」

肯尼斯．雷伊一生信奉這條準則：面對大人物，他會主動幫忙，讓這些人想回報他。雷伊向這些位高權重的人示好，取得功勞，之後就能請他們貢獻。一九九四年時，小布希競選德州州長，當時他不被看好，但雷伊為了保險起見，依然以自己和太太的名義各捐給他一萬兩千五百美元。後來小布希當選，雷伊支援了布希的一項推廣識字計畫，卻一共寄給他二、三十封遊說信。據一位公民監督領袖表示：雷伊要的是「利益交換」，他幫助布希是希望布希能支持電力產業自由化。雷伊曾在一封信中隱晦暗示，若小布希協助推動這個訴求，自己將繼續與他互惠：「還盼您指點安隆如何在協助推動電力產業自由化立法之餘，亦繼續支持您的其他立法議程。」

希望能互惠是一種常態的做法，通常很有效，但這種做法有兩個缺點，正是造成許多人經營人脈時帶著提防心的主因。第一個缺點是，得到好處的人不免有被對方操縱的感覺。曾是奧運競速滑冰選手、目前在資源系統集團擔任行銷顧問的丹．魏斯坦就指出：「有些大型管理顧問公司會有大型運動賽事的包廂座位，這些公司把紅襪隊比賽的公關票送給客戶時，客戶就會曉得他們多少希望客戶哪天能有所回報。」當得到的恩惠附帶著一些條件或暗示，人際間的往來也就沒那麼美好了，比較不像有意義的人際關係，倒像是交易，因為誰知道你是真的想幫我，或只是想來一場利益交換，未來再讓我還你人情債？

很顯然，肯尼斯·雷伊就給小布希這種感覺。小布希角逐州長時曾邀請雷伊主持一場募款會，當時雷伊認為小布希不可能當選，便一口回絕了，用的理由是他已參加當時民主黨籍現任州長安·李察茲的商務理事會，而他的一萬兩千五百美元就是這時捐給布希的，算是安慰獎。後來到選戰末期，小布希的勝算明顯提高，雷伊便趕緊以妻子名義再捐出一萬兩千五百元。雖然他最後捐給小布希的總金額比給李察茲的還多，但這種策略性的給予使他與小布希的關係蒙上一層揮之不去的陰影，一位記者曾寫到，雷伊當年的決定「使他永遠打不進小布希的人脈核心」，這位記者提出十多個知情者的話作為佐證，這些人都說是雷伊造成了「兩人之間始終無法跨越的距離」。老布希曾邀雷伊到白宮作客過夜，但小布希卻不曾；而當安隆醜聞爆發時，雷伊請過一些政治人物伸出援手，其中卻不包含小布希——他倆的關係顯然沒到這種程度。

要求互惠的第二個缺點則更嚴重，而互利者尤其容易碰到這種劣勢。互利者的人脈通常比給予者和索取者小，因為給予者樂於貢獻，能因此拓展人脈，而索取者的既有人脈經常斷裂，因此必須不停開發新人脈。LinkedIn創辦人雷德·霍夫曼曾寫道：「許多互利者待人處世的原則是『如果你可以幫我，我才要幫你』，因此只有自己可以得到與對方同等或更多利益時，互利者才願意出手……而如果每次都堅持有等值的利益交換才肯對別人伸出援手，建

8 原註：當然，儘管索取者和互利者的給予背後都有所求，但目標並不同。索取者通常期待報酬越高越好，而互利者只想得到等值的回報。

立人脈的速度自然快不起來。」互利者的給予是期待對方有所回饋，因此他們只幫忙對自己有利的人，畢竟如果付出無法得到回報，當互利者還有什麼好處呢？

隨著時間過去，苛刻的互惠原則將使索取者和互利者越來越居劣勢，降低他們人脈網絡的質和量，而這些劣勢都是因為這兩種人對人脈短視近利的觀念所造成的，他們武斷假設投資在哪些人身上能得到最大回報；相較之下，儘管給予者並非為了回報才付出，但他們貢獻的原則卻可以觸及最多人，因此他們的潛在回報也就最多。前蘋果技術推廣傳教士、矽谷傳奇人物蓋．川崎也曾表示：「無論我們今天遇到誰，都應該先自問：『我可以怎麼幫助對方？』」或許有些人認為這種做法是對別人過度投資，但看看亞當．雷夫金的成功案例就知道，我們其實無法準確預測未來誰能幫到我們。

● 喚醒休眠的巨人

一九九三年，一位名叫葛拉罕．史賓瑟（Graham Spencer）的大學生和五位友人聯手成立了一家新創網路公司。史賓瑟是個害羞內向的電腦工程師，髮線高高的，戴著超大眼鏡，而且是個超級漫畫迷，他說回首年少時光，是超人教他正義與道德，X戰警使他開始關懷弱勢族群，蜘蛛人則為他點燃希望之火，因為「原來連超級英雄也會有不堪回首的校園生活」。

史賓瑟和朋友創辦的入口網站暨搜尋引擎「激發」（Excite）很快成為廣受歡迎的網

站，到了一九九八年，「激發」以六十七億美元的高價被收購，史賓瑟身為公司的最大股東和科技長，自然跟著飛黃騰達。一九九九年，史賓瑟賣出「激發」不久後，他突然接到一封亞當・雷夫金的電子郵件，原來是雷夫金當時要成立新創公司，來信向史賓瑟討教。兩人素昧平生，但史賓瑟還是邀雷夫金出去當面聊聊。會面後，史賓瑟又介紹一位創投家給雷夫金認識，而那位創投家最後投資了雷夫金的新創公司。雷夫金為何能取得史賓瑟的幫助？史賓瑟又為何願意花時間精力幫助他？

在一九九四年年初，也就是雷夫金請史賓瑟幫忙的五年前，他喜歡上一支才剛崛起的樂團，他想幫這支樂團打響名號，便發揮宅宅的勇猛力量，替他們建了個粉絲網站，架在加州理工學院的伺服器上。雷夫金說：「這是我身為一個音樂迷最真摯的表現，我真的很喜歡他們的音樂。」結果網站一炮而紅，吸引了成千上萬的訪客，而那個原本沒沒無聞的樂團也大紅大紫起來。

那個樂團就是「年輕歲月」（Green Day）。

在那個民間網路正興起的時代，雷夫金架的粉絲網站擁有超高人氣，因此到了一九九五年，「年輕歲月」的經理人主動聯絡雷夫金，問他能不能把網站交給他們，他們想把它當成樂團的正式網站。雷夫金憶當年道：「我說，好啊，給你們。我就這樣把網站送他們了。」而在前一年，也就是一九九四年夏天，這個網站的訪客流量高達數百萬次，其中有一位網站訪客是個認真的龐克搖滾樂迷，他認為「年輕歲月」做的其實只是流行樂，因此他寄了一封電子郵件給雷夫金，教育他什麼才是「真正的」龐克搖滾樂。

這位仁兄正是葛拉罕・史賓瑟。他當時建議雷夫金，說網友在網路上搜尋「龐克搖滾」時，應該讓他們能找到除了「年輕歲月」以外的東西。當年雷夫金讀那封郵件時，想像這位老兄應該是頂著綠色龐克頭的典型龐克搖滾樂迷，他怎麼也想不到這位史賓瑟未來將助他一臂之力，畢竟當時離史賓瑟創立「激發」還有好幾年的時間。如果雷夫金是索取者或互利者，他絕不會理會史賓瑟的來信，然而他是不折不扣的給予者，因此自然而然想幫史賓瑟宣傳龐克搖滾樂的精神，並幫忙許多小樂團吸引樂迷。因此，雷夫金就在他的「年輕歲月」粉絲網站上新增一個網頁，放了許多連結，通往史賓瑟推薦的龐克搖滾樂團的網頁。

雷夫金和史賓瑟這段經驗，乍看之下只是一樁美事，是個善有善報的故事，但我們再仔細看看，就會發現這故事其實說明了為何給予者可以得到強而有力的人脈，而且雷夫金之所以得到回饋，不僅是因為他樂於付出，也是因為他在還不知道自己將獲得回報的五年前就先主動對陌生人付出。

雷夫金奉行的一條格言是「我相信次要人脈（weak ties）的力量」。這個說法最早由史丹佛大學社會學者馬克・格蘭諾維特（Mark Granovetter）提出，根據他的理論，我們的主要人脈（strong ties）是親近的朋友和同事，一些我們真的信得過的人，而次要人脈則是我們認識的其他人，關係較不緊密。大眾多半認為主要人脈是提供我們最多幫助的人，馬克・格蘭諾維特為了測試這個說法，便針對一批剛換工作的專業、技術及管理從業人員進行調查，結果發現這些人之中有將近百分之十七的人是從主要人脈打聽到目前的工作，換言之，這些人的機會是朋友和可信任的同事給的。

但讓人驚訝的是，大多數人得到的幫助都來自次要人脈——將近百分之二十八的人從次要人脈那裡取得職缺資訊。主要人脈可提供強而有力的關係，但次要人脈則是良好的中介橋梁，是取得新資訊的高效管道。我們親近的主要人脈通常跟我們處在差不多的社交圈、知道的機會也相差無幾，相較之下，次要人脈比較可能讓我們深入不同的人脈網絡，幫助我們直接找到更多潛在機會。

然而唯一棘手的地方是：要讓次要人脈幫忙並不容易，雖然透過他們可以獲得很多潛在機會，但我們通常不好意思請不熟的人幫忙，我們和這些人之間缺乏信任，會構成心理障礙。然而像亞當．雷夫金這樣的給予者卻找到一條捷徑，得以取得主要和次要人脈帶來的好處：用主要人脈的信任，搭配次要人脈的資訊。

關鍵就是「重新搭上線」，而這正是長期而言給予者較易成功的秘訣。

一九九四年，雷夫金在「年輕歲月」網站上增加那些龐克搖滾連結，其後史賓瑟創辦「激發」，雷夫金則回學校讀研究所，兩人失聯了五年。後來雷夫金前往矽谷打拚時挖出從前的郵件，寄了那封信給史賓瑟說：「我們五年前聯絡過，你可能不記得我了，我就是那個修改『年輕歲月』網站的人。我最近準備創辦一家公司，搬到矽谷去，但我沒什麼人脈，不知道你能不能跟我見個面，給我一點建議？」

雷夫金這個行為並非圖謀互利，因為他當年是無條件幫助史賓瑟的，並沒有想要對方回報。但五年後，當他需要協助了，他便真誠地請求對方伸出援手。史賓瑟很高興能幫他，兩人約出去喝咖啡。雷夫金說：「那時候我還想像史賓瑟是個龐克頭大隻佬，沒想到見到他本人後，發現他根本就是一個非常沉默寡言的人，甚至比我還內向。」但兩人第二次會面時，史賓瑟便介紹了創投家給雷夫金認識。雷夫金說：「就因為一九九四年的偶發事件，讓我可以在一九九九年用電子郵件重新跟他搭上線，最後在二〇〇〇年成功創立公司。貢獻會帶來好運。」

雷夫金說這件事是好運，但史賓瑟做的事其實是多數人對給予者的態度，是可以預料的必然反應。三十年前，社會學者弗瑞得．高德納曾描述過一種與被害妄想症相反的症狀：被助妄想（pronoia）。根據傑出心理學者布萊恩．李托的定義，被助妄想指的是「幻想別人在暗自替你謀福利，或在你背後偷偷說你的好話」。

然而如果你是一個給予者，這種狀況可能不是妄想，而是事實。會不會大家真的願意暗自推一把，讓亞當．雷夫金這樣的給予者成功？

二〇〇五年，雷夫金和朴喬思創辦Renkoo，當時他們沒有辦公室，只好窩在雷夫金家裡的廚房工作。後來一位同事主動把雷夫金介紹給瑞德．霍夫曼，霍夫曼當時才創辦LinkedIn不久，旗下員工不到五十位。霍夫曼便在某個星期天跟雷夫金和朴喬思約出來碰面，並讓兩人在LinkedIn的空辦公桌工作，就這樣，雷夫金得以打入矽谷的核心。雷夫金說：「二〇〇五年夏天，鄰近我們的公司之中有一家就是YouTube，我們得以在YouTube剛出生時就結識那些人。」

雷夫金的經驗讓我們重新檢視「因果循環」的傳統說法。上述這些事看起來像是善有善報的偶然機緣，但其實卻是互利者有心的成果。互利者會犧牲自己的利益來懲罰自私對待他人的索取者，自然也會特別付出來獎勵行事慷慨的給予者。亞當．雷夫金幫助他的人脈網絡成員，其中的互利者便會覺得為了公平起見，自己也應該替他謀求福利。而不難想像，雷夫金後來又運用在LinkedIn取得的新資源來幫助其他人脈了：他把LinkedIn的職缺介紹給一些工程師。

在一個五月份的週三晚間，我在這隻大熊貓的棲息地見到了他本人。那天我們約在舉辦「一〇六哩」聚會的酒吧，位於舊金山灣區的紅木城，雷夫金走進來，臉上帶著大大的笑容，身上穿著一件舊金山巨人隊的運動衫。他進門後一群科技業創業家隨即蜂擁而上，這些人有的看起來頗為圓滑，但也有不少看起來拙得可愛。幾十位創業家紛紛走進酒吧，而雷夫金則一一說了他們每個人的故事，這很了不起，因為他每天平均收到八百多封電子郵件。

雷夫金的秘訣看似簡單，實則不然——他會問深思熟慮的問題，並耐心傾聽。那天晚間聚會開始時，雷夫金問一位剛起步的創業家他的公司狀況如何，結果那位仁兄滔滔不絕說了整整十四分鐘的話，我想就連最好奇的科技宅宅也消受不了，但雷夫金卻始終熱切聽著，最後他問：「那你需要什麼樣的協助？」那個創業家說他需要精通某種程式語言的工程師，而雷夫金立刻翻了翻他腦裡的虛擬名片簿，向那位創業家推薦了幾位人選。幾小時後，其中一位工程師翩然抵達會場，雷夫金便介紹兩位認識。抵達會場的人越來越多，但雷夫金還是花時間和每位到場的人私下談話，而若有新成員找他說話，他通常會花十五到二十分鐘認識對方，詢問他們創業的目的是什麼，以及他們希望他如何協助。這些人之中有許多都是陌生人，但就像他十八年前不假思索便幫助了葛拉罕・史賓瑟，他也樂於替這些人找工作、介紹可能的共同創辦人，並提供建議來解決他們公司遭遇的問題。雷夫金每次付出心力，便將人脈又拓展一些，但一個人真有辦法維繫如此龐大的人脈網絡嗎？

● 休眠人脈

亞當・雷夫金認識許多人，因此他累積了越來越多的休眠人脈（dormant ties），也就是過去常見面或熟識但後來斷了聯絡的人。管理學教授戴尼爾・賴文（Daniel Levin）、喬治・華特（Jorge Walter）和濟斯・穆寧漢（Keith Murnighan）曾指出：「成人在一生中會累積數千個關係，但在網路時代之前，大家通常每個時期最多只會跟一、兩百人保持聯絡。」過去幾年來，這三位教授一直在呼籲業界高級主管做一件他們害怕的事：喚醒休眠的舊人脈。一位高級主管說，聽到這項作業後，他「不禁發出抱怨的吼聲」，因為「那些人脈會變成休眠人脈一定是有原因的嘛！我為什麼要重新跟這些人搭上線呢？」

但研究成果卻跟這樣的成見相反。在一項研究中，賴文和研究同仁請兩百多位高階主管喚醒「休眠」三年以上的人脈，每位受試者都必須聯繫兩位前同事，並請他們針對一項自己進行中的工作提出建議，並替這些建議打分數——看看這些休眠人脈幫助他們解決問題的表現如何，以及是否介紹了有用的新人脈。此外，受試者同時也要請教兩位目前仍維繫的活躍人脈，詢問相同的工作問題。結果令人訝異的是，根據這些高級主管的評分結果，休眠人脈所給的建議平均比活躍人脈給的更有價值。為什麼會這樣？

這是因為與活躍人脈相比，休眠人脈能提供更新更特別的資訊，在失聯的這些年來，他們接觸了新的想法和觀點，相較之下，這些高級主管現階段仍維繫的人脈則已經跟他們擁有重疊的知識庫和觀點。一位主管表示：「在聯絡這些舊人脈前，我以為他們能貢獻的應該跟我想的差不多，但事實證明我錯了，他們提供的建議非常獨到，我很訝異。」

聯絡休眠人脈像聯絡次要人脈一樣，能帶來嶄新的資訊，卻又少了與次要人脈交涉的尷尬。賴文和研究同仁解釋：「重新聯絡休眠的人脈跟從頭建立新人脈不同，因為跟舊識重新搭上線時，他們心裡仍保有從前的信任感。」一位高階主管向研究人員坦承：「我覺得很自在……我不需要猜測對方的意圖……我們多年前建立起來的互信使今天的談話更為順利。」喚醒休眠人脈的溝通時間比較短，因為雙方過去已有共通的經驗。這些高階主管不需要投注大量精力從頭經營這些休眠人脈，光是這點便勝過經營次要人脈。

賴文的研究團隊也針對另一批受試對象進行研究。他們請一百多位高級主管寫出十位休眠人脈，並依照他們認為對方可提供的價值排序。接著受試者便實際聯絡這十位休眠人脈，事後再替他們談話內容的價值評分。結果顯示大家的十位休眠人脈都提供了極高價值，難分軒輊：這些主管從第十名和第一名身上得到的價值其實一樣多。當我們需要新的資訊管道時，為數有限的次要人脈可能很快用罄，但我們卻有許許多多有幫助的休眠人脈。而隨著年歲增加，我們累積的休眠人脈越來越多，他們的價值也會越來越高，因為根據賴文和同仁的研究指出，四、五十歲的人喚醒休眠人脈所得到的價值比三十幾歲的人高，而三十幾歲的人從休眠人脈得到的價值又比二十幾歲的人高。前面提過那位「發出抱怨吼聲」的主管也承認：「這次經驗讓我開了眼界……讓我了解我的名片簿裡其實藏著許多機會。」

休眠人脈就是我們人脈網絡中遭到忽略的價值，而與索取者和互利者相比，給予者有特別的優勢能重新汲取這些價值。這是因為對索取者來說，重新啟動休眠人脈並不容易，如果這些人脈本身也是索取者，他們會起疑心、自我保護，不會分享新資訊；而如果這些人脈是互利者，他們則會想要懲罰索取者，正如我們在前面的「最後通牒賽局」實驗中看到的；如果這些休眠人脈是聰明的給予者（後面的章節會提到），他們也不會想對索取者伸出援手。此外，如果這些人脈當初是因為索取者自私自利才導致「休眠」，想重建這樣的關係根本難如登天。

互利者想重啟休眠人脈則容易多了，但他們通常不太願意請舊人脈幫忙，全因為他們謹遵「互利」原則。互利者認為請人幫忙就該回報，而如果他們原本就欠這些休眠人脈一些人情債，還沒有機會還回去，要他們再開口請這些人幫忙就難上加難。此外許多互利者的休眠人脈其實不夠強韌，互信不足，因為他們過去與這些人的往來比較像是利益交換，並不是真正有意義的人際關係。

根據人脈專家的說法，給予者重啟人脈的經驗與上述兩類人完全不同，在資訊四通八達的時代更是如此。因為給予者慷慨分享自己的知識技術，大方替我們介紹工作而不計較自己能獲得什麼利益，所以當這樣的給予者重新聯絡我們、尋求協助時，我們通常很樂意幫忙。與職涯剛起步時相比，亞當．雷夫金如今花在拓展新人脈上的時間變少了，他把注意力轉到他越來越龐大的休眠人脈上。他說：「現在我盡量把時間用來聯繫有陣子沒聯絡的舊人脈。」雷夫金重啟休眠人脈時，對方通常顯得很雀躍，因為他的慷慨大方早在對方心中建立起信任感，那些人對雷夫金從前的協助心存感激，而且他們知道他的幫忙是沒有企圖的，他隨時願意貢獻自己的知識、提供建議或介紹自己的人脈。二〇〇六年時，雷夫金想替一場「一〇六哩」聚會找一位重量級講者，他便聯絡了伊凡．威廉斯。儘管當時威廉斯已經大紅大紫，而且那時正為推特網站上線忙得不可開交，他還是欣然答應了。雷夫金說：「都已經過了五年，但我們請他回來跟『一〇六哩』成員分享，他還是記得當年的交情。」

像雷夫金這樣的給予者所展現的善意，一直是許多有趣研究的研究主題。傳統研究社群網絡的學者追蹤的是資訊交換，也就是人與人之間傳遞知識的狀況；但社會學者韋恩．貝克（Wayne Baker）與維吉尼亞大學教授羅博．柯洛斯（Rob Cross）及ＩＢＭ的安德魯．帕克爾（Andrew Parker）合作研究時，卻發現他們其實可以追蹤人脈網絡中能量流動的狀況。他們請多個組織的員工為他們與他人的互動評分，從「極度令人喪失活力」到「極度令人提升活力」。之後研究人員根據這些資料，繪出一張宛若星系模型的「能量網絡圖」。

在這些能量網絡中，索取者就像黑洞一樣，吸走了身邊人的能量，而給予者則像太陽，能替身邊的人注入能量。給予者會替同事創造貢獻的機會，而不是堅持執行自己的想法、獨攬功勞，而遇到自己不認同的建議時，也會尊重直言建議的人，不會貶低他們。

若我們畫出一張亞當・雷夫金的能量網絡圖，會發現他看起來就像是眾多太陽系圍繞著的一顆大太陽。幾年前，雷夫金在聖誕派對上認識一位事業不順的創業家雷蒙・羅孚，兩人聊了起來，雷夫金也給了羅孚一些建議。半年後，羅孚成立一家新創公司，又聯絡雷夫金，尋求他的意見，雷夫金當天就回覆，而且約羅孚隔天一起吃早餐，隔天早晨，他花了整整兩個鐘頭給羅孚建議。幾個月後，兩人又相遇了，這時羅孚已經兩年沒收入，家裡停水，他只好加入一家健身房，只為了可以去那裡洗澡。他巧遇雷夫金，雷夫金便問他新創公司的狀況，並提供了寶貴意見，告訴他如何調整公司營運。後來雷夫金又介紹一位創投家給羅孚認識，最後那位創投家投資了羅孚的公司，成為董事會成員。羅孚說：「他們兩個人甚至還為了我約出去見面，討論他們可以怎麼幫忙我。」羅孚的公司「圖表科學」（GraphScience）後來成了全球頂尖的臉書資料分析公司，而他說他之所以能有今天，都歸功於雷夫金一路上的協助。

雷夫金甚至還幫過一位在好萊塢從事編劇及導演工作的人。我們在第八章會提到，雷夫金之所以認識了這個人，是因為他把自己的聯絡方式公開在網路上。兩人某次閒聊時，這位好萊塢導演提到他做了個要在Showtime頻道播出的節目，想請雷夫金幫忙。這位導演說：「雖然雷夫金在他的領域很傑出，但我本來不相信他對影視宣傳會有多在行，但結果天啊，我真是大錯特錯！」雷夫金在不到二十四小時內就和推特及YouTube的高層主管安排了會議及內部試映會。而這位好萊塢人解釋：

> **我一定要強調：我的節目成不成功，對亞當根本毫無影響，無論成敗，對他來說都沒什麼好處或壞處。但他忠於自己樂於奉獻的性格，不辭辛勞替我們安排了無數的媒體曝光機會。後來事成後，全國的傳統和社群媒體上都是正面好評，這完全是亞當一個人的功勞。我們劇也砸大錢請好萊塢公關來操作，但亞當的慷慨幫忙卻造就了更無遠弗屆且更有效的宣傳。結果這個節目拿到Showtime電視台史上同時段節目中的最高評價！電視台對我們這個小節目的成績非常滿意，已經答應讓我們做下一個節目。亞當的大方造就了這個節目的成功，還有Showtime願意讓我做現在這個新節目，也全得感謝亞當。**

假使一個人能散發這樣的特質，激發大家的善意，那麼重啟休眠人脈自然是充滿能量的樂事。想想雷夫金在LinkedIn上寫文章推薦的那兩百六十五個人，再想想他透過「一〇六哩」協助的數千位創業家，可以想見若這些人有機會跟雷夫金重新聯絡上並幫他一點忙，他們必定很樂意。

然而亞當．雷夫金要求的並不是他們的幫忙——至少不是為他自己。雷夫金真正的目標是改變大家對於人脈經營及誰該從中得到好處的成見，在雷夫金看來，我們應該把人脈當成替所有人創造價值的管道，而不是獨善其身的工具。此外他也堅信，以這種給予精神經營人脈，將可徹底改造傳統的利益交換思維，讓人脈網絡中的所有成員都得到最大收穫。

● 幫個五分鐘的小忙

二〇一二年時，LinkedIn一位負責招募的員工史黛芬妮被要求列出職涯中影響她最深遠的人。亞當．雷夫金得知史黛芬妮竟然列了他，心中非常驚訝，因為他倆只在幾個月前見過一次面。當時史黛芬妮正在求職，透過一位朋友的朋友介紹，跟雷夫金碰了面，後來雷夫金給了她一些建議，主要透過簡訊，並幫她找了一些可能的工作機會。史黛芬妮後來寄電子郵件給他表達由衷感激，並表示希望自己能回報他。她寫道：「我知道我們只見過一次面，而且那次只聊了幾句，但你不知道你幫了我多大的忙……我真的很希望可以做點事來報答你。」

但史黛芬妮不是想幫亞當．雷夫金一個人，她自願參加一場「一〇六哩」聚會，幫助所有在場的矽谷創業家，在聚會中對創業家的點子提供建議、幫忙測試他們的產品原型，並替他們介紹可能的合作對象和金主。而雷夫金幫過的許多人都曾做出類似反應。雷蒙．羅孚到現在仍經常出席「一〇六哩」聚會協助其他創業家。此外還有一位名叫鮑伯的工程師，他二〇〇九年時在一家酒吧遇見雷夫金，兩人聊起來，雷夫金得知鮑伯當時失業，便牽了一些線，替鮑伯找到工作。後來那家公司關門，雷夫金又透過一些人脈，替鮑伯找到一份新創公司的工作。那家新創企業半年後便被谷歌收購，現在鮑伯成了一位成功的谷歌工程師，而他也努力回報，透過「一〇六哩」的人脈網絡幫助他人。

這正是一種新品種的互動方式。傳統老派的人際互動關係中，大家都秉持著互利的思維，彼此交換價值，誰幫我，我就幫他，我想要誰幫，就先給他點好處；但現在，像亞當・雷夫金這樣的給予者卻引導出一種更強而有力的互動模式——不是交換價值，而是創造價值。雷夫金為他人付出時遵循一條十分簡單的「五分鐘法則」，他說：「我們應該願意花五分鐘以內的時間幫忙任何一個人。」

雷夫金知道，不是每個他幫過忙的人都會回報他。索取者累積人脈是為了提升自己的地位，認識有權勢的人；互利者累積人脈是為了從別人那裡得到好處；而雷夫金累積人脈卻是為了創造出更多貢獻的機會，套哈佛大學政治學學者羅博特・派特能的話來說就是：「我願意幫你，不求回報，因為我相信未來也有人會這樣幫我。」像史黛芬妮這樣受雷夫金幫助而心存感激的人，未來便可能把這份恩惠傳給別人。史黛芬妮說：「我其實一直是個真誠善良的人，但以前我一直設法把這部分藏起來，儘可能展現出競爭心態，這樣才不會輸給別人；而我從雷夫金身上學到的一課是，真誠善良的人還是可以出人頭地。」每當雷夫金慷慨分享自己的專業和人脈，便等於是投注資源鼓勵人脈網絡中的成員成為給予者；而當他真的有求於人時，通常也都是為了想幫別人，這往往讓他廣大人脈中的成員更願意一起創造價值，而非交換價值，如此一來，雷夫金和其他人都更有機會被自己沒幫過、甚至沒見過面的人幫忙。雷夫金推廣「創造價值」的互動模式，等於把給予行為從零和賽局中的損失轉變成雙贏局勢中的受惠。

索取者建立人脈時，會儘可能從一塊有限的大餅中汲取最多價值；但像雷夫金這樣的給予者建立人脈時，卻會先把餅做大，如此所有人都能分到更大塊的餅。尼克・蘇力文是一位曾受雷夫金幫助的創業家，他便表示：「亞當給我們大家的影響都一樣：他讓我們樂於助人。」羅孚則進一步說明：「亞當總是努力讓他幫忙的人也去幫別人，如果有誰因為他的指導而獲益，他就會讓那些人也去幫忙他指導的其他人——而這就形成了一個網絡，讓他人際網絡中的每個人都彼此幫忙，把善意傳出去。」

雷夫金如何激發別人樂於奉獻的精神，這點已經有最新研究剖析出來。給予能建立出新的習慣，改變群體成員原有的互動模式，給予行為特別且持續時更是有效，換言之，給予具有傳染力。傳染病專家詹姆斯・法歐樂和尼可拉斯・克里斯塔吉斯曾進行一項研究發現，給予行為在社群網絡中傳遞得既快又廣，一旦有人以個人代價貢獻群體數次，之後其他成員貢獻的機率便會提高，即便是面對新成員時也一樣。兩位學者指出：「這種影響力可持續，最多可達三度分隔（也就是從一個人傳給下一人再傳給下一人接著再傳給下一人），因此在實驗過程中，每位受試者……所做的第一輪奉獻都經由其他受試者擴展為三倍，其他成員受到直接或間接影響，都因此給予更多。」

人剛進入陌生環境時都會觀察他人，了解怎樣是合宜的行為，而如果有給予行為發生，成為行為標準，大家與他人互動時便會做出同樣的行為。為了解釋這種狀況，請想像你現在進入一個四人團隊，團隊中有三個陌生人，而你們四人將在彼此無法溝通的情況下做一些匿名的決策，持續六回。每回合中，每個人都會得到三塊錢，並決定要自己收著或貢獻給整個團隊，若你自己收著，三塊錢都是你的，但如果把錢貢獻給團隊，你和所有成員都能拿到兩元。每回合結束時，你會得知所有人的決策。若每個人都把錢貢獻出來，整個團隊的收穫會比較好——每人每回合會得到八元，六回合下來最多會有四十八元，但如果你貢獻了，其他三人卻都沒貢獻，那你六回合下來只會得到十二元，這就造成了保留三塊錢的激勵因素，因為每回合都把錢保留下來，六回合加起來至少還能得到十八元。

團隊成員無法彼此溝通，因此採取貢獻策略其實有風險，但在實際實驗中，受試者中有百分之十五的人是持續的給予者，這些人六回合都把錢捐出去，犧牲自己的利益，替團體謀福利。而貢獻的代價其實沒有我們想像的高昂，因為令人驚訝的是，每回合都貢獻的人收穫還是不錯——他們最後贏得的金額平均比沒有半個持續給予者的團隊成員高出百分之二十六。給予者為什麼能付出得多也得到得多？

原來實驗發現，只要團隊中包含一位持續給予者，其他成員給予的機率也會變高，換句話說，一個給予者的存在就足以建立給予的行為準則。受試者付出自己的錢，就能提高每位團隊成員的收穫，自己也能獲益，如此一來，雖然每次付出會造成自己少賺了百分之五十的錢，但因為激勵他人也一起付出，最後每個人得到的總額自然多了。簡言之，給予者提高了行為標準，替整個團隊把餅做大。

上述實驗中的持續給予者每次都選擇把錢捐出去，這其實就等於雷夫金的「花五分鐘幫忙」，他們做了小小犧牲，就能造福團隊中的所有成員，也激勵其他成員效法。雷夫金利用這個五分鐘準則，做大了人脈網絡中所有成員的餅。「一〇六哩」組織的行為標準就是幾千位創業家彼此幫忙，雷夫金解釋「我們幫忙不是為了得到回報，這個團體的目標是灌輸大家貢獻的價值觀——你不必抱持交換的心態，這不是交易，只要你今天幫忙團體成員，哪天你需要幫忙了，團體中也會有其他人願意幫你。」

在索取者和互利者看來，這樣持續不懈的貢獻似乎還是有風險。像亞當・雷夫金這樣的給予者真的能維持自己的生產力嗎？如果他們的付出最後無法回饋到自己身上怎麼辦？為了探索這個問題，史丹佛大學教授法蘭克・弗林研究了舊金山灣區一家大型電信公司的工程師，他請參與研究的工程師評比自己和同事施與受的程度，藉此辨認出工程師中的給予者、索取者和互利者。此外，弗林也讓每位工程師評比其他十位工程師的地位，等於是評比每個人受尊重的程度。

結果索取者的地位最低。索取者總是要人幫忙而鮮少回饋，無疑是過河拆橋，這樣的人在同事眼中太過自私，大家為了懲罰他們，都不太尊敬他們。而給予者的地位最高，勝過索取者和互利者，且越是慷慨大度的人，同事也就越敬重擁戴。給予者付出的比自己得到的多，不僅展現了他們獨特的能力、價值，也顯出他們的善意。

儘管給予者最受人敬重，但他們會遭遇一個問題：生產力不足。弗林測量每位工程師在三個月中所完成工作的質和量，結果發現索取者的生產力高於給予者，因為他們工作認真，完成的工作量較多，然而生產力最高的族群卻是互利者。給予者把時間用來幫助同事，壓縮了自己完成工作、報告和繪圖的時間，而相較之下，互利者比較能請人幫忙，因此可以維持在理想軌道上。乍看之下，這似乎是經營給予型人脈的絆腳石，而如果給予者得犧牲自己的生產力才能幫助他人，這樣做怎麼會值得呢？

但亞當．雷夫金卻是一個成功的給予者，始終維持高生產力，已經與人共同創辦了好幾家優秀企業。他如何避開給予和生產力難兩全的抉擇呢？答案是：他選擇給予更多。

在上述工程師的研究中，其實並非所有給予者都犧牲了自己的生產力。弗林測量工程師是給予者、互利者或索取者的方式，是請工程師評量每位同事給予的價值多於、少於或等於他們所得到的價值，換句話說，沒幫人很多忙的工程師只要自己也不常向別人索取利益，依然可能被評為給予者。弗林依據工程師付出及接受的頻率來檢驗資料，發現只有不常貢獻的給予者生產力才不好；在所有工程師中，生產力最高的工程師都是付出頻率最頻繁的給予者。這些人是貨真價實的給予者，而他們的生產力和地位都最高，十分受到同儕敬重。經常付出的工程師較能取得同事信任，也比較能讓各方同事（而非只有他們幫過的同事）提供有價值的幫助。

這正說明了亞當．雷夫金的成就和他的五分鐘法則。在社群媒體尚未興起之前，像雷夫金這樣的人或許會默默努力，就此遭到埋沒，但在人際網絡無遠弗屆的現代世界，雷夫金做為給予者的名聲會以極快的速度傳播。羅孚曾用訝異的口吻說：「雷夫金成立新創公司時，募資速度總是快得不可思議，因為他名聲太好，大家都知道他是好人，他的身分本身就是一大加分。」

雷夫金的經驗說明給予者如何建立並運用自己豐富的人脈。給予者透過他們和人脈互動的方式，創造出增加利益、而非索取或交換利益的行為標準，替所有人把餅做大。而當給予者真的需要幫忙，他們可以重啟休眠人脈，從一度失聯但信任仍在的消息來源取得新的協助。前面提過的人脈大師啟斯・法拉利曾在書中寫到：「成功的關鍵無非『慷慨』兩字。只要秉持慷慨的原則與人互動，獎勵自會隨之而來。」而無獨有偶，全球第一商業人脈組織ＢＮＩ的創辦人暨董事長艾文・密斯納也遵循類似的人生哲學：「給予方能有所獲。」

而亞當・雷夫金（Adam Rifkin）多年來試著將自己名字字母以各種方式排列組合，最後終於拼成一句完美的話：**善有善報，吾已得道**（I Find Karma）。

CHAPTER 3

漣漪效應

—團隊合作與分享功勞的學問—

我們須謹記，宇宙中除了一個小小的例外，其餘所有人事物均由他者構成。

——前美國眾議員、參議員 約翰・安德魯・荷姆斯

喬治・梅爾（George Meyer）這人你或許沒聽過，但他的作品你一定熟悉，事實上，搞不好你自己或身邊的某個人就很喜歡他的作品。他的創意擄獲了全球整個世代的心。儘管我自己也是最近才知道他這個人，但我從九歲就愛上他的作品了。梅爾是個高瘦的男人，五十多歲，留著油膩的長髮，下巴蓄著山羊鬍，如果你在街上看到這個男人，大概認不出他的長相，但可能會直覺他是迷幻搖滾樂團「死之華」的樂迷。你猜對了，在主唱傑瑞・賈西亞在世的最後五年，梅爾至少去過七十場死之華的演唱會。

梅爾就讀哈佛大學，曾因為賣冰箱給大一生收了錢卻沒交貨而差點被勒令休學，後來又用電吉他砸破宿舍窗戶，再次險些被迫休學。他大學期間少數的亮點是曾獲選為名氣響亮的幽默雜誌《哈佛妙文》的總編輯，但社員很快就試圖拉他下台，根據記者大衛・歐文的說法，當時社團成員「以難堪的謾罵想逼他下台，因為他們認為他缺乏責任感」。

一九七八年從哈佛畢業後，梅爾回到故鄉，滿腦子想找快速賺錢的方法。他大學時花了很多時間在賽狗場賭狗，心想或許能以此為生。於是他窩在公立圖書館裡，設法以科學方式破解賽狗策略，結果徒勞無功，因為兩週後他就沒錢生活了。

三十個寒暑過去，如今喬治・梅爾已經是娛樂圈的傑出人士，曾投入製作一部票房超過五億兩千七百萬美元的電影、贏過七座艾美獎，還創造出好幾個被收錄進英語字典的字詞——我大學室友就把其中一個成天掛在嘴上，持續整整四年。但梅爾最為人所知的是他參與了一個撼動世界的電視節目，此節目曾獲《時代》雜誌選為二十世紀最佳電視節目，而知情的人都認為這節目之所以能成功，梅爾功不可沒。

一九八一年時，梅爾在兩位朋友的推薦之下，寄了幾篇稿子給美國國家廣播公司頻道（NBC）的新節目《大衛深夜秀》。主持人大衛・萊特曼向記者歐文大讚：「他當時投的稿子一字一句都琢磨得完美極了，我至今仍未遇過像他一樣優秀的人。」梅爾也在第一季時創出萊特曼後來的招牌動作：用壓路機壓碎尋常物品，例如水果之類的東西。梅爾在這個節目做了兩年後，改跟洛恩・邁克爾斯做《新秀》節目，接著又加入《週六夜現場》，最後在一九八七年離職，替萊特曼寫一部電影劇本，不過該片最後遭到停拍。

梅爾的兩位友人把他推薦給萊特曼時，說他是「全美國最好笑的人」，這話可是很有份量的，因為這兩人後來成了艾美獎加身的喜劇編劇，作品包括《歡樂單身派對》（Seinfeld）、《純真年代》（The Wonder Years）、《神經妙探》（Monk）等；而一旦你知道喬治・梅爾在替萊特曼寫完電影劇本後成就了怎樣的大事業，你應該會同意這兩人的說法。

喬治·梅爾正是《辛普森家庭》（The Simpsons）幽默元素的一大推手；這齣戲是美國史上播映最久的動畫情境喜劇。

《辛普森家庭》共贏得二十七座黃金時段艾美獎，其中有六座都頒給了梅爾，而這齣戲徹底扭轉動畫喜劇的面貌。《辛普森家庭》並非梅爾所創，這齣戲最早由馬修·格朗寧發想，並與詹姆斯·羅倫斯·布魯克斯和薩姆·西蒙合作，但各界都認為梅爾是這齣劇成功的最大功臣。梅爾在一九八九年《辛普森家庭》上映前便受僱替該劇寫劇本，之後他擔任這齣劇的編劇及執行製作人長達十六季的時間。歐文曾寫到，梅爾「形塑出《辛普森家庭》的完整面貌，現在這齣劇的喜劇因子幾乎都是他的功勞。」幽默作家邁克·薩克斯也說「編劇團隊都認為梅爾是這齣戲幕後『天才中的天才』」，另外「戲裡最出色的台詞和笑點都是他想的」。《辛普森家庭》最早的編劇瓊·維提曾撰寫多集劇本，後來改擔任《辦公室瘋雲》（The Office）的製作人，他也說梅爾「是整個編劇團隊中寫最多劇本的人，幾乎每份劇本他都參與其中。他雖然不是創始人，但沒有人比他影響這齣戲更深遠」。

像喬治·梅爾這樣的人，究竟如何藉由團隊合作邁向成功？藉由檢視施與受的模式，我們就能看出為何有些人能在團隊合作中有所成就，有些人卻總是失敗。甲骨文主管麗絲·懷斯曼曾在《加值人》（原名Multipliers）一書中介紹「天才人物」（genius）和「天才製造者」（genius maker）的差別：天才人物經常是索取者，為求自己的利益而「搾乾他人的才智、能量和能力」；而天才製造者通常是給予者，會用自己的「才智來放大他人的智慧與能力」，讓大家「腦袋上的燈泡亮起來，讓思想流動，進而解決問題」。而我在本章的目標正是探索給予者和索取者的這些差異如何影響個體及團體的成就。

●團隊合作與創意特質

要問喬治．梅爾的喜劇影響力為何如此非凡，他的創意自然是一大原因。長期擔任《辛普森家庭》編劇及製作人的卡洛琳．歐敏曾說，梅爾「能以獨樹一幟的角度看世界，完全獨一無二」。執行製作人暨節目負責人麥克．史考利講起當年剛加入《辛普森家庭》團隊時的印象，也說：「梅爾實在太了不起，我在那之前也參與過很多齣情境喜劇，但梅爾的東西實在太特別、太原創，我有好一陣子都覺得自己會不會承受不住啦。」

人究竟如何培養出高度創意？一九五八年時，柏克萊大學心理學者唐諾．麥金農為了解開這個謎題，展開一項開創性的研究。麥金農想找出藝術、科學和商業領域中的高度創意人士有什麼與眾不同的特質，因此他選擇研究一個跨越三個領域的職業：建築師。首先麥金農的研究團隊請五位不相關的建築專家分別列出全美最具創意的四十位建築師；這些建築專家彼此並沒有說過話，但他們選出的名單卻很有共識，原本五人最多可能列出兩百位建築師，但他們總共只列出八十六位，有許多重複，其中超過一半都獲得兩位以上專家提名，超過三分之一都獲得多數提名，還有百分之十五獲得五位專家一致提名。

接下來，這批全美國最有創意的四十位建築師同意讓研究團隊檢視他們的心理特質，研究人員將這些人跟其他八十四位成功但較缺乏創意的建築師做比較，比對創意建築師和「普通」建築師的年齡及所在地理位置，然後兩組建築師都到柏克萊大學待上整整三天，將他們的心理狀態袒露在麥金農研究團隊及科學面前。他們填寫了一連串的人格特質測驗，經歷充滿壓力的社交情境、接受困難的解決問題測試，並在面談中鉅細靡遺回答許多關於個人生平的問題。麥金農團隊仔細研究龐雜資料，並在研究過程中替每位建築師套上假名，以免研究人員對創意建築師和普通建築師產生預設立場。

結果兩組建築師之中，有一組明顯比較「負責任、真誠、可信、值得倚賴」，也就是「人格特質較好」，而且「對他人較有同情心」。如果依「善有善報」原則推論，我們大概會猜這群人就是創意建築師，可是錯了，這群人是普通建築師。麥金農的研究發現有創意的建築師明顯「要求較多、較強勢且自我中心」，不僅十分自我，且被人批評時侵略及防禦心態都比較強。而在後來的研究中，學者比較有創意的科學家和普通科學家也發現相同的結果：創意科學家的主導傾向、敵意、精神病態異常程度都比較強，在觀察者的評比中，高度創意科學家會「創造並利用他人的依賴心態」，且受試者當中較有創意的科學家自己多半同意下列說法：「我經常輕視他人的貢獻並過度邀功」、「我描述其他科學家的成就時經常用諷刺、輕蔑的口吻」。

索取者通常比較擅長想出創意點子，並在遭遇異議時捍衛自己的想法，因為他們對於自己的意見具有高度信心，不會像一般人被社會壓力限制，箝制了想像力。而喬治．梅爾的喜劇就有這樣的特質，例如二〇〇二年時，梅爾自編自導自演一齣小型舞台劇《我操》，他在獨白中說上帝是「荒謬的迷信，是嚇壞的原始人捏造出來的」，還說婚姻「像一只淤滯的大鍋，裡頭裝著酸臭的憎恨、充斥源於驚嚇且主觀判定的妥協、對子女的過分關切……與配偶親熱時還得暗自翻出過往戀人的情慾畫面才能勉強為之，簡直悲慘又令人心碎。」

所以通往創意的關鍵就是當個狂妄自傲的索取者嗎？

先別急著下結論。梅爾的幽默風格或許憤世嫉俗，對於傳統或許有根深柢固的質疑，年輕時也做過幾件不太檢點的事，但在充斥索取者的好萊塢世界中，梅爾多數時候都是一個給予者。梅爾樂於奉獻的性格早在年少便展露無遺，他小時候是獲得最高榮譽的鷹級童軍，也當過教會輔祭。在哈佛時期，梅爾主修生物化學，畢業後並申請上醫學院，但後來選擇不唸，因為他厭惡大學時認識的那些醫學院預科生，他們多半懷抱超強的競爭心理，梅爾說：「他們經常故意破壞同學的實驗——真的超爛。」梅爾獲選為《哈佛妙文》總編後，社員試圖罷免他，但記者歐文指出「梅爾最後不僅沒被罷免，還成了主要勁敵的好朋友，真有他的風格」。梅爾畢業後未能稱霸賽狗場，便進了一家癌症研究實驗室工作，並擔任過代課老師。我問梅爾後來為何踏進喜劇圈，他給我的回答是：「我喜歡讓別人笑、娛樂別人，讓這個世界變得美好一點。」

梅爾長期巧用自己的喜劇天分來推廣社會及環保工作。一九九二年，《辛普森家庭》的一集〈點子先生前進華盛頓〉（Mr. Lisa Goes to Washington）獲得環保媒體獎提名，這個獎頒給倡導環保議題的電視喜劇影集，而這一集劇本正是梅爾寫的。在他任職期間，

《辛普森家庭》一共獲頒六座環保媒體獎，並曾在一九九五年得到人道協會頒發的創世紀獎，獲獎原因是提升大眾對於動物議題的意識。梅爾茹素多年，修習瑜伽，還曾在二〇〇五年共同創作透納廣播公司頻道（TBS）的《地球呼叫美國》特輯，以喜劇包裝全球暖化及相關的環保議題。此外，梅爾也幫「保護國際」出了不少力，替他們製作幽默的投影片演講來推廣生物多樣性。二〇〇七年時，科學家在斯里蘭卡發現一種新的苔蘚蛙品種，他們以梅爾女兒的名字替這個品種命名，以感謝他對「全球兩棲動物評估計畫」育蛙行動的貢獻。

梅爾對環保工作的奉獻令人景仰，然而他跟他人共事的態度卻更讓人印象深刻。他的職涯契機出現在一九八八年，當時他在替萊特曼寫那部電影劇本，為了在工作之餘找點樂趣，他自己編寫並自費出版名為《塑膠小士兵》（Army Man）的幽默雜誌。他曾向幽默作家愛瑞克·史匹茲納格（Eric Spitznagel）表示：「那時候沒什麼為幽默而幽默的出版品啊，我就想做出一個純粹博君一笑的東西。」第一期《塑膠小士兵》只有八頁，梅爾自己打字、在床上排好稿子，接著就開始影印，最後把這些絕佳喜劇分送出去，送給大約兩百位友人，分文不取。

結果讀者都覺得《塑膠小士兵》爆笑極了，許多人開始送給朋友傳閱，雜誌很快就吸引一大票忠實粉絲，甚至登上《滾石》雜誌的年度最佳娛樂名單。不久後，梅爾的朋友開始向他投稿，希望能登上往後的雜誌；到第二期時，讀者數已經多到梅爾可以發行大約一千份雜誌。但出完第三期後他便把雜誌停刊了，而有部分原因是因為不是所有投稿都能用，但他不忍心拒絕朋友。

《塑膠小士兵》創刊號出版時，正是《辛普森家庭》開始的時候，當時這齣戲開始由執行製作人山姆・賽蒙負責，賽蒙正要招募一組編劇，結果賽蒙錄用了梅爾和《塑膠小士兵》的幾位作家，這些人就這樣聯手打造出紅翻天的《辛普森家庭》。喬治・梅爾在編劇室中成為公認的給予者。擔任該劇編劇、曾獲五座艾美獎的提姆・隆恩（Tim Long）對我說：「喬治是我認識的人當中名聲最好的，他為人很慷慨，非常樂於助人。」前面提到的卡洛琳・歐敏也用驚嘆的語氣形容：「認識喬治的人都知道他真的是個好人，有一套做事準則，自己會嚴格遵守，他這人正直得簡直到超自然的程度。」

喬治・梅爾的成就點出一件事：給予者也能像索取者一樣有創意。我們可以剖析梅爾在團隊中與人合作的習慣，這樣就能深入了解給予者用何種工作方式取得成功並提升身邊人的成就。儘管如此，要完整了解給予者為何能善用團隊合作，必須將他們跟索取者做比較。前面提到那份創意建築師的研究指出，索取者較具備原創思維的自信，較能反抗傳統，奮力擁護自己的創意，但這樣的獨立自主是否有代價呢？

● 單飛

二十世紀最能代表卓越創意的人或許就屬法蘭克・洛伊・萊特（Frank Lloyd Wright）了，他在一九九一年獲美國建築師學會選為「史上最傑出美國建築師」。萊特職涯中生產力驚人，作品包含古根漢美術館、匹茲堡附近名聞遐邇的落水山莊等，一生共有一千多件設計作品，其中約有一半實際建造完成，他的職涯跨越七十餘載，平均每十年完成一百四十多件設計圖和七十多座實際建築。

但儘管萊特在二十世紀初到二〇年代中期之前產量驚人，他在一九二四年後的表現卻急轉直下。根據社會學者羅杰・弗李德蘭（Roger Friedland）和建築師哈洛德・柴爾曼（Harold Zellman）指出，單看一九二五年，萊德的作品只有幾棟位於洛杉磯的房子。而心理學者艾得・德聖奧賓（Ed de St. Aubin）研究萊特的職涯後，指出他「在一九二四到一九三三年期間僅完成兩件建築案，是其建築職涯的低點」。這九年間，萊特的生產力驟降至其他時期的三十五分之一，甚至曾有長達兩年的期間連半件案子也沒有，套建築評論家克里斯多福・霍桑的說法，這時他的建築師生涯「危在旦夕」。傳記作者布蘭丹・吉爾（Brendan Gill）寫到，直至一九三二年，這位「舉世聞名的法蘭克・洛伊・萊特」已經「徹底失業」，「他最後一樁落成的建築案是替表親蓋的房子」，於一九二九年竣工，而且他「持續負債」，甚至「得籌錢買食品雜貨」。這位美國史上最傑出的建築師為何淪落至此？

在前面提過的麥金農建築師創意研究中，萊特也在受邀名單內，這位具備高度創意的建築師拒絕研究團隊的邀約，但最後麥金農的分析報告卻以萊特的人像做為創意建築師的代表。法蘭克・洛伊・萊特的設計作品似乎極富人道精神，他採用有機建築的概念，努力在人與居住環境之間取得平衡；然而觀察萊特與人實際互動的情形，卻可看出他其實是個索取者。根據專家指出，萊特在學徒時期違反不得獨立創作的禁令，曾私下設計了至少九棟建築，而且據聞他為了避免事跡敗露，還曾經勸服另一位製圖員批准其中數棟建築。此外，萊特曾一度要求自己的兒子約翰擔任助理協助數個建築案件，他允諾支薪，但後來約翰向他要薪水時，他卻寄給兒子一份帳單，上面載明約翰從出生到當時共花費他多少錢。

萊特設計知名的落水山莊時曾拖延了數個月，客戶愛德格．考夫曼最後打電話給萊特，說他要開兩百多公里的車親自來看進度，萊特還聲稱房子已經蓋好。但最後考夫曼抵達時，萊特連一張設計圖都沒完成，更別提房子了。他花了幾個鐘頭，在考夫曼眼前畫出詳細的設計圖；考夫曼原本委託萊特在他家人最鍾愛的野餐地點蓋一棟能看得到瀑布的度假小屋，但萊特的構想卻與這個要求南轅北轍：他把房子畫在瀑布頂端的一顆大石上，因此這棟房子根本看不到瀑布景觀。最後萊特說服考夫曼接受這個設計，並且索價十二萬五千美元，考夫曼原本在合約上載明的是三萬五千美元，萊特的要價整整是合約數字的三倍多，這顯然不是給予者的作風——嚴重背離客戶的期望，又竭力說服客戶接受，還額外索價。萊特顯然秉持著索取者的心態，才有膽盡情發展出十足原創的觀點，並說服客戶買帳。

但這樣的索取者心態讓萊特在落水山莊贏得漂亮，卻也讓他跌入後來長達九年的事業低谷。在一九一一年前的二十年間，萊特以建築鬼才的身分打響名號，住在芝加哥、伊利諾州的奧克帕克等地，有許多工匠和雕刻家協助。一九一一年，萊特設計了自己的住處「塔里耶森」，這座建築位於威斯康辛州一處偏遠山谷，萊特自認可以單飛，便遷居至此。但隨著時間過去，套傳記作者吉爾的說法，萊特在「長年被迫的閒散狀態下」虛度光陰，他在塔里耶森缺乏優秀學徒，心理學者德聖奧賓描述：「他建造塔里耶森，導致自己與世隔絕，從此缺乏他生涯中不可或缺的要素：建築案件和技藝精良的工人。」

法蘭克．洛伊．萊特山窮水盡的狀況直到他放棄單飛後才出現轉機；他又開始跟傑出的團隊共事，而這並非他自己的想法，而是他妻子奧爾奇瓦娜的主意，是她勸他找學徒幫忙他完成建案。一九三二年後，萊特開始與學徒合作，生產力再度飆升，不久後他就接下落水山莊的案子，完成這件許多人眼中近代最偉大的建築作品。萊特的合夥工作模式持續了二十多年，但即便在這段期間他極度仰賴學徒，卻仍無法認清事實，他不付學徒薪水，還要求他們負責料理伙食、清掃和實地考察。當過萊特學徒的艾得格．塔菲爾曾說：「他是個了不起的建築師，但他需要有像我這樣的人才能把設計圖落實成建築作品——可是你沒辦法把這種話跟他說。」

我們通常以為創意是個人成就，不會想到真正偉大的作品需要眾人協力，而萊特的故事正指明了這點。而且這條真理並不侷限於高度創意的領域，即便是看似獨立的腦力工作也十分倚賴團隊合作，程度遠超乎我們想像。過去十年來，幾位哈佛教授分別研究了醫院中的心臟外科醫師和投資銀行的證券分析師，這兩種人都從事知識密集的工作，無論是重塑病患心臟或整理複雜的股票投資資訊都需要非凡智慧。管理學大師彼得．杜拉克（Peter Drucker）曾指出，「知識工作者和製造業的勞動工作者不同，他們擁有生產工具：他們的知識在自己的腦裡，能帶著走。」然而把知識帶著走其實沒這麼簡單。

哈佛的其中一項研究由羅博特．哈克曼和蓋瑞．皮沙諾兩位教授主持，他們想了解外科醫師的技術是否會隨著練習次數變多而精進。外科醫師供不應求，都在不只一家醫院主持手術，因此在為期兩年的研究中，哈克曼和皮沙諾教授追蹤兩百零三位醫師在四十三家醫院進行的三萬八千五百七十七次冠狀動脈繞道手術。醫師進行這種手術時須劃開病患胸腔，以腿部血管或一段胸腔動脈連接冠狀動脈和主動脈，繞過阻塞部位。平均而言，有百分之三的病患會在手術過程中死亡。

哈克曼和皮沙諾觀察手術資料，結果發現一個明顯趨勢：整體來說，外科醫師的表現並未隨著練習的增加而進步，只有在特定醫院的表現進步；醫師在某家醫院施行手術時病患死亡率降低了百分之一，而在其他醫院執行的手術結果則不會隨著時間改變。換句話說，外科醫師的表現並不能「帶著走」，他們並不是手術技術進步，而是與特定一批護士及麻醉科醫生日漸熟悉，逐漸了解團隊成員的強項弱項、習慣及風格，是這份熟悉使他們得以避免造成病患死亡，而換了一家醫院，結果便會不同，因此若想降低病患死亡率，外科醫師必須和特定的手術團隊建立關係。

哈克曼和皮沙諾團隊蒐集醫院資料的同時，哈佛大學校內也有人在進行另一項類似研究，只不過研究的是金融產業。在投資銀行裡，證券分析師負責研究，提出盈餘預測，並向財富管理公司推薦該買賣哪些股票。而照理說，明星分析師無論和誰當同事，他們高人一等的知識和專業應該到哪都不會改變，一如投資研究高級主管弗瑞得．法蘭柯所說的：「華爾街最行動自如的職業就是分析師，因為他們的專業可以帶著走，在這家公司工作也行，在那家公司工作也行，客戶都是同一批，只要帶著名片簿和資料夾，到哪都可以工作。」

為測試這個說法的真實性，波瑞斯．葛羅斯伯格研究了七十八家公司的一千多位股權及固定收益證券分析師，研究歷時九年。研究團隊請投資管理機構的數千位客戶評比這些分析師的能力，標準包括他們盈餘預估的品質、產業知識、所撰寫的報告品質、服務品質、股票選擇、方便聯絡程度及回應度，並將八十個產業中的前三名分析師評為明星分析師，這些分析師每人的獲益從兩百萬到五百萬美元不等。葛羅斯伯格和研究同仁追蹤這些明星分析師換公司後的表現，而在這九年期間，跳槽的分析師多達三百六十六位，足以觀察分析師換公司後是否能維持亮眼成績。

結果雖然這些明星分析師照理說應該是個人能力強，但他們的亮眼成績卻無法「帶著走」。研究發現，明星分析師跳到新公司後表現便下滑，且退步至少維持五年；他們跳槽後第一年被評為第一名的比例下滑了百分之五，被評為第二的比例下滑百分之六，被評為第三的比例下滑百分之一，排不進前三名的機率更上升百分之六；即便是跳槽五年後，這些明星分析師被評為第一名的比例還是少了百分之五，擠不進前三名的比例更多了百分之八。平均而言，公司雇用明星分析師會造成兩千四百萬美元的虧損。葛羅斯伯格團隊的研究成果推翻了弗瑞得等業界人士的觀點，指出「聘用明星分析師對分析師和企業雙方均不利，分析師自己的表現會退步，企業的市值也會下滑」。

儘管如此，的確有些明星分析師能維持亮眼成績——有少數帶著整個團隊跳槽的分析師表現一點也沒退步。單飛的明星分析師被評為第一的機率僅有百分之五，帶著團隊成員跳槽的明星分析師則有百分之十，跟沒換公司的明星分析師一樣。葛羅斯伯格還率領同仁進行了另一項研究，發現團隊和部門中有優秀同事的分析師較容易維持明星績效，換言之，明星分析師仍須仰賴智識不凡的同事提供資訊及新點子。

明星投資分析師和心臟外科醫師都高度仰賴團隊合作，必須擁有熟悉或能力強的夥伴。如果當年法蘭克．洛伊．萊特不是索取者，假使他樂於奉獻分享，是否就能避免那名利皆空的九年？相信喬治．梅爾會同意這個假設。

● 一個讓人恨不了的人

梅爾在一九八七年離開《週六夜現場》節目後，火速從紐約市搬到科羅拉多州的博爾德，獨自創作萊特曼的電影劇本。他像法蘭克．洛伊．萊特一樣，離開團隊，隻身一人。但梅爾和萊特截然不同，梅爾曉得自己的成就來自團隊合作，他知道自己得和團隊共存共榮，不可能一枝獨秀，因為他能寫出令觀眾捧腹大笑的作品，有部分也是整個喜劇編劇團隊的功勞。因此後來他籌備《塑膠小士兵》雜誌時，便邀請了當初在《哈佛妙文》雜誌和過去節目中合作過的朋友一起寫稿。梅爾告訴我：「我覺得團隊合作是很美好的事，做幽默作品尤其如此，跟一群好笑的人共事，可以發揮難能可貴的綜效，想出自己一個人想破頭也想不出來的笑點。」後來共有四位同事幫他一起寫創刊號的稿子，而其中一位是傑克．韓帝（Jack

Handey），他寫出了第一批「深思之言」（Deep Thoughts）笑話段子，這系列笑話後來大為走紅，而在《週六夜現場》節目播放「深思之言」的三年前，這些笑話就被梅爾刊進《塑膠小士兵》，成為這本幽默雜誌一炮而紅的大功臣。

把喬治．梅爾和法蘭克．洛伊．萊特放在一起比較，就能清楚看出給予者和索取者對「成功」的觀點有多大差異。萊特以為離開芝加哥的專業團隊、窩到威斯康辛的偏遠地帶仍可發揮自己的建築才能；萊特家族的座右銘是「忠於真理，不惜遺世」（truth against the world），而這也是西方文化中常見的元素——我們對想法高人一等、撼動世界的孤獨天才往往仰慕不已。曾有三位史丹佛大學的心理學者研究指出，美國人的價值觀認為獨立即力量，而與他人相互依存則是軟弱的象徵。這個說法最適合描述索取者，因為他們往往自認鶴立雞群，不屑與他人為伍，索取者認為太依賴別人就有被超越的危險。除了萊特，那些單飛的明星分析師也是，他們拋下優良的團隊自己跳槽，沒考慮到新團隊的素質，這都是犯了一樣的錯誤。

給予者則不認為團隊合作等於無能，他們認為團體共存共榮能帶來力量，集眾人之力、成眾人之事，而梅爾之所以選擇團隊合作，正是因為他體認到共存共榮的重要。他知道若自己能對團體有所貢獻，所有人都會有更好的成就，因此他願意不遺餘力拉同事一把。一九八〇年代中期，還是個無名小卒的梅爾在《週六夜現場》擔任編劇，那時他幾乎從早到晚待在辦公室，因此總是能給同事意見，到最後他甚至能指導知名喜劇演員喬恩．洛維茲、菲爾哈特曼和藍迪奎德等人，包含他們的編劇和演出技巧。

在《週六夜現場》幕後，眾編劇常得競爭有限的機會，讓自己寫的腳本獲得錄用，而梅爾也承認：「團隊確實有些物競天擇的氣氛，每次節目可能會搬演十齣短劇，但競爭的腳本可能會有三十五或四十個，所以大家確實有競爭意味，但我就盡量在團隊中盡我該盡的責任。」例如節目請到瑪丹娜之類的大明星時，其他編劇通常會一窩蜂投稿，這種時候梅爾會投，然而他也會在請到小牌來賓時加倍努力。請到如吉米・布瑞斯林（Jimmy Breslin）等份量沒那麼夠的來賓時，同事投稿的腳本往往比較少，而梅爾認為替這些來賓寫出好劇本是他的職責，因為這正是節目最需要他的時候。梅爾說：「我只是想把每一場仗打好，別人沒那麼投入的時候，我更覺得該火力全開。」他果真打了一場好仗：吉米・布瑞斯林上節目時，他和同事合寫了一齣爆笑的〇〇七反派上脫口秀的鬧劇，讓布瑞斯林演〇〇七壞蛋「金手指」，在脫口秀上大談設計堡壘的秘訣及抱怨自己的計畫每次都被龐德破壞。這齣喜劇比後來同樣嘲諷〇〇七系列且紅極一時的電影《王牌大賤諜》整整早了十多年。

即便到了《辛普森家庭》時期，梅爾的給予精神始終如一。通常編劇最喜歡的工作是撰寫劇集的初稿，因為可以盡情展現自己的創意。而梅爾會提出許多點子，但他很少搶著寫初稿，他認為改寫更需要他的參與，因此總是接下最麻煩瑣碎的差事：花好幾個月的時間改寫及修稿。這是給予者在團隊合作中的特徵：他們會接下最有利團隊的工作項目，儘管有時對自己並沒有好處，而這種作為讓給予者的團隊表現更好。幾份針對業務團隊、紙廠和餐館等的研究都指出，一個團隊有越多給予者，產品和服務的質和量就會越高。然而獲得獎勵的除了整個團隊，還有給予者自己；成功的給予者就像亞當・雷夫金一樣，能把餅做大，有利團隊也有利自己。不少研究都指出，持續貢獻自己的時間和知識來幫助同事的人，加薪和升職的機會都比較多，從銀行到製造業等許多工作環境中都不例外。《辛普森家庭》編劇提姆・隆恩說：「我認為喬治完全把自己奉獻給這齣劇，他直覺了解把這齣劇做到盡善盡美就是對他而言最好的事。」

有個術語能描述梅爾的行為：在登山界，這稱為遠征態度（expedition behavior）。創這個詞的是提供原野教育的美國戶外領導學校，這所學院教過成千上萬的學員，其中包含美國航太總署的太空團隊。遠征態度指的是以團體的目標及任務為重、對他人就像對自己一樣在意。曾繞行地球四百多次的美國航太總署太空梭指揮官傑夫・艾希畢說：「遠征態度就是無私、慷慨、重視團隊勝於個人，這是讓太空任務順利完成的最重要特質。」美國戶外領導學校專業訓練所的所長約翰・卡南吉特也指出，遠征態度「不用零和賽局那套，秉持的是給予越多、收穫越多的信念」。

梅爾成功的部分原因正是因為他能把餅做大：他的給予讓節目越成功，整個團隊共享的成就也越大。但他的「遠征態度」還改變了同事對他的看法。給予者把群體利益置於個人利益之上，讓人知道他們想讓所有人共存共榮，因此能獲得團隊成員的尊敬。如果梅爾當年寫出最強的腳本跟同事競爭瑪丹娜的演出，其他編劇可能就會覺得他將威脅他們的地位和職涯，而梅爾盡其所能專注在比較少人垂涎的小牌來賓上，等於是給同事一些好處，如此一來，同事中的索取者就不覺得自己需要跟他競爭，互利者會覺得自己應該回報他，而給予者更會知道他跟自己是同一國的。從一九九八年起便擔任《辛普森家庭》編劇的唐・裴恩（Don Payne）說：「同事在構思劇情或改寫劇本時，如果喬治想加入，大家都很歡迎，因為他總是能想到一些讓你的劇本更好的元素。大家都喜歡喬治，每個人對他都是既尊敬又崇拜。」

除了展現善意，喬治・梅爾自願做大家不想做的工作、樂意給人建議，不讓同事感受到威脅，因此有機會展現他的喜劇長才。有一份明尼蘇達大學學者尤金・奇姆和特瑞莎・葛倫合作的研究發現，太厲害的人常遭嫉妒，因此很容易被討厭、憎惡、排擠或中傷。但如果有才的人樂於付出，就不會被人視為眼中釘，反而會因為他們對團體有貢獻而獲肯定。因此梅爾做大家不想做的工作，便能在同事面前盡情展現機智幽默而不被嫉妒。

梅爾說他的準則總結起來大致如下：第一，不缺席；第二，工作認真；第三，待人寬厚；第四，做事要有格調。梅爾樂於給予，得以在不招嫉的情況下展露自己的能力，同事便會欽佩並信任他的喜劇長才。提姆・隆恩說：「大家開始了解他不是一個自私自利的人，大家不會覺得他是競爭者，而會把他看作更高一等的人，而且會很信任他的創意實力。」卡洛琳・歐敏也補充：「跟我待過的其他劇組相比，我得說《辛普森家庭》的編劇團隊真的花比較多時間想笑點，我想這是因為我們有像喬治這樣的編劇，像他會說『不行，這樣不大好』，就算時候不早了，大家都累了也一樣，我認為這是很重要的特質，我們需要喬治這種人，他不會害怕開口說：『不行，這樣不夠好，我們可以做得更好。』」

心理學家愛德溫・霍蘭德曾寫過一篇經典作品，文中提到團體中行為慷慨的人會贏得

「個人信用」（idiosyncrasy credits），意即能在團體成員心中累積正面印象。因為許多人都抱持著互利者的思維，因此在團隊合作中，很多人會注意每個成員付出了什麼、索取了什麼，只要哪位團體成員有所貢獻，贏得「個人信用」，就能獲准偏離團體原有的行為準則或期望。柏克萊大學社會學者羅布．衛勒也曾以一句簡短的話歸納這種現象：「團體會獎勵自我犧牲的個體。」在《辛普森家庭》的崗位上，梅爾已累積足夠的個人信用，因此取得了額度，得以發揮創意、改變這齣劇的創意走向。梅爾自己回顧工作便說：「累積這種個人信用的一大優點是每當我想做比較陌生的嘗試，大家至少都願意先聽聽完整的讀劇；而且我寫的東西大家後來就不太會像以前那樣大改了，因為他們都知道我的紀錄良好。我想大家都會覺得我這人滿好——做什麼事的出發點都是善意的，這樣就可以走很長遠的路。」

梅爾的職涯經驗也有學術研究成果能背書，因為根據研究，給予者提出顛覆現狀的意見時確實讓人比較信服。我和同仁雪倫．帕克和凱薩琳．柯林斯曾進行幾項研究，發現當索取者提出改善現狀的提議時，共事的人往往會懷疑他們居心不良，認為他們是在圖謀私利；然而當給予者提出爆炸性的提議時，同事卻會傾聽，並獎勵他們勇於直言的行為，因為大家會知道給予者的出發點是真心想要貢獻團隊。「要我形容喬治在編劇室裡的表現，我大概不會說他是『好好先生』啦，他這個人比較帶勁，」卡洛琳．歐敏笑道：「不過他堅持他意見的時候，我們都知道他只是想把事情做好。」

一九九五年，《辛普森家庭》播映到第六季時，梅爾向同事宣布他會在第六季結束時離職。然而編劇團隊不但不認為梅爾離開等於少了個競爭，反而希望留他下來，大家很快便合力將他找回來，說服他繼續擔任編劇顧問，而且不久後就成功讓他重回全職的編劇崗位。瓊・維提曾在接受《哈佛深紅報》訪問時表示：「大家很快就發現喬治實在太重要，編劇室根本不能沒有他，他的意見是最有價值的。」提姆・隆恩回顧他和梅爾共事的經驗時也說：「一個人如果在意他人甚過自己，建立起這樣的名聲會發生神奇的事，也就是可以經由無數管道，為自己帶來許許多多的好處。」

●搶功勞

儘管梅爾的給予精神使他在演藝圈建立起名聲，但他在大眾之間卻沒沒無名。在好萊塢，解決這個問題的方法很簡單：一個編劇讓大家知道自己寫過越多電視劇越好，這樣就能證明劇集中的每個創意和橋段都是自己的傑作。

喬治・梅爾參與三百多集《辛普森家庭》編劇工作，其中卻只有十二集的「編劇」掛上他的名字，無疑是默默挑戰「邀功」的好萊塢常態，他為其他三百多集所貢獻的創意和笑點，功勞都讓其他編劇占去了。提姆・隆恩告訴我：「喬治很少在劇集裡掛名，雖然他根本就是創意製造機。大家通常想到什麼點子，就會守著生怕別人搶走，但喬治的創意卻幾乎都拱手送人，自己從不掛名。在長達十年的時間中，沒人知道《辛普森家庭》的笑點跟喬治有關聯，但其實有很大一部分笑點都是他想的。」[9]

梅爾不邀功，便犧牲了自己的能見度。隆恩回首當年：「喬治對這部當時最重要的電視劇貢獻很大，但有很長一段時間，外界很少有人知道他的功勞；很多內容都是他的心血結晶，功勞卻不是落在他身上。」梅爾應該多攬點功勞在自己身上嗎？對法蘭克．洛伊．萊特而言，搶功勞這招似乎真的有效：他在塔里耶森時便堅持每份文件都得把他標為建築總監，即使有些案子根本是學徒統籌的也不例外，萊特甚至威脅學徒若不讓他掛名並把每份文件讓他過目，他就要以偽造罪名將他們告上法庭。

但如果我們再看一次梅爾的職涯經驗，或許會做出不同的結論。萊特搶功勞的行徑其實只是沒影響到他的成就，而不是促成他的成就。反觀梅爾不願居功，或許短期而言讓他損失了一些名氣，但他並不擔心，他得到了當執行製作人的功勞，《辛普森家庭》替他贏得六座艾美獎，他的感覺是功勞有很多，人人都能分到一份。「很多人覺得一個腳本上掛了太多名字，好像每個人都要分一杯羹，自己的功勞就會被稀釋，但功勞並不是零和賽局，功勞其實

9 原註：喬治．梅爾是本文討論重點，但我也必須說明，《辛普森家庭》這齣絕佳喜劇是許多人的功勞，其中梅爾尤其讚揚約翰．史瓦茲維德（John Swartzwelder），共有六十集《辛普森家庭》出自他筆下，如此驚人的產量是娛樂史上任何一位編劇的兩倍多。其餘貢獻心力的編劇包括喬耶．柯恩（Joel Cohen）、約翰．傅林克（John Frink）、丹．葛瑞尼（Dan Greaney）、艾爾．金（Al Jean）、提姆．隆恩、伊恩．麥斯東葛拉罕（Ian Maxtone-Graham）、卡洛琳．歐敏（Carolyn Omine）、唐．裴恩（Don Payne）、邁特．賽歐門（Matt Selman）和瓊．維提（Jon Vitti）。另外梅爾也指出，這齣劇的成功背後當然還有其他推手，例如節目創始人，還有其他沒列出來的編劇、製作人和動畫師等。此外，梅爾這種不搶功勞的習慣很早便養成了，他說：「在做《塑膠小士兵》的時候，我就覺得幫忙寫東西的人應該要掛名，尤其他們又沒領稿酬。」梅爾用一個獨一無二的軍徽來標示作者名字，他笑著說：「我錯了啊，搞得我得用筆刀把徽章割下來，再一個個用橡膠接著劑貼到板子上，徽章放在床上都跟床單圖案混在一起，很難找。」

可以分給每個人，而且一旦大家發光發亮，你也可以發光發亮。」

時間證明梅爾是對的。儘管短期而言梅爾犧牲了自己的利益，但後來他還是得到了應得的功勞。初期梅爾在好萊塢之外的世界沒沒無名，但後來二〇〇〇年時，記者大衛．歐文將梅爾的資料放上《紐約客》雜誌，標題形容梅爾是「最幽默電視劇幕後的最幽默推手」。當歐文聯絡《辛普森家庭》幾位最重要的編劇，希望與他們進行訪談，每位編劇都很高興能說梅爾的好話。套一句提姆．隆恩的說法：「能誇獎喬治的美德真的讓我高興得不得了，雖然這樣一定讓他很不好意思。」

給予者讓團隊中的互利者想要獎勵他們，而索取者則讓互利者想要懲罰他們。學者馬迭．杰涅（Matej Cerne）曾針對多家斯洛維尼亞企業進行研究，發現不願與同事分享資訊的員工很難有創意思維，因為同事也會依樣畫葫蘆，不跟這些人共享資訊，想想實驗醫學家喬納斯．沙克（Jonas Salk）的生涯發展，你就能明白這個道理。沙克自一九四八年開始研發小兒麻痺疫苗，隔年約翰．恩德斯（John Enders）、弗雷德里克．羅賓斯（Frederick Robbins）和托馬斯．韋勒（Thomas Weller）三位學者成功在試管中培育出小兒麻痺病毒，活病毒疫苗得以朝大量生產邁出一大步。到了一九五二年，沙克在匹茲堡大學實驗室研發出一款似乎見效的疫苗，而那一年正是美國史上小兒麻痺疫情最嚴重的一年，感染的人多達五萬七千多人，共造成三千多人死亡，兩萬人殘疾。接下來的三年間，沙克的指導老師湯瑪斯．弗蘭西斯負責主導沙克那款疫苗的人體測試，在二十二萬名自願者、六萬四千名教師及兩萬名醫療人員的協助下，一共替一百八十多萬個兒童注射以進行測試。到了一九五五年四月，弗蘭西斯在密西根州安娜堡正式宣布了讓美國舉國歡騰的消息：沙克疫苗「安全、有用且預防效果極強」。接下來兩年內，透過美國畸形兒基金會投注大量人力，沙克疫苗的注射蔚為普及，小兒麻痺病例下降近百分之九十，到了一九六一年，全美國僅剩一百六十一個病例，且疫苗在世界各地都發揮類似功效。

喬納斯・沙克成為國際英雄，然而在一九五五年安娜堡那場歷史性的記者會上，沙克的致詞卻損害了他的人際關係與他在科學圈中的名聲——因為他並未感謝恩德斯、羅賓斯和韋勒的重大貢獻，而他們當年的巨大突破甚至在一九五四年獲得了諾貝爾獎的肯定。沒有這三人的研究成果，沙克的研究團隊不可能研發出疫苗。更令人感到不舒服的是，沙克甚至沒感謝他實驗室的六位研究人員——拜倫・班奈特（Byron Bennett）、波斯沃・貝斯里（Percival Bazeley）、L・詹姆斯・李維斯（L. James Lewis）、朱利思・楊納（Julius Youngner）、愛歐西・渥爾德（Elsie Ward）和法蘭西斯・尤洛科寇（Francis Yurochko），這些人都是沙克成功研發疫苗的大功臣。

沙克的研究團隊淚灑記者會，哭著離去，而歷史學者大衛・歐辛斯基（David Oshinsky）則在《小兒麻痺：美國故事》（Polio: An American Story）一書中寫到，沙克從未承認「他實驗室同仁的功勞，他的團隊成員一起自豪地坐在摩肩擦踵的禮堂中，最後卻被他冷落，滿腔苦澀難言……沙克這些匹茲堡大學的同事……期待他們的老闆會感謝他們的貢獻，這份答謝何其重要，且早該送出。」互利者尤其會這麼想，例如一位研究同仁便向記者表示：「剛開始他在我眼裡像個慈父，但到最後我發現他比較像個壞爸爸。」

這些年來，朱利思・楊納顯然特別感覺自己被小看了。楊納向歐辛斯基表示：「每個人都希望自己付出能獲得肯定，沙克那樣待我們真讓人震驚無比。」沙克的怠慢損害了兩人之間的關係，楊納在一九五七年離開沙克的實驗室，後來在病毒學和免疫學領域都做出不少重要貢獻。一九九三年，楊納和沙特在匹茲堡大學再度聚首，楊納向他坦承當年的心情：「我們就坐在觀眾席裡，是你最親近的同事、盡心盡力的下屬，我們揮汗研究，跟你一起為了同一個目標打拚，你還記得你致詞的時候提到誰、漏掉了誰嗎？你知道當場我們多心痛，還有後來你在其他場合中依然不曾提到我們，那對我們是多大的打擊嗎？」楊納憶及當年，說沙克「想起往事，顯然感到十分震懾，幾乎沒回他什麼話」。

喬納斯・沙克在致詞那幾分鐘獨占功勞，這件事卻影響了他後半輩子。他後來成立了「沙克生物研究中心」，至今仍有數百位科學家在那裡致力於人道主義的科學研究，然而沙克自己的成就自此停滯，他職涯後期致力研發愛滋病疫苗，但並不成功，且在同事之間不得人心；他從未獲得諾貝爾獎，也不曾獲選進入聲望極高的美國國家科學院。[10] 歐辛斯基寫到：「接下來的歲月中，幾乎所有研究小兒麻痺的重要科學家都獲選為院士，只有喬納斯・沙克是例外……根據一位評論家的說法，這是因為沙克違反了『一條科學研究中的無形戒令』：應將功勞分予他人。」楊納說：「大家都不喜歡他那樣追逐名氣、逢迎媒體，而且他當初那件事真的是最最自私的行徑。」

沙克認為同事只是嫉妒他。有一次他難得討論起當年的事件，他說：「一個人有了成就，得了功勞，大家通常就會有這種競爭心理的反應；安娜堡事件確實對我後來的發展造成一些影響。」然而沙克在一九九五年辭世前都沒有肯定當年研究同仁的貢獻。十個寒暑過去，到了二〇〇五年，匹茲堡大學舉辦小兒麻痺疫苗五十週年紀念會，楊納也出席活動，沙克的兒子、研究愛滋病的學者彼得・沙克終於彌補了當年未完成的遺憾。他在致詞中表示：「沙克疫苗並不是一個人的成就，而是一支優秀團隊盡心盡力的集體貢獻，是團隊合作的成果。」

看來喬納斯・沙克和法蘭克・洛伊・萊特犯了相同的錯誤：他以為他可以一枝獨秀，不曉得自己的成就是團體合作的結果。沙克無法取得喬治・梅爾贏得的「個人信用」，而是因為獨占功勞被同仁懲罰。

沙克為什麼不把研發小兒麻痺疫苗的功勞分給研究團隊？有可能他是嫉妒心作祟，想保護自己的成就，就像一般索取者會有的反應；但我認為有個更具說服力的答案：因為沙克認為同事不配得到功勞。為什麼呢？

● 責任認知偏誤

想解開這道謎題，我們得到加拿大。有一支加拿大的心理學研究團隊邀請許多對夫婦做

10 原註：許多圈內人認為美國國家科學院之所以從未認可沙克，與他當年獨占功勞及追逐媒體的行徑脫不了關係，但沙克不曾獲得諾貝爾獎的原因則眾說紛紜，有些科學家的說法是，小兒麻痺疫苗對大眾健康的貢獻良多，應用價值高，但對於科學知識的根基缺乏原創貢獻。

一件對夫妻關係頗危險的事情。現在，請你想想自己的婚姻，或最近一段感情，想想兩人關係中的所有付出，從煮晚餐、計畫約會行程、倒垃圾到處理兩人的爭執，這些工作中有百分之多少由你完成？

先假設你認為在這段關係中自己攬了百分之五十五的責任好了，如果你估得很準，你的另一半應該會說他有百分之四十五的功勞，這樣你們兩人加起來正好是百分之百。然而實際上心理學者麥可・羅斯（Michael Ross）和菲歐蕾・施蔻利（Fiore Sicoly）的這份研究卻發現，有四分之三的夫婦提出的數字加起來比百分之百多很多。許多人都會高估自己對感情關係的貢獻，這就是所謂的責任認知偏誤（responsibility bias）：我們會放大自己的貢獻比例。索取者尤其容易產生責任認知偏誤，而會有這種錯誤認知，是因為我們都想在自己及別人心中留下正面形象。喬納斯・沙克的行為也符合這個觀點，他顯然樂於站在鎂光燈下。歐辛斯基在書中寫到：「沙克的一項本領是他善於操作自己的名氣，總是表現出淡泊名利的樣子……記者和攝影師找他的時候，他會表現出很為難的樣子，但最後總是約得到；他會警告他們別占用他太多時間，他會抱怨自己正在進行某個重要工作，但提出這些公式化的抗議後，他其實總是可以全力配合。」

但許多人之所以產生責任認知偏誤，還有一個更重要且比較正面的因素——資訊失調，因為我們深知自己給予了多少，卻不一定清楚別人付出多少，我們自己的付出一項項都看得清楚分明，但別人的心力我們只能看到一部分，因此到了判斷功勞該給誰的時候，我們多半比較意識到自己的貢獻。確實如此，當夫婦被問及各自對婚姻的貢獻時，大家平均可以想出十一項自己的貢獻，但對於配偶的貢獻卻只提得出八項。

沙克將研發小兒麻痺疫苗的功勞獨攬在自己身上時，他自己研發疫苗期間的血汗和辛酸歷歷在目，但相較之下，他不太曉得同仁付出多少心力，楊納和其他同事經歷的一切幾乎都不是他的親身經歷。而恩德斯、羅賓斯和韋勒完成他們榮獲諾貝爾獎的巨大貢獻時，沙克並不在團隊內，因此也不清楚他們投入的心力。

LinkedIn創辦人雷德．霍夫曼曾寫到：「有時候很多人沒有壞心眼，卻還是會高估自己的貢獻、低估他人的付出。」這種責任認知偏誤往往是團隊合作失敗的主因，例如創業家、發明家、投資人和高級主管等若覺得工作夥伴沒有給他們應得的功勞和好處，彼此間在職場上的關係便可能瓦解。

在好萊塢，光是一九九三到一九九七年之間，要求功勞仲裁的電影劇本就有四百多份，比例約達三分之一。如果你是索取者，背後動機當然就是確保自己得到比付出的多，而這代表你仔細計算自己做出的所有貢獻。要認為自己功勞最大、忽略同事所做的貢獻其實是很容易的事。

但喬治．梅爾沒犯下這種責任認知偏誤。《辛普森家庭》一劇發明出許多英文字彙，其中最知名的就是荷馬的口頭禪「d'oh!」，他每次遇到什麼讓他身體或心理不舒服的事就會這樣喊。「d'oh!」並不出自梅爾筆下，不過梅爾造了「yoink」這個字，就是《辛普森家庭》劇中角色每次搶別人手裡東西時會喊的字。二〇〇七年，幽默雜誌《大笑》出了一個特別報導，討論《辛普森家庭》創造出最紅的字詞，榜上有名的都是經典字詞，好比「cromulent」（形容詞，意思是還好、可接受、瀕臨非法邊緣的合法）以及「tomacco」（「番茄」和「菸草」的雜交種，是荷馬混種出來的，這種植物最早在一九五九年某期《科學人》〔Science American〕文章中提到，後來到了二〇〇三年，一位名叫羅伯．鮑爾〔Rob Bauer〕的《辛普森家庭》影迷真的實際研發出這個品種）。但榜上第一名的字是「咩」（meh），《辛普森家庭》的角色表示漫不經心時便會發出這個音，此字在第六季時首度登場，在某一集裡，荷馬的太太美枝因為在中學時學過織布，結果在逛文藝復興市集時看上一架織布機，便織出一句話：「嗨霸子，我在用織布機耶。」結果霸子只回了一聲「咩」。六年後，荷馬和美枝的女兒點子更在某一集裡直接以字母拼出「meh」這個字。

許多英文字典都有「meh」這個字，無論是麥克米倫字典（「用來表示不在意或沒興趣」）、Dictionary.com（「表示無聊或沒興致」）或柯林斯英語字典（「嘆詞，用以表示冷淡或無聊；形容詞，用以表達人事物平庸沒意思」）都已經收錄。幾年前，一位《辛普森家庭》編劇和喬治．梅爾說到第一次創出「咩」那集的往事，而他的回憶使梅爾大吃一驚。「同事說那一集我也參與了，他說想出『咩』這個字的應該是我；我自己都不記得了。」後來我問提姆．隆恩「咩」是誰創的，他幾乎肯定就是喬治．梅爾，他說：「我滿確定是喬治創的。這個字現在到處都是——大部分人甚至不知道這是從《辛普森家庭》出來的。」最後，梅爾和幾位編劇聊過後終於喚醒回憶，他說：「那時候我想創一個發音最省力的字——只要張開嘴唇讓空氣跑出來就是了。」

為什麼梅爾對自己的貢獻印象不深？因為他是一個給予者，把注意力放在整個編劇團隊娛樂觀眾的集體成就，而非自己的功勞上。梅爾總儘可能想出許多台詞、笑點和自創字，然後讓其他編劇拿去用，自由運用在他們的劇本裡。他注重的是劇本的整體品質，而不是查明每句話是誰想的。「很多內容其實就像籃球的助攻，每次有人說『喬治，那是你想的』，我真的都不知道。我通常不記得自己做了哪些事，所以很少會說這是我的功勞、那是我的功勞，我會說那些都是我們大家一起的功勞。我想養成這樣的習慣是好事吧。」

研究結果指出，其實互利者和索取者也能養成這樣的習慣。別忘了，人之所以會產生「責任認知偏誤」，是因為我們比較清楚自己的貢獻，而非別人的，因此平衡責任判斷的關鍵就是把注意力放在別人的貢獻上，例如只要在判斷自己對婚姻的貢獻比例之前，先列出另一半的所有貢獻就行了。研究顯示，只要員工在思考自己對老闆貢獻多少之前，先想想老闆幫他們多少，員工對老闆的貢獻評價就會增加一倍，從百分之十七增加為百分之三十三。此外，有研究團隊找來受試者，三到六人為一組，讓他們合力完成任務，之後問每位成員他們自己貢獻的比例，結果把所有受試者回答的比例加起來後，每組平均超過百分之一百四十，但如果請他們先想想其他成員的貢獻，再想想自己的，所有組員回答的百分比加起來平均可降至百分之一百二十三。

像梅爾這樣的給予者天生擅長此道：他們會細心看見別人的付出。心理學者邁克・麥寇（Michael McCall）曾在一項研究中，以問卷方式請人評估自己是給予者或索取者，然後請受試者兩人為一組，討論一些沙漠求生必備物品的重要程度，然後隨機跟每組的其中一人說他們答錯了，再對另一人說他們答對了，結果受試者中的索取者都把失敗怪在另一個人頭上，功勞攬在自己身上，至於給予者會把過錯攬到自己身上，成功時則會把較多功勞歸給組員。

喬治．梅爾的行事風格正是如此，失敗時絕不放過自己，成功時則把功勞推給別人。提姆．隆恩說：「不好笑的喜劇彷彿會要了喬治的命。」梅爾希望每個笑點都能使觀眾發笑，還希望許多笑點能發人省思。雖然他也希望別人能達到他給自己設下的高標準，但別人犯錯他通常比較寬待。梅爾在職涯早期曾任職於《成長的煩惱》（Not Necessarily the News）劇組，一個半月就被解僱。二十年後，某天他遇到當年開除他的主管，她向他道歉，因為解雇他顯然是個錯誤，她準備好要接受梅爾的怒罵。但梅爾告訴我這個故事時，卻笑著說：「我只覺得看到她很高興，我對她說：『拜託，看看我們現在不是很好嗎？過去就過去了。』好萊塢有些人確實是踩在敵人臉上爬起來的，但這種想法太膚淺，而且為自己樹立那麼多敵人不會有好處。」

《辛普森家庭》編劇團隊進行改寫劇本的工作時，梅爾這種容易原諒別人的個性讓他得以激發出大家最好的創意。他解釋：「我一直努力在改寫室營造一種氣氛，就是讓大家感覺每個人都可以付出，就算有時結果不好、跌個狗吃屎，一千次一萬次都沒關係。」這就是所謂的「心理安全感」，也就是使人相信自己做有風險的事也不會受到懲處。哈佛商學院教授艾米．愛德蒙森便做過一項研究指出，處於令人有心理安全感的環境（例如梅爾所創造出的工作氛圍）有助學習及創新。[11] 而能創造出這種良好環境的人往往是給予者：有份研究指出，提出想法而不期待回報的工程師通常較能引導創新，因為他們建立了一個讓大家能安心交流資訊的環境。唐．裴恩回想他和另一位編劇約翰．傅林克剛加入《辛普森家庭》團隊時，兩人很畏懼這些厲害的老鳥，但梅爾卻讓他們感覺提出自己的想法很安全。他說：「喬治非常支持和照顧我們，讓我們可以輕鬆參與，鼓勵我們投自己的劇本，而且從不貶低我們，他會傾聽，會主動問我們的意見。」

不少喜劇編劇修劇本常大筆一揮，想刪什麼就刪什麼，讓初稿作者感到十分受傷，但梅爾卻表示，他總是「盡量當大家的情緒支柱」，每當有編劇受不了自己寫的劇本被大改時，他通常是那個安慰同事、平撫大家情緒的人。「看到同事身陷困境，我總會安撫他們，經常把他們從驚慌的情緒中拉出來，我漸漸學會安慰同事，帶他們用不同的觀點來看事情。」到最後，就算梅爾大修了同事的劇本，大家還是知道他心裡仍把大家當成「人」在看待。卡洛琳．歐敏就說：「喬治說話很直，不會修飾，會直接說你想的笑點不怎麼樣，但卻不會讓你

11 原註：心理安全感有壞處嗎？不少管理者認為容許犯錯等於暗示下屬犯錯沒關係，而情境喜劇出幾個錯或許不要緊，但如果犯錯會影響到的是人命——例如在醫院單位呢？愛德蒙森請八個醫院單位的員工評比他們在自己的單位感受到的心理安全感，並填答他們發生藥物使用疏失的次數，結果果然，處在心理安全感越高的單位，回報藥物使用疏失的次數就越高；在醫護人員感覺自己犯了錯能被原諒的單位中，送錯藥導致病患用藥無效或產生過敏反應的次數較多。若以直覺推論，容許犯錯的環境會讓人自滿，因此容易出錯，這似乎合理，但愛德蒙森卻沒被說服。愛德蒙森指出，醫院單位提供的心理安全感多，是讓醫護人員勇於回報出錯，而非提高他們出錯的機率；果然，心理安全感越高的單位，回報出錯的次數也就越多，但愛德蒙森比對其他客觀的用藥疏失紀錄卻發現，實際上這些單位犯錯的次數並未比其他單位多，而且心理安全感越高的單位，疏失的次數其實越少。為什麼？因為在心理安全感不足的單位中，醫護人員怕被懲罰，因此往往不願承認自己犯錯，便無法從犯錯的經驗中學習成長；而在心理安全感充沛的單位中，與團隊分享犯錯經驗則讓大家未來更能避免犯錯。

覺得他是在針對你的人。」提姆．隆恩也向我表示，把劇本拿給梅爾讀時，「他感覺就像你把自己生的孩子抱給他，他感覺自己有責任告訴你孩子有沒有生病；他是真的想好好對待劇本——也想好好對待你。」

● 觀點落差

如果消除「責任認知偏誤」能讓我們更清楚意識到他人的給予，那麼在團隊合作中，成員難免情緒高漲、經常認為別人的批評是針對自己，這種時候又該如何提供同事心理上的支持呢？分享功勞只是團隊合作的其中一項要訣，梅爾還有其他訣竅來安撫劇本遭刪的同事並營造一個有心理安全感的工作環境，這個訣竅是給予者在團隊合作中的典型做法：解決「觀點落差」（perspective gap）。

西北大學心理學者羅倫．諾德葛蘭（Loran Nordgren）曾經主持一項實驗，請受試者預測在冷凍室裡待五個小時的痛苦程度，但受試者在兩種不同情境下填答——分別在溫暖和寒冷的狀況下，溫暖組預估待在冷凍室的痛苦程度時，一隻手臂浸在一桶溫水裡，寒冷組則將手臂浸在冰水裡。哪一組認為待在冰凍室的痛苦程度比較高呢？

你或許已經猜到了，答案是寒冷組的人。把手泡在冰水裡的人所預估的痛苦指數比泡溫水的人高了百分之十四，這些受試者親身感受冰凍的滋味一分鐘後，便知道冰好幾個小時一定很慘。然而這個實驗還有一組在第三種狀況下填答的受試者：這群人先將手浸在冰水裡，但之後就把手抽出來，並填寫另一份問卷。十分鐘後，研究者請他們預估待在冷凍室裡的痛苦程度。

照理說，這批人的預估應該跟前面的寒冷組差不多，因為他們十分鐘前才親身體驗過那種低溫，但結果並非如此——他們的預測結果跟溫暖組相同。雖然這群人十分鐘前體驗過寒冷的感覺，但他們現在沒感覺到冷，便無法想像寒冷的滋味了。這就是所謂的「觀點落差」：一旦我們當下無需親身承受某種生理或心理的緊繃狀態，就會嚴重低估其影響力。舉例而言，有研究顯示醫生總是會低估病患的痛苦程度，因為醫生自己並未處於病痛之中，無法完全理解病人的痛苦程度。

在一家位於舊金山的醫院，一位權威的腫瘤科醫師曾經關切某位病人的狀況，他說：「他今天神志沒有昨天清楚了。」該病人年事已高，是癌症晚期病患，癌細胞已轉移。這位醫生決定替病人進行腰椎穿刺來了解狀況，希望延長病人的生命。醫生解釋：「說不定他是感染了，說不定是腦膜炎之類可以治療的病。」

然而當時待命的神經專科醫師羅伯特．波頓有些疑慮，因為這位患者的狀況已不樂觀，且脊椎穿刺術十分痛苦。但腫瘤科醫師卻還不想放棄治療。波頓端著一盤脊椎穿刺的器材走進病房時，病人家屬都齊聲抗議：「拜託，不要再治療了。」而那位病危的患者虛弱得無法開口，只隨著家人點頭，表示他不願接受脊椎穿刺。因此波頓呼叫腫瘤科醫師，向他解釋病患家屬希望別做脊椎穿刺術，然而腫瘤科醫師還是不願放棄。最後，病人的太太抓住波頓的手臂，懇求他叫腫瘤科醫師放棄脊椎穿刺，她說：「我們真的不希望做。」

但最後腫瘤科醫師仍執意要救病患，他解釋為何非做脊椎穿刺不可，最後病患和家屬便妥協了。

脊椎穿刺術由波頓進行，過程極具挑戰，病人也十分痛苦。病人後來產生嚴重的頭痛症狀，陷入昏迷，三天後就因為癌症而過世了。而那位腫瘤科醫師雖然是其領域的傑出專家，但他只讓波頓在心裡「留下一個主要印象，那就是他說無論如何，『我們做的是好事』。但是不是好事，其實要先問病人、真正溝通後才能斷言。」

在團隊合作中，索取者很少能跨越這樣的觀點落差，因為他們太專注在自己的觀點上，導致無法看見他人對自己意見的反應和回饋。而相對地，我和學者吉姆．貝瑞曾在研究中發現，創意工作中的給予者會想造福他人，因此他們會想辦法從他人的角度看事情。喬治．梅爾編輯《辛普森家庭》動畫師和編劇的心血結晶時，他便面對了觀點落差，畢竟他刪掉的是這些人心中最好的橋段和笑點，並不是他自己的。梅爾知道他無法直接經歷這些人的心情，因此便採用一種替代方案：他會設想如果自己是對方，得聽別人意見、作品被人刪改的感覺。

梅爾在一九八九年加入《辛普森家庭》時，曾寫過一集感恩節的劇情，裡頭有一段作夢的情節，他自己覺得那段好笑極了，但當時的節目製作人薩姆．西蒙卻不這麼認為，他把那段夢境從劇本裡刪掉，那時梅爾氣極了。「我火冒三丈，氣到薩姆只好差我去做一件事，只為了要把我請出去。」因此梅爾後來批評或修改動畫師及編劇的作品時，都會回顧當年這段經驗。他告訴我：「我會想想當時那種作品被改的感覺，就像被割掉一塊肉。」

這使梅爾更有同理心、更顧慮他人感受，讓他努力幫助大家從緊繃狀態冷卻下來，最後接受他的改稿。

好的給予者就像梅爾一樣，能將看事情的角度轉到接收者的觀點，但對多數人而言，要從這個出發點看事情並不容易。想想歐美國家的人替親友挑結婚禮品或新生兒禮物時所面對的難處，或許你就懂了。想想看，如果是你，當收禮人已經在商店裡登記了他們想收到的禮物，你會選購他們登記的禮物，或是自己另外挑一份特別的禮物？

有天晚上，我太太在找一對友人的結婚禮物，最後她認為自己另外想禮物應該比送朋友自己登記的禮物要來得用心且貼心，便決定送燭台，她覺得那對朋友應該會很喜歡這麼別致的禮物，但我卻十分不解，因為幾年前我倆自己收結婚禮物時，看到親友沒送我們登記的禮物而是另外挑選時，太太經常感到很失望，因為她自己最清楚她想要哪些東西，很少有人另外挑選的禮物會比她自己挑的更能打動她。既然我太太自己收禮時想收到登記的禮物，那麼為什麼當她成了餽贈的一方時，又想送自己挑的禮物呢？

為了解開這種謎題，哈佛大學學者弗蘭西絲卡．季諾（Francesca Gino）和史丹佛大學的學者法蘭克．弗林（Frank Flynn）曾進行一項研究，了解送禮人和收禮人對登記禮品和自選禮品的反應，結果發現送禮人總是低估收禮人對登記禮品的喜愛度。在一項實驗中，研究團隊找來九十位受試者，讓他們透過「亞馬遜」網站收禮或送禮，收禮者有二十四小時的時間可以登記他們想要的禮物清單，價格範圍從二十元到三十元，共挑選十件商品，禮物清單會分享給送禮人，而研究人員會隨機指派送禮人贈送登記禮品（從清單中選擇）或自選禮品（由送禮人自選）。

送禮人普遍認為收禮人應該認為自選禮品更用心、更有人情味，但結果恰恰相反，收禮人收到登記禮品的開心程度比自選禮品高出許多。此外，朋友間餽贈及接收結婚和生日禮物時也呈相同狀況，送禮人通常喜歡送自選的禮物，而收禮人其實比較喜歡他們自己登記的商品。

為什麼？研究指出，我們替別人思考時，通常還是採用自己原有的判斷標準，我們會想的是：「如果是我會怎麼想？」因此我們送禮時，也會幻想若是我們收到自己挑選的禮物該有多開心，可惜收禮人並不會感受到相同的開心，因為他們的喜好跟我們不同。我太太此時是一個給予者，她想送她真心喜歡的燭台，但如果我們那對朋友真的這麼喜歡那些燭台，他們一定早就登記在禮物清單上了。[12]

因此要想真正幫助同事，我們必須先跳脫自己的判斷標準，就像喬治．梅爾的做法一樣，必須先與對方溝通，設想一下：「對方會怎麼想？」這種真正從別人觀點看世界的能力很早就開始發展了。柏克萊大學的心理學者貝蒂．雷帕丘利和愛麗森．葛柏涅克研究了一批十四個月和十八個月大的嬰兒，研究人員將兩碗食物放在孩子面前：分別是小魚餅乾和綠花椰菜。幼兒分別嘗過兩種食物，明顯喜歡小魚餅乾勝過花椰菜。接著研究人員在他們面前吃餅乾和花椰菜，吃餅乾時表現出厭惡的模樣，吃花椰菜時則露出開心的樣子。接下來研究人員便向小朋友伸手要食物，小朋友可以選擇拿餅乾或花椰菜給研究人員。這些小嬰兒自己討厭花椰菜，但他們會突破自己的觀點，送花椰菜給研究人員嗎？

結果十四個月大的嬰兒不會，但十八個月大的嬰兒做到了。在十四個月的嬰兒中，有百分之八十七的孩子都遞了小魚餅乾，然而十八個月大的嬰兒中，卻只有百分之三十一犯下這種錯誤——一歲半的孩子有百分之六十九都已經懂得要與別人分享對方喜歡的東西，即使跟自己的喜好不同也一樣；而這種跳脫自己觀點、想像他人觀點的能力，正是團隊合作中優秀的給予者所具備的技能。[13]但令人玩味的是，喬治．梅爾在喜劇編劇生涯剛開始時，並沒有用自己的轉換觀點能力來幫助同事，而是把編劇同仁都視為對手：

通常我們還是新手的時候，很容易把別人當成絆腳石，但那樣就代表我們的世界裡會充斥許多的絆腳石，對我們並沒有好處。我年輕的時候，有些同事和朋友——甚至是很要好的朋友，他們有什麼了不起的成就的時候，我都會覺得很衝擊，我會嫉妒他們，感覺像是被他們的成就批了一頓。一個人的職涯剛開始的時候，很自然會希望自己進步、得到肯定。

12 原註：當然囉，我太太是明眼人，那對朋友確實喜歡她送的燭台——他們只是不曉得有這麼別致的禮物罷了，如果他們事先知道，一定會放上登記清單，事實證明老婆大人是對的。

13 原註：身為家中長子的梅爾有足夠的機會練習從他人觀點看世界，因為有研究指出，家裡有弟妹妹的人較容易直覺產生貢獻思維，因為身為哥哥姊姊的人須分擔許多教導、照顧、餵食及清潔的工作。長期以來，許多專家都同意身為兄姊者（特別是家中老大）必須肩負照顧年幼手足的責任，因此必須敏銳觀察他們需要和想要的東西，以及他們和自己的需要有何差異。但法蘭克．洛伊．萊特和喬納斯．沙克都是長子——萊特有兩個妹妹，而沙克有兩個弟弟。但梅爾之所以是給予者，背後還有其他家庭背景因素。荷蘭心理學者波爾．馮蘭居（Paul van Lange）曾進行一系列研究，發現給予者擁有的兄弟姊妹人數通常比索取者和互利者多；給予者平均有兩個兄弟姊妹，索取者和互利者則平均有一．五個兄弟姊妹。手足人數越多就越需要分享，因此手足多的人便比較容易養成給予精神。如此說來，喬治．梅爾排行老大，底下有七個弟弟妹妹，他的個性或許就跟這樣的成長背景有關。此外馮蘭居的資料除了指出手足造成的影響，還指出姊妹造成的影響：給予者擁有的哥哥和弟弟並不比索取者和互利者多，但他們有姊妹的機率比另外兩種人高了百分之五十，而值得注意的是，喬治．梅爾共有五個妹妹。

但梅爾在電視圈裡打交道的人漸漸開始重複，這圈子很小，人脈都是互通的。他說：「我發現這裡就像是一個很小的池子，其實每個時期走電視喜劇編劇這行的人也就這麼幾百個而已，跟這些人打好關係才是明智之舉，而且我們接工作的管道多少是透過口耳相傳，或透過認識的人推薦，所以維持名聲真的很重要，我很快就學會把其他喜劇編劇當成我的盟友。」因此梅爾學會替別人喝采，樂於見到他人成功。「這其實不是零和賽局，所以如果聽到誰的試映集反應很好，或哪齣戲後來拍成連續劇，其實都是好事，因為這代表整個喜劇市場都更好了。」

法蘭克．洛伊．萊特走的並不是這條路線。萊特飛黃騰達時並沒有做大其他建築師的餅，而且他的成就通常是犧牲他人利益得來的。萊特的兒子約翰曾如此表示：「您蓋的建築一流，符合您的理想，但您卻鮮少幫助別人獲取相同的成就。」至於說到萊特對學徒的態度，約翰也指控他父親從未「站在哪個學徒背後給過半點協助」。例如萊特曾答應給學徒一間製圖室方便他們做事，但這個諾言直到七年後他成立塔里耶森協會才真正兌現。曾有一位客戶直言他真希望改聘萊特的學徒，因為學徒的才能毫不遜色，職業道德卻比萊特好，萊特的工程總是延宕許久且超出預算。萊特火冒三丈，禁止旗下學徒獨立承包建案，要求他們每件案子都得掛上他的名字。幾位能力強、經驗豐富的學徒紛紛離去，抗議萊特為了個人利益利用他們，並且搶走他們作品的功勞。心理學者德聖奧賓指出：「萊特的學徒多達數百人，後來獨立執業、成為傑出建築師的卻只有寥寥幾位。」

喬治．梅爾的狀況卻恰恰相反：他跟團隊共存共榮，他的成功產生漣漪效應，成就了身旁所有的人。梅爾的同事都說他是天才，但值得注意的是他顯然也是天才製造者，他幫助其他編劇創作《辛普森家庭》劇本，提升他們的工作成果，等於讓團隊的集體成就更為豐碩。同事唐．裴恩便說：「他讓我寫出更好的劇本，激勵我突破框架思考。」梅爾願意做大家不喜歡做的工作、幫同事潤飾笑點，為了讓團隊成果達到高標準而長時間工作，這些行為都傳到同事身上。瓊．維提告訴《哈佛深紅報》的記者「他讓大家更努力」，而且「他的存在可以激勵《辛普森家庭》其他編劇，讓大家更幽默」，此外維提也讚美「梅爾具有一種天賦，能『激發出身邊的人了不起的一面』」。

梅爾在二〇〇四年正式離開《辛普森家庭》，目前正在寫他的第一部小說——書名暫定為《踢我一百萬次，否則我會死》（Kick Me 1,000,000 Times or I'll Die），然而他對《辛普森家庭》編劇的影響仍持續至今。裴恩說直至今日，「喬治的聲音仍深植在這齣戲的基因裡，而且他教了我一課，那就是想出類拔萃並不一定要當個混球。」卡洛琳．歐敏也補充說：「喬治的幽默感我們都學了很多，雖然他現在不在《辛普森家庭》了，但我們有時還是會用他的方法思考。」此外，梅爾在多年後仍繼續扶持舊時同事。《辛普森家庭》編劇提姆．隆恩雖然得過五座艾美獎，卻有個畢生的夢想尚未實現：他希望自己寫的東西能登上《紐約客》雜誌。二〇一〇年，隆恩把他準備投稿的文章初稿寄給梅爾過目，結果梅爾很快就回覆他，還給了鞭辟入裡的建議。「他一行一行仔細讀了，真的很好心，他的筆記幫我解決不少我內心深處也覺得不妥卻不敢說出來的問題。」接著梅爾又做出更大的貢獻：他聯絡了一位《紐約客》雜誌的編輯，幫隆恩搭上線。到二〇一一年，隆恩的美夢已然成真——而且還成真了兩次。

梅爾發行第二期《塑膠小士兵》時已經擁有三十位寫手，這些人都分文不取替梅爾寫笑話，但他們的職涯也跟著梅爾一飛沖天。這些作者中，至少有七位後來都成為《辛普森家庭》的編劇，其中有一位作者史派克．福瑞斯頓在一九九五年寫過一集《辛普森家庭》的劇本，又加入《歡樂單身派對》，知名的〈湯納粹〉那集就是他寫的，他後來獲艾美獎提名為最佳編劇及最佳製作人。至於沒加入《辛普森家庭》的作者也在其他地方功成名就，例如鮑伯．奧登科克（Bob Odenkirk）是知名的作家，及演員，蘿思．查司特（Roz Chast）後來是《紐約客》的專職漫畫家，安迪．包羅威茲（Andy Borowitz）成了暢銷作家，還創立了「包羅威茲報告」諷刺專欄和網站，吸引數百萬忠實讀者；而在那之前，包羅威茲也曾參與製作賣座電影《歡樂谷》，還創了影集《新鮮王子妙事多》（The Fresh Prince of Bel-Air），威爾．史密斯便是從這部戲開始走紅的。喬治．梅爾邀請這些人替《塑膠小士兵》寫作，成為他們輝煌生涯的起跑點。梅爾告訴作家邁克．薩克斯：「我只是找一些能逗我發笑的人一起來寫稿，沒想到他們日後會因此聲名大噪。」

CHAPTER 4

慧眼識鑽石

——辨認人才的真假門道——

以人當下的景況待之，他將不進反退；以人潛力所及的景況待之，他將成所當成。

——傳為德國文學、物理學、生物學暨藝術家 約翰．沃爾夫岡．馮．歌德格言

美國總統歐巴馬當選後，一位記者曾問他有沒有最愛用的應用程式（app），當時歐巴馬不假思索回答說是「iReggie」，他說這款「iReggie」可以「幫我保管我的書、報紙和音樂，統統放在一起管理」。然而他所謂的「iReggie」其實並不是什麼手機軟體，而是一個活生生的人，這人名叫瑞吉．樂弗（Reggie Love），大概沒人想得到他竟會成為歐巴馬總統不可或缺的隨身幫手。

樂弗曾是杜克大學的明星運動員，成績非凡，是少見同時在美式足球隊及籃球隊都擔任要角的優秀球員，但他大學畢業後連續兩年參加美國美式足球聯盟（ＮＦＬ）選秀都落選，便決定換條路走。樂弗大學時期主修政治學和公共政策，便進了國會擔任實習生。他出身體育界，又缺乏工作經驗，最後只在歐巴馬參議員辦公室的郵件室謀得一個職位。然而不到一年，年僅二十六歲的樂弗卻從郵件室被拔擢成為歐巴馬的貼身助理。

樂弗一天工作十八個小時，一共隨歐巴馬搭機飛過八十八萬哩。歐巴馬曾說：「他睡這麼少，又要肩負這麼多工作，看到他實在令人敬佩。他是這個職務的第一把交椅。」歐巴馬獲選為總統後，曾有位助理表示樂弗「把總統照顧得無微不至」。樂弗總用心回覆他收到的每封信，他告訴我：「我總是希望可以尊重每一個人，讓每個人都知道我聽見他們的聲音了。」曾有位記者說，樂弗「人好得不得了，而且對每個人都如此，這點是出了名的」。

許多年前，在樂弗的故鄉北卡羅萊納州，有個名叫貝絲・崔恩罕的女人想回學校讀會計，她當時已經三十出頭，且一向對數字不太在行，她到小學三年級才學會看時間，高中數學總是靠男友罩，即便成人後，她仍經常連百分比都算不好。

到了快要考會計師執照考試時，貝絲心想自己絕不可能通過，因為她除了本身數學不好，還面臨時間嚴重不足的問題；當時她得兼顧全職工作，還得照顧三個孩子，其中有兩個是幼兒，而就在考試前兩週，這兩個小小孩恰好長了水痘。而當她花了整個週末讀退休金會計，唸了三整天後卻感覺更加一頭霧水，那時她感覺再低潮不過了。考試當天，她進考場一坐下，看著眼前的選擇題，心裡立刻感到一陣恐慌。她說：「我那時候的感覺是寧可再經歷一次自然產也不想考這場試。」考完後她沮喪離去，心裡十分肯定自己不會通過。

一九九二年八月的一個週一早晨，貝絲的電話響了。電話那一頭的人說，她得了北卡羅萊納州會計師執照考試的金牌。貝絲心想會不會是哪個朋友在惡作劇，那天稍晚便撥了電話到州會計委員會去確認，結果那並不是惡作劇：她的考試分數高居全州之冠。後來她拿到另一個獎時更是難以置信：她得到以利亞・瓦特・塞爾斯成績優異獎，因為她的成績高居全美國前十名，共贏過十三萬六千五百二十五位考生。如今貝絲已是HPG會計師事務所的合夥人，備受崇敬，被提名為三角研究園區的「金融界二十五大領導人物」及「前二十五大傑出商場女性」。

貝絲．崔恩罕和瑞吉．樂弗的人生截然不同，除了都在事業上有傑出表現，以及都出身北卡羅萊納州外，兩人之間只有一個共通的環節——一個名叫西傑．史坎德的傳奇人物。

史坎德教人會計，但只稱他「會計學教授」卻太小看他了，因為他是個特別的人物，大家心目中印象最深的就是他的招牌領結，以及他能背出幾千支歌曲歌詞和片子裡的台詞，而且他雖然是個白皮膚、白頭髮的五十歲中年人，辦公室卻掛著一張饒舌歌手五角的海報，這樣的人天底下大概找不出第二個。此外，儘管他絕對是貨真價實的數字高手，但他對學生的影響卻難以量化。杜克大學和北卡羅萊納大學素來是勁敵，然而史坎德是少數幾位讓兩所學校願意彼此配合的教授：他太受歡迎，導致兩所學校讓他同時任教。史坎德一共獲得二、三十座教學獎，在北卡就得了十四次、杜克得了六次，另外也在北卡羅萊納州立大學得過五次。他教學生涯中一共教過近六百個班級、評量過三萬五千多個學生，他花在學生身上的時間長得數不清，因此培養出一項最強大的技能：他能看出誰是優秀人才。

二〇〇四年時，瑞吉．樂弗在杜克大學上史坎德的會計課，那是一門暑修課，樂弗得修完才能畢業。換成其他教授，或許不會把這樣一個打球小子看在眼裡，然而史坎德卻看出了樂弗在體育之外的潛力。史坎德解釋：「不知道為什麼，我在杜克很少有踢橄欖球的學生會來上我的課，但我知道瑞吉有成功的資質。」史坎德在課堂上總特別關照樂弗，而他的直覺沒錯，這一切努力後來果真沒白費。樂弗說：「我在上史坎德老師的課之前對會計一竅不通，那堂課的知識基礎幫助我後來進入白宮工作。」樂弗到歐巴馬的郵件室工作時，運用在史坎德課堂上學到的盤存方法，設計出一套更有效率的流程，將一堆積存已久的郵件重新整理並數位化處理。樂弗說：「那是我當時做的第一件事。」這件事讓歐巴馬的幕僚長從此對樂弗另眼相看。樂弗在二〇一一年離開白宮到賓州大學華頓商學院念書，當時他捎了一封訊息給史坎德說：「我現在在前往費城的火車上，要去上EMBA課程，第一個學期的課裡就有一門財務會計學——我只是想要謝謝你在我大學的時候沒有放棄我。」

而在十多年前，貝絲・崔恩罕也曾在考完會計師執照考試後告訴史坎德教授她考得很差，她說她一定過不了，但史坎德卻知道這是不可能的事，他向崔恩罕保證說：「如果妳沒過，我就幫妳繳房貸。」史坎德果然猜對了——而且他厲害的不只有這件事，因為那年春天，北卡羅萊納州會計師執照考試的銀牌和銅牌得主也都是他的學生，換句話說，在那場考試的三千三百九十六個考生中，前三名都是史坎德教出來的學生。那是有史以來北卡羅萊納州第一次有學校橫掃前三名，而且會計一向是男性稱霸的領域，但當年三位得獎者都是女性；而史坎德歷屆學生共有至少四十多位曾贏得北卡羅萊納州的前三名獎牌。此外，史坎德還具備了「慧眼識老師」的功力，他至少有三、四十個學生後來追隨他的腳步進大學任教。

為何史坎德分辨人才的眼光如此精準？

史坎德識人的能力看起來彷彿只是直覺，但其實背後有扎實的科學原因。辨識並培養人才的能力幾乎在每個產業都很重要，找出越多閃耀的人才在我們身邊越好，這個道理大家都懂，而就像人脈經營及團隊合作一樣，我們挖掘他人潛力的方法和效率都會受到自己偏好的人際互動模式影響。在本章中，我將帶你了解給予者如何挖掘他人潛力而獲得成就。除了一探史坎德的秘訣，我們也會看看球探找到世界頂尖球員的方法，以及為何許多人會在低潛力的人身上投注過多資源，還有一流音樂家對他們啟蒙導師的看法，不過首先最好先談談軍隊的例子，讓我介紹心理學家為何花費三十年時間研究優秀軍校生的辨認之道。

● 找出明日之星

一九八〇年代早期，一個名叫度夫．伊登（Dov Eden）的心理學家發表了一系列絕佳研究的第一篇論文，表示他能在以色列國防軍受訓前就指出誰會成為優秀軍人。

伊登是個外表瘦小而內在強悍的男人，從小在美國長大，他在取得博士學位後移民到以色列，著手進行一系列的以色列國防軍研究。在其中一項研究中，伊登對將近一千名軍人進行全方位的評量，這些軍人當時正準備以「排」為單位一起受訓。伊登取得軍人的性向測驗成績、基本訓練的表現評量及先前長官的評價，光靠這些資料，伊登就能在這些軍人到新單位受訓前判斷出哪些人具備高潛力，未來能成為優秀軍人。

而後來的十一週內，受訓士兵接受包含戰術、地圖及標準作業程序等專業技能測驗，並展示他們的武器操作技巧，由專家評量。結果不出所料，在這三個月中，伊登評為高潛能的士兵果然表現得比同儕優秀許多，專業技能測驗分數平均高出百分之九，武器操作的成績則高出百分之十。伊登究竟憑藉什麼找出這些優秀人才呢？如果你是以色列國防軍的排長，你會優先觀察哪些指標來分辨誰是優秀士兵？

其實伊登的靈感來自哈佛心理學者羅伯特．羅森塔爾（Robert Rosenthal）的一項經典研究。羅森塔爾與舊金山一所小學的校長樂諾兒．雅各布森合作，讓年紀從幼稚園到五年級不等的十八個班級接受一項哈佛認知能力測驗，這套測驗可客觀測量學生的語文及推理能力，目前已知這兩者對學習及解決問題能力有關鍵影響。羅森塔爾和雅各布森將測驗結果提供給老師：約有百分之二十的學生具有智識大幅增長的潛能，這些學生當下表現並不特別出色，但測驗結果顯示他們未來一學年「智識將有不凡進步」。

這份哈佛測驗非常具有鑑別力：一年後這些學生再度接受認知能力測驗，結果第一次測出的潛力學生確實比其他學生進步了更多，智商平均增加十二分，其他學生的智商平均只增加八分。一年級的學生智商平均比同儕高十五分，二年級學生平均也高出十分，甚至到了兩年後，這些潛力學生的進步程度依然勝過同學。這份智能測驗成功找到高潛力的學生，他們發展得比同學更聰明，而且進步速度更快。

如果這份成果無誤，那麼智力似乎是學生潛力高低的關鍵指標，但事實卻不是這樣，至少一開始並非如此，為什麼呢？

因為當年被指為潛力學生的孩子其實並未在哈佛智力測驗中獲得高分；那批名單是羅森塔爾隨機選出來的。

這份研究真正想探討的，其實是老師對學生潛力的判斷將如何影響學生的表現。羅森塔爾在每個班級中隨機選出百分之二十的「潛力學生」，其他百分之八十的孩子則當成對照組。那些「潛力學生」其實根本不比其他同學聰明，兩者之間的差別只在「教師的認知」裡。

儘管如此，這些潛力學生後來真的變得比同學聰明，無論語文及推理技巧都是，其中有些人的智商甚至在一年內提升超過百分之五十。這些潛力學生的資質在一年後測驗時進步了，而這回負責測驗的人員並不曉得這是一項實驗，更不知道哪些孩子是潛力學生。此外，潛力學生兩年後換了毫不知情的老師，表現卻仍持續進步。為什麼？

是老師的認知使這些「預言」自己兌現。因為一旦老師相信哪些學生較有潛力，便會替他們設下較高的成就標準，提供這些孩子更多支持，如此便提升孩子的信心，促進了他們的學習及發展。老師對潛力學生的溝通更和善積極，也會指派較有挑戰性的作業給他們，在課堂上更常點這些孩子答話，此外也提供他們更多回饋意見。後來有不少實驗也都做出相同成果，指出對於後段及弱勢學生的成績及智力表現，老師的期望影響最為深遠。心理學者李・賈西姆（Lee Jussim）和肯特・哈伯（Kent Harber）便在一篇詳盡的研究評論裡下了結論：「對學生表現的預測確實會成真。」

但兒童處在智力發展的早期階段，可塑性本來就高，這點你我都知道，因此度夫・伊登對以色列國防軍的研究，是想了解這類自己兌現的預言在近乎「定型」的成人身上是不是也有效。伊登向幾位排長表示，他看了這些排的士兵的性向測驗分數、基本訓練評分結果及先前長官的評量，確定「您排上士兵的平均潛力高於一般水準……因此您可期望排上受訓學員有更優異的表現。」

伊登仿照前面提到的小學實驗，也隨機挑出幾個所謂「高潛力」的排，目的就是要測試排長對於士兵能力的認知會造成什麼影響。結果讓人驚訝的是，獲選為高潛力學員的士兵後來在專業技能測驗和武器操作評量的表現都比其他士兵優秀許多。這些排長也像小學老師一樣，一旦他們相信士兵的潛力較好，就會調整指導方式，讓所謂的潛能化為真實。懷抱較高期許的排長對連上士兵提供較多協助、生涯建議及意見回饋，而士兵犯錯時，他們也不認為士兵是能力不足，而會將其視為教導和學習的良機。排長的這些支持行為提升了士兵的自信及能力，激勵他們達到更好的表現。

而從許多研究成果更可看出，除了軍隊，其實在各個領域裡，領導者的認知都會造成預言自行兌現。好比管理學學者布萊恩．麥克奈特（Brian McNatt）就曾經仔細檢視十七份研究，共分析不同企業中將近三千名員工，從銀行、零售到製造業都有，他的研究歸納出整體而言，若一些隨機選出的管理者將某些員工視為高潛力員工，那些員工就真的能發揮高潛力。麥克奈特的結論是這些干預「對員工表現會有相當大的影響」，他鼓勵在上位者「第一，應真心關注並相信員工的潛力……第二，應支持組織成員並傳達這個訊息……激發他人的努力，幫助他們確實發揮潛力，管理者須體認上述做法所能帶來的力量和影響。」

有些居管理職和教職的人已將這種觀點內化，他們不需要別人說，而是打從心裡認為許多人都有高潛力。索取者很少如此，因為他們通常不太信任別人的能力，在他們心裡，多數人都是索取者，因此他們往往低估同儕及下屬的潛力。根據研究指出，索取者常會懷疑別人立意不良，因此總是小心翼翼提防別人傷害自己，以懷疑、不信任的態度對待他人，而這樣的低標準會造成惡性循環，侷限身邊人的衝勁和發展。甚至索取者遇到有能力、肯努力的人時，還會將這種人視為威脅，不願加以支持和栽培，因此索取者鮮少扮演扶持的角色，無法促進同儕及下屬的信心與發展。

互利者則比較可能讓預言成真，因為他們重視互利互惠，因此只要同儕或下屬展現潛力，他們便會以應有的態度待之，對這些前景看好的同事和下屬給予特別的支持、鼓勵和栽培。但互利者錯在他們總看到潛力股的指標後才行動，不願冒險，因此常要確定對方真的值得才肯花費力氣栽培。正因如此，互利者往往錯失挖掘璞玉的機會。

給予者則不會等看到高潛力的跡象才採取行動，因為他們通常對他人的意圖感到樂觀且信任，他們擔任領導者、管理者或導師時經常能看見每個人的潛力，換句話說，給予者心中的預設立場就是「人人都是潛力股」。這就是西傑．史坎德栽培出這麼多頂尖學生的關鍵——他並不是有火眼金睛能一眼分辨人才，他是把每個人都當人才看待，努力栽培出他們最好的一面。在史坎德看來，每個走進他教室的學生都是礦坑裡的鑽石，個個可以也願意被挖掘、切割和拋光。史坎德看到別人沒發現的潛能，因此能挖掘無數潛力股，讓成功的預言都兌現。

● 將礦坑裡的鑽石磨亮

一九八五年時，史坎德有一位名叫瑪麗．阿爾古瑞的學生參加了會計師執照考試，但她並不是那種會考試的人，第一次並沒有通過，而幾天後，她從郵筒裡拿出一封史坎德教授寄來的信。史坎德親筆寫信給每位參加考試的學生，對通過的學生予以恭賀，對沒通過的學生則加以鼓勵。如今四分之一個世紀過去，瑪麗仍留著史坎德當年的信。信中有一段內容是這樣的：

妳先生和家人朋友愛妳，是因為妳努力讓自己成為一個如此美好的人，而不是因為妳在某一場考試中的表現，要記住這點……把重點放在十一月的考試，專心練習……我希望妳得到妳應得的成就，瑪麗，妳一定會順利度過這場考試。我每次考試總會告訴自己：「考試的意義是讓我用心準備，而這個目的已經達到了。」……衡量一個人不是看成就，而是看努力。

研究成果指出，得到像史坎德這種鼓勵的會計師比較能發揮潛力。幾年前，四大會計師事務所中的某一家僱用了七十二位新的審計員，而有一半的人被隨機選出並告知他們具備成功的潛力。這項研究的主持人是學者布萊恩．麥克奈特，他擁有一個博士學位、兩個會計學位、美國會計師執照，並有五年擔任審計員和會計師的經驗。他隨機從新進審計員中挑出一半，看了他們的履歷，然後親自和他們見面，告知他們是經過極競爭的篩選流程才得以錄取，高層主管很期待他們未來的表現，還有他們都是能力出眾的人，相信他們絕對可以克服考驗、取得成就；三週後，麥克奈特又寄了一封信重申這個訊息。結果長達一整個月的時間，得到此訊息的審計員平均表現得比對照組更好（對照組沒見過麥克奈特，也不曾收到他的鼓勵信），而且把所有審計員的智力測驗和大學成績納入計算後依然如此。

這跟史坎德寫信帶給瑪麗・阿爾古瑞的力量一模一樣。史坎德鼓勵她相信自己的潛力，給她一個遠大目標。瑪麗說：「老師以前總是看到我們最好的一面，他現在對學生也還是這樣。」瑪麗後來又考了一次，過了兩科，還剩兩科要考，而這一路上，史坎德仍繼續鼓勵她。瑪麗說：「老師不肯讓我有一絲一毫鬆懈，他甚至會打電話來問我準備進度如何。」一九八七年，亦即距離瑪麗開始考試兩年後，她考過最後一科，成功取得會計師執照。她解釋：「史坎德為我人生帶來的改變就是他提醒我事情的優先順序，讓我保持專注，不讓我放棄。我知道老師在我身上花費多少心力，所以我不可以讓他失望。」現在瑪麗是凌志汽車的經銷商，擁有兩間門市，而她表示：「會計背景和閱讀財務報告的能力對我來說都非常受用，但老師除了教導我工作技能，更重要的是他雕塑我的人格特質，培養出我的熱情和決心。老師盡心盡力付出幫助我通過考驗，讓我發覺我最想證明的是自己是個堅毅的人，而不是我可以通過哪個考試。」

史坎德的做法違背多數企業培育領導人才的方式——找出高潛力人才，然後特別指導栽培這些人，讓他們發揮潛能。而為了找到這些潛力股，企業每年得花上幾十億幾百億美元來評估人選。儘管這是最多人採用的模式，但對給予者而言，這方法有個致命缺點：或許第一步不該是「辨認潛力股」。

多年來，心理學者都相信無論在哪個領域，成功的首要關鍵一定是能力，接下來才是努力。因此為了培養世界一流的運動員及音樂家，專家會努力找到有天賦的人，再讓這些人努力受訓，畢竟如果想找到像麥可．喬丹這樣的灌籃高手，或是像貝多芬這般的一流鋼琴家，那麼用跳躍能力和音樂敏銳度這些標準來篩選人似乎再自然不過。然而近年來心理學家卻發現，這方法或許太笨了。

在一九八〇年代，心理學者班傑明．布魯姆（Benjamin Bloom）曾經主持一項劃時代的研究，他率領團隊研究世界一流的音樂家、科學家和運動員，研究人員針對二十一位曾在國際大賽中進入決賽的鋼琴演奏家進行訪談，結果在深入了解這些卓越鋼琴家兒時的音樂經驗之後，卻意外發現他們小時候大多不是最優秀的人才，他們似乎「只是比家裡或家附近其他孩子表現得好」，並不是整個地區或整個國家的頂尖人才，而且早年很少贏得許多比賽獎項。

布魯姆團隊訪問這些鋼琴家及他們的父母時發現一件更讓人詫異的事，那就是這些鋼琴家一開始並非跟大師級人物學習，他們最早的鋼琴課請的都是家附近的普通鋼琴老師。丹尼爾．科伊爾在《天才密碼》一書中寫道：「以科學角度而言，可以說這支研究團隊想追溯世上最美天鵝的遺傳譜系，結果卻發現牠們竟是一群醜小鴨的後代。」然而儘管這些鋼琴家一開始沒有大師加持，隨著時間過去，他們卻成了出色的音樂家，而他們之所以琴藝過人，是因為比其他學琴的人花費更多時間練習。麥爾坎．葛拉威爾曾在《異數》一書中寫到，根據心理學者安德思．艾瑞克森（Anders Ericsson）的研究顯示，要培養一個領域的專業技能通常需要長達一萬個小時的刻意練習。然而是什麼激勵大家願意花費這樣的精力？這就是給予者登台的時候了。

前述鋼琴家和他們的父母談起最早開始學琴的鋼琴老師時總圍繞著相同主題：那些老師都很關懷學生，既友善又有耐心，讓學生期待上課，因為老師讓音樂變得有趣好玩。布魯姆的研究團隊解釋：「這些鋼琴家上啟蒙課程的經驗很正面，對他們來說是跟家裡以外的另一個大人互動，而這個大人是慈愛的支柱。」換言之，這些世界級鋼琴家之所以對音樂燃起興趣，是因為他們有給予型的老師，這些教師想辦法讓孩子喜歡鋼琴課，引發孩子密集練習的意願，因而培養出高超琴藝。這份研究指出，這些老師教導學生「探索各種可能性，進行各式各樣的音樂活動」，而非強調「什麼對、什麼錯和怎樣好、怎樣不好」。

世界級的網球選手也有類似情形。布魯姆的研究團隊針對十八位曾排名世界前十強的美國網球選手進行訪談，結果發現這些選手兒時的第一位教練「都不是絕倫超群的教練，但他們多半很會帶小朋友……他們提供孩子動力，讓他們對網球產生興趣、願意花時間練習。」

在擔任領導及教導的角色時，給予者往往能抵抗「先找出人才」的誘惑，他們知道其實每個人都有潛力，因此可以專注於鼓勵大家。布魯姆的研究指出，一流網球選手的第一個教練通常會「特別關照他們，而且是因為他們特別有決心、肯努力，而不是有什麼特別傑出的具體表現」。而西傑·史坎德在會計課上最留意的也是積極敬業的學生，而非才智最出眾的學生，這就是他分辨人才的一大關鍵。史坎德之所以打賭貝絲·崔恩罕會通過會計師執照考試，並不是因為她的會計能力高人一等，而是他注意到「她整個學期都很努力」。而瑞吉·樂弗在其他人眼中或許只是個四肢發達的運動小子，但史坎德卻曉得他的潛力，也是因為他看出樂弗「學習勤奮，每堂課都用心準備，他喜歡學習，總是努力讓自己進步」。此外，史坎德說他之所以鼓勵瑪麗・阿爾古瑞，也是因為「她是我看過最用心、最認真的人，毅力不同凡響」。

心理學者安潔拉・達克吳爾斯（Angela Duckworth）把這種特質稱為韌性（grit）：對長程目標有熱情、有毅力。達克吳爾斯的研究指出，有韌性的人表現最優秀，因為他們有熱忱，專心致志且能驅策自己，這些比才智和天賦的影響更深遠。另一位心理學者湯姆・寇帝茲（Tom Kolditz）也表示：「毅力重要得不得了。」寇帝茲是美軍准將，曾在西點軍校的行為科學暨領導學系擔任系主任十二年。一般陸軍軍官獲指派重要司令職位的比例平均為百分之十二，但寇帝茲系上教職員的獲派率卻高達百分之七十五，而他認為原因在於他們選人的標準就是韌性。喬治・安德斯在《不要完美履歷的頂尖企業識人術》一書中也寫道：「自我驅策可不是容易的事。」

當然，天賦不是不重要，但當我們面對一大群能力通過門檻的人選時，韌性就成了關鍵指標，能預測這些人發揮潛力的程度，這就是為什麼給予者最看重有韌性的人：因為對給予者來說，栽培有韌性的人投資報酬率最高、最有意義，影響力也最為持久。而像史坎德這樣的給予者，除了貢獻自己的時間來激勵有韌性的人之外，他們還會在一開始就努力培養出對方的韌性。史坎德說：「設下高標準很重要，一定要適度推學生一把，鍛鍊他們的韌性，讓他們突破自己設下的限制。我希望學生覺得我的考試是他們這輩子考過最難的試，這樣他們才會學得更好。」史坎德為了鼓勵學生努力，會提供至少五、六份考古題讓學生練習。「他們一定要投資很多時間心力準備，可是會得到很好的收穫。我讓學生用這輩子從沒有過的認真態度讀書，這對他們長期來說絕對有好無壞。」

培養韌性的一大關鍵，就是給對方有吸引力和激勵效果的功課。前述布魯姆那份全盤性的研究便指出，出色的音樂家和運動員最早的指導老師都是給予者：

（這些老師）喜歡孩子，學生表現好他們就獎勵，以讚美和肯定的言行來回應，甚至給糖果，永遠懷抱著鼓勵態度，且對於教學的領域及內容都很有熱忱。通常他們……對待學生的態度就像對待朋友的孩子。或許這些老師最關鍵的特質就是讓學生的啟蒙學習又快樂又有成就感。

史坎德其實就符合這番敘述。史坎德乍看之下彷彿是典型的會計怪才[14]，但他這輩子其

14 原註：史坎德有一種近乎強迫症的習慣，會把所有事物列成清單，從最愛的歌到他這輩子最快樂的十天都可以列成表；他皮夾裡的十元美鈔都按照鈔票序號排列；他一共有八百多雙褲子吊帶，而且每雙都有名字和編號；他的襪子和內衣褲都按字母序排列，每日衣著都是幾週前就排好了；過去二十多年來，他每週一、四、六都繫領結，就連在自家庭院裡除草也不例外；他有個近乎宗教信仰的堅持，那就是上班時要當停車場第一個停車的人，這代表他通常早上五點前就到校，然而他又是出了名的經常在考前留到半夜替學生複習。史坎德把他對於人際間互動模式的建議翻譯成會計語言：「我寧願有一大筆應收帳款，而不是一大筆應付帳款。」以下描述或許能讓你對史坎德的教學工作量有點概念：一般大學教授每年教三到八堂課，算起來整個教學生涯大約教一百到三百堂課，而史坎德目前開過的課已經接近這個數字的兩倍，而且他不久前跟系主任說他還想再教三十五年。光是二〇一二年學年度他就教了兩千多個學生。有一次校方為了容納想修課的眾多學生，還把史坎德的課移到校總區以外的特大型教室上課。他就連一大早的課教室都坐得滿滿的，更有許多學生選不到課，例如他曾開過一堂早上八點的課，那堂課還有一百九十個學生想候補選課。

實在各個階段立過許多不同的志向，包括想當DJ、音樂家、演員、脫口秀主持人，甚至即興喜劇演員，而如果你走進他的教室，大概看得出來他其實還沒完全放棄這些夢想，因為他有強迫症般的性格和不拘一格的品味，上課時總不時來點娛樂橋段提振學生的精神，好比他會在每堂課上課前演奏四首歌，或動不動來場歌曲問答遊戲，看哪個學生最先喊出正確答案就丟糖果送他們。而這也就是為何他的辦公室牆上貼著饒舌歌手的海報。史坎德解釋：「想讓聽的人專心，想吸引他們注意，就要先了解他們的世界、他們聽的音樂、他們看的電影。會計在大部分學生眼中大概像牙齒根管治療一樣痛苦，可是他們聽我講到亞瑟小子或席洛葛林的時候就會想：『哇，我沒聽錯吧，這白頭髮的胖老頭竟然認識他們！』這樣我就吸引到他們的注意囉。」

史坎德認為讓學生對會計有興趣，他們就會更願意投注時間精力來學習這門學問。瑞吉．樂弗說：「西傑是最有同理心的人了。他的音樂知識比誰都豐富，而且他總是可以把音樂融入講課，幫助大家理解上課內容。一般人想到要修很難的課，通常這種課就不有趣嘛，所以我們會覺得要跟上進度很難，但西傑把他的課變得很有趣，讓我更認真學習。」樂弗在史坎德那門課拿了個A。史坎德還有另一位前學生大衛．莫茲（David Moltz）目前任職谷歌，他也表示史坎德「不管遇到哪個學生（或哪個人）都會盡量幫忙，他犧牲上百上千個鐘頭的空閒時間照顧學生，改變學生的一生，能教多少學生就教多少。他努力付出，讓他接觸的每個人都覺得自己獨一無二。」

● 爛投資

給予者容易看出人的潛力，因此往往花費大量時間鼓勵並提升身邊人的潛力，但他們的投資也會有落空的時候；有的人是真的資質不夠，也有的人是熱情不持久、毅力不足。曾有一位想申請非會計研究所的學生請史坎德幫忙寫推薦信，他替這位學生寫了一百多封推薦信，但學生第一年沒申請上半間，決定隔年再戰，因此第二年史坎德又盡心盡力替她寫了一批推薦信，結果還是沒有學校錄取這位學生，第三年史坎德又替她把推薦信改寫一遍。最後連續三年失敗之後，史坎德終於鼓勵這位學生換條路走走。

如果史坎德比較像索取者或互利者，他會不會早點收手，節省自己和那位學生的時間呢？面對熱情有餘、實力不足的人，給予者是否過度投資了？給予者如何調配優先順序，把注意力放在有希望的人身上，少花點工夫在希望渺茫的人身上？要找出這個答案，觀察職籃圈再適合不過了，因為美國職籃（ＮＢＡ）的年度選秀每年都在跨國舞台上考驗眾球探識人的本事。

已故的斯圖．因曼（Stu Inman）最為人所知的事，就是ＮＢＡ選秀史上某兩次嚴重的看走眼都是他的「功勞」。一九七二年，波特蘭拓荒者隊在選秀中拿到第一順位選秀權，因曼是當時的球員人事總監，他選了中鋒勒魯．馬丁（LaRue Martin），然而後來馬丁表現欠佳，在拓荒者隊四個球季的賽事每場平均只拿下五點多分和四個籃板，而為了選他，因曼錯失兩位ＮＢＡ史上數一數二的球員。那年選秀順位第二的球員是鮑伯．麥卡度（Bob

McAdoo），他光是第一個球季就攻下比馬丁整個職籃生涯還多的分數，獲選為當年的年度新人王，兩年後更成為NBA年度最有價值球員，他在十四年職籃生涯中曾二度登上得分王寶座、待過兩支冠軍球隊，更曾五度入選明星賽。而因曼在那年選秀會上錯過的另一位球員是順位十二的朱利葉斯．厄文（Julius Erving），人稱「J博士」（Dr. J.）。J博士共帶領他的球隊獲得三次冠軍，曾四度獲選為最有價值球員，十六度入選明星賽，此外更是美國職籃史上得分前五名的球員，而且他和麥卡度都進了NBA名人堂。

十二年後，斯圖．因曼當上拓荒者隊總經理，這年他原有彌補遺憾的機會，因為在這年一九八四年的選秀會上，他握有第二順位選秀權。結果因曼挑了中鋒薩姆．鮑威（Sam Bowie），他身高兩百一十六公分，而且體能一流、協調性佳，投球、傳球、抄截都強，蓋火鍋和搶籃板的工夫更不用說。然而鮑威自始至終都沒有發揮潛力，他退休後，娛樂與體育節目電視網（ESPN）將他選為北美職業運動史上最糟選秀。二〇〇三年，鮑威暌違十年後再次登上運動畫刊（Sports Illustrated）封面，卻是因為被該雜誌選為NBA史上第二失敗選秀，那第一失敗的是誰呢？正是勒魯．馬丁。

因曼把選秀榜眼獻給鮑威，與一位北卡羅萊納州的得分後衛失之交臂——這位球員就是麥可．喬丹。喬丹被順位第三的芝加哥公牛隊挑走，而接下來的歷史大家都知道了，喬丹當上年度新人王，共拿下六次冠軍，十次得分王、十一次年度最有價值球員，並曾十四度入選明星賽，此外更創下平均得分最高紀錄，至今無人能敵，ESPN將他選為二十世紀北美最偉大運動員。

因曼不是看不出喬丹的潛力，只是當時拓荒者隊已經有兩名實力堅強的後衛，他們需要中鋒，因曼才挑了鮑威，但這個選擇不僅讓他錯過喬丹，更錯過後來的兩位名人堂球員：選秀順位第五的查爾斯・巴克利（Charles Barkley）和第十六的約翰・史托克頓（John Stockton）。因曼為了馬丁錯過麥卡度和厄文，又為了鮑威錯過喬丹、巴克利和史托克頓，這確實很慘，然而職籃選秀原本就是一門不完美的科學，再厲害的經理和教練也可能失足。

但更糟的是拓荒者隊留這兩位球員太久了。他們留了馬丁四個賽季，最後決定將他交易掉的時候，他已經幾乎沒有價值，甚至無法用來交換球員——拓荒者隊僅用他向西雅圖超音速隊（Seattle SuperSonics）換取「未來的照顧」，結果超音速隊在下個球季開始前就請馬丁走人，馬丁的籃球生涯便這樣劃下句點，這對因曼來說是個尷尬的下場。馬丁職涯最後一年的拓荒者教練、目前擔任ＥＳＰＮ球評的傑克・藍姆西（Jack Ramsay）表示：「當年大家都不好意思談這個話題。因為馬丁根本不會打球，我加入拓荒者隊的時候馬丁還在努力留隊，但我們根本找不到位子給他，他從來不曾成功進攻，雖然身高兩百一十幾公分，但籃板跟阻攻也都很弱，所以他根本沒強項。」而拓荒者隊處理鮑威的路線也差不多，他們讓鮑威留了整整五個球季，表現始終低迷，最後才在一九八九年把他交易給紐澤西籃網隊。拓荒者隊究竟為什麼留了鮑威和馬丁這麼久？

斯圖・因曼是一位出了名的給予者。他打過大專籃球賽，曾當過幾年高中籃球教練，之後一躍訓練大專籃球隊，最後成為他母校聖荷西州立大學的校隊總教練。因曼擔任聖荷西總教練時似乎總是重視球員的利益勝於自己的個人成就。他曾成功挖掘的好手是湯米．史密斯（Tommie Smith），他是一位卓越的運動員，在聖荷西州立大學不但打籃球，還跑田徑、打美式足球。史密斯是大一籃球隊上的得分王和籃板王，因此從大二開始，斯圖便讓他跟著校隊練習。但有一天，史密斯到辦公室找因曼，告訴因曼他想退出籃球隊，專心練田徑。史密斯後來寫道：「我以為因曼一定會痛罵我一頓，但他沒有。因曼教練只說：『好吧湯米，我了解。』他跟我握手，叫我以後還是要去看他，還有如果我改變心意，他永遠歡迎我回去打籃球。我感動得不得了。」

但這對因曼而言可不是一件好事。史密斯的飛毛腿原可以成為聖荷西籃球校隊的一大助力（短短幾年後，在一九六八年，史密斯便在奧運會上贏得兩百公尺短跑金牌，並創下世界紀錄），但因曼希望史密斯選擇對自己最好的路。除了願意放手讓一流球員離開，因曼還接納天賦不足但有韌性的球員。曾有一位瘦巴巴的白人學生泰瑞．莫菲（Terry Murphy）參加聖荷西校隊選拔，因曼欣賞這位堅守理念的學生，便讓他入隊。多年後莫菲憶起當年，說自己是因曼指導過的球員中數一數二的肉腳：「我那一整年總共只拿下四分。」

儘管莫菲表現慘澹，但因曼還是對他說：「我不會開除你，你很有熱情、很努力，而且是個好孩子。」因曼在職期間，負責報導拓荒者隊新聞的記者韋恩．湯普森（Wayne Thompson）曾寫到。因曼「願意回應任何一個向他請教的籃球迷」，他無法抗拒，他曾告訴湯普森：「不管教什麼領域、什麼程度，教學就是我最愛的事，我喜歡看到被教的人茅塞頓開的表情，光是看到教學的成果我就覺得很高興。」

一旦因曼對球員印象良好，他是否就太努力教導及栽培這些人，導致在天賦不足的球員身上投資過度呢？西傑．史坎德可以在學校花時間提拔有興趣、肯努力的學生，因為他每學期可以教許多學生，但職籃及多數企業組織的情況可就不同了，我們得面對許多限制：押錯寶就意味著錯失真正的人才。

因曼曾盡心栽培勒魯．馬丁和薩姆．鮑威。如果因曼是索取者，就應該控制損失，趕快把目標放到其他球員身上不是嗎？若他是索取者，一旦意識到馬丁和鮑威對球隊毫無貢獻，他就不會覺得自己對他們有什麼責任。而如果因曼是互利者，也會趕快弄走這兩個球員吧？因為他會發現自己投注在他們身上的資源無法換取利益，如此絕對會萌生退意。

這樣看起來，給予者似乎最不懂放手的藝術，但事實恰恰相反，其實給予者最能處理自己看走眼的疏失，而斯圖．因曼的給予精神更讓他免於犯下更嚴重的錯。

● 裡子和面子

柏克萊加州大學有一位名揚國際的組織行為學教授巴瑞．史陀（Barry Staw），他畢生專注研究人為何會在組織中做出錯誤決策。史陀曾和黃夏（Ha Hoang）共同進行一項絕妙研究，他們蒐集一九八〇到八六年間兩百多位在選秀中排名前兩輪的NBA球員資料，目的是找出選秀排名與球員生涯之間的關聯。他們用各種指標來量測每位球員的表現，包含得分（每分鐘得分、投球命中率和罰球命中率）、戰力（每分鐘的籃板和阻攻數）和速度（每分鐘助攻和抄截數）等。除了上述指標，兩位學者也將球員的傷病狀況納入採計，並將球員的後衛、前鋒、中鋒等位置以及所屬隊伍優劣（依比賽輸贏計算）納入計算，接著檢視每位球員的總上場時間及留隊時間，如此便能計算出每支球隊是否在選秀排名較前的球員身上投資過度。

研究結果怵目驚心：球隊的確放不下選秀前幾名的球員。NBA球隊放不開選秀會上排名較前的球員，不僅讓這些球員經常上場，表現欠佳時也捨不得將這些球員交易掉。若不計算表現，會發現選秀排名較前的球員上場分鐘數較長，被交易掉的機率也比較低，平均而言，選秀排名往前一位，第二個賽季的上場時間就多二十二分鐘，且到第五個賽季時球隊仍會持續投資他們，平均選秀排名往前一位，上場時間就多出十一分鐘，此外選秀排名往前一位，被交易掉的機率就少掉百分之三。

這份研究提供一個經典案例，史陀將這種現象稱為對於失利情勢的投資加碼（escalation of commitment）。四十年來，史陀進行大量研究發現，人一旦投資了時間、精力或資源，若之後投資對象表現不如預期，許多人反而會犯下加碼投資的錯誤。輸錢的賭徒會覺得再賭一把就能回本，甚至贏回一大筆錢；事業不順的創業家會認為只要再費點勁，公司一定能翻身。總歸一句，當投資付諸東流，縱使未來不看好，我們仍會加碼投資。

對於上述行為，經濟學者以「沉沒成本謬誤」的概念來解釋：預估未來的投資價值時，我們經常忘記過去已經投資多少。這是原因之一，但已有最新研究指出更重要的關鍵因素。一群密西根州立大學的學者為探討投資加碼發生的成因和時機，分析了一百六十六份研究，結果發現沉沒成本謬誤確實是造成錯誤決策的一項原因，因為決策者會傾向繼續自己先前的投資，然而研究團隊更找出另外三個強而有力的因素。首先是預期後悔：如果不再給一次機會，以後我會不會後悔？第二個是計畫完成度：如果繼續投資，我就可以完成原先的計畫。但最重要的因素其實是自尊威脅（ego threat）：如果現在抽手，我豈不顯得很蠢？為了避免自尊受傷，我們會加碼投資，努力使計畫翻身，證明我們沒錯，向他人也向自己證明。

史陀曾研究加州地區的銀行，發現貸款人違約時，原先核准貸款的銀行主管往往很難放手將這些損失轉銷。史陀的研究團隊在論文中寫道：「最不願承認貸款有風險及違約可能性的，往往就是當初批准貸款的主管。」這份研究指出，一旦核發貸款的主管從銀行離職，這些呆帳便有很高的機率由新任主管沖銷。新主管對呆帳沒有個人責任，自尊不會受到威脅，換言之，他們不須替當初核發貸款的決策背書。

而據研究指出，索取者的自尊易受威脅，因此他們比給予者更容易加碼投資。現在請想像你掌管一家航空工業公司，必須決定要不要再投資一百萬美金打造一艘可躲避雷達偵測的飛機。你已經知道目前這項計畫的財務吃緊，而且有另一家公司已經快完成一個更強的機型，但你的公司已投入大筆資金，目前計畫進度百分之五十，公司已經投入五百萬、花了整整十八個月。你再投一百萬美元的機率有多高呢？

這其實是倫敦商學院學者文亨利（Henry Moon）的一項研究，他找來三百六十位受試者，請他們在做出投資決策前先填寫問卷，問卷中包含「我信守諾言」等給予者描述及「我會讓別人替我做工作」等索取者描述，以便了解受試者的人際互動模式；結果研究發現，索取者再投下一百萬美元的機率比給予者高得多。這是因為索取者覺得自己得為失利的投資負責，便會加碼投資維護自尊，以免丟了面子。南卡羅萊納大學管理學教授布魯斯．梅格利諾（Bruce Meglino）和奧黛麗．寇爾斯賈德（Audrey Korsgaard）解釋：「雖然放棄原有決策可能對組織有利，但決策者可能蒙受嚴重的個人損失（例如職涯發展受阻、聲譽受損等），而加碼投資則有利決策者隱藏失敗，因此（索取者）此種行為在個人層面其實是理性的決定。」

另一方面，給予者著重的是保護他人及隸屬的組織，因此比較願意承認早先犯下的錯誤並減少投資。亦有其他研究指出，人在替別人下決定時，其實能做出更精準而富創造性的決策，替自己下決定時則較可能因自尊受威脅而產生偏見，而且經常因為希望找到盡善盡美的決策而苦惱。當我們把注意力放在他人身上（像給予者一樣），就不會過度關注自尊或瑣碎細節，而能綜觀全局，優先考慮對他人而言最重要的事。

有了上述了解，讓我們回頭看前面斯圖．因曼的故事。因曼是一個給予者，儘管他知道是自己在選秀時投資了這些球員，但他對整個球隊的責任感更深。記者韋恩．湯普森告訴我：「斯圖是個好人，會在乎別人的感受，可是他不會讓這種情緒影響決策，如果他覺得哪個球員打不好，他會拍拍他的肩膀，祝他一帆風順。」其實薩姆．鮑威留隊這麼久並非因曼的責任，因曼在一九八六年便離開拓荒者隊，也就是在他選進鮑威的兩年後。換成是索取者，可能會繼續為自己的決策錯誤辯護，但因曼卻承認自己選擇鮑威及錯過喬丹的錯誤。他曾說：「我們的球探都覺得鮑威會是拓荒者隊的救星，我也是，但我錯了。」[15]

此外當年選擇勒魯・馬丁後，因曼也並未加碼投資。雖然拓荒者隊讓馬丁打了四個球季，但因曼和團隊對馬丁的欠佳表現早有因應。馬丁從第一年就明顯打得勉強，若是索取者或許會增加他的上場時間，藉此合理化當初未選擇麥卡度或厄文的決策，但因曼沒這麼做。拓荒者隊派身高僅兩百公分但勤奮努力的洛伊德・尼爾（Lloyd Neal）當首發中鋒，讓馬丁退居後備。馬丁第一年每場平均上場時間不到十三分鐘，與當年麥卡度的三十二分鐘和厄文的四十二分鐘相比可見一斑。到了下個球季，馬丁表現依然低迷，拓荒者隊也沒有持續加碼，而是減少了押在他身上的籌碼——他每場平均上場時間只剩下十一分鐘，該賽季麥卡度的上場時間平均是四十三分鐘，厄文也超過四十分鐘。換言之，因曼和團隊成功克服了加碼投資馬丁的誘惑。

學者奧黛麗・寇爾斯賈德（Audrey Korsgaard）、布魯斯・梅格利諾（Bruce

15 原註：平心而論，鮑威的職涯黯淡是受傷所致，他在大學時期便因為小腿脛受傷而錯過整整兩個賽季；而當年NBA選秀會前，因曼也請鮑威接受長達七小時的體檢，確認他的身體狀況完全健康。鮑威在第一個球季表現不錯，但接下來的四個賽季便因為傷勢而錯過百分之八十一的賽事。此外，當年押錯寶、唱衰喬丹看好鮑威的人並不只有因曼和他的球探。一九八四年選秀會後，芝加哥論壇報在六月出了一篇「選到喬丹，公牛隊叫慘」的報導，而當時的公牛隊總經理羅德・索恩（Rod Thorn）亦表示失望。他曾感嘆：「我們也希望喬丹有兩百多公分，但他沒有；我們根本沒有中鋒可以選，還能怎麼辦？喬丹沒辦法救我們……他的進攻能力不錯，但是不到頂尖。」第一年時，就連喬丹自己也認同拓荒者隊選擇鮑威的決定，他曾說：「鮑威比我更適合。」因為當時拓荒者隊手上「有太多大塊頭後衛和小個子前鋒」。最後，最適合當因曼擋箭牌的人或許是雷伊・派特森（Ray Patterson），一九八四年時派特森掌管休士頓火箭隊，當年選秀會上他沒選鮑威和喬丹，而把選秀狀元給了哈基姆・歐拉朱萬（Hakeem Olajuwon），還說過這樣一番話：「說什麼別選鮑威、來選喬丹的人應該是想害人吧，喬丹根本沒那麼好。」

Meglino）和史考特．雷斯特（Scott Lester）曾共同進行研究指出，給予者之所以比索取者不易加碼投資，是因為這兩種人對回饋意見的反應不同。在一份研究中，研究團隊請受試者填答問卷，測驗他們是給予者或索取者，然後請受試者針對十個問題，選擇十個解決問題的方法。接著受試者會得到評分及一項建議：請他們將部分決策權下放。事實上，分數由研究團隊隨機指定，一半受試者得分高於平均，另一半則低於平均。最後所有受試者可以再做十個決策，猜猜看，他們是否會聽從建議，將決策權分給別人？

實驗結果發現，當索取者以為自己的決策優於平均時，後來下放決策權的機會較大，平均高出百分之三十；但當他們以為自己的決策分數低於平均時，授權他人的程度便只高出百分之十五。換言之，索取者一旦感覺自己被批評，便不願意接受他人改善現況的建議，而是維護自尊，不相信自己決策錯誤——索取者會將負面的回饋意見打折扣。而反觀給予者，他們接受批評、接受指教的機率就高多了，就算接到負面意見指出他們的決策比平均差，他們仍會聽從建議，授權別人的程度仍比原先高出百分之三十。

梅格利諾和寇爾斯賈德提到，索取者加碼投資時經常不願接受自己決策錯誤的事實，反而「不信任有損他們自我觀感的社會訊息及績效意見」，相較之下，給予者「比較願意接受並遵照社會訊息所指示的方向，不會仔細評估個人須承擔的後果」。給予者關注的是決策對於人際和組織的影響，他們願意承受短期的自尊及聲譽受損，只為了做出有利長期的決策。

斯圖．因曼虛心接受負面意見，有助自己了解先前的投資錯誤。因曼總是坦然接受批評，這點在美國職籃圈是出了名的，記者史提夫·杜因（Steve Duin）曾寫道：「很多教練會不滿我一些比較尖銳的批評，但因曼從沒有這樣過，他有耐心、大方，是ＮＢＡ圈子裡數一數二的待人高尚。當年馬丁表現不如預期，那時拓荒者隊的教練傑克·麥克羅斯基（Jack McCloskey）曾向因曼表達憂慮：「他很努力，也是個很好的年輕人，可是他沒能力，事情就是這樣，我已經試過培養他在籃下的功力，然後他打外側也不行，他根本沒有選秀狀元的實力。」對於這種負面回饋意見，若是索取者可能不願聽，但因曼卻聽進去了。

馬丁打了兩個賽季後，到了一九七四年，拓荒者隊再次拿到第一順位的選秀權，而他們早已不再期待馬丁的表現，因此需要一個取代他的中鋒，這回因曼選了個洛杉磯加州大學的年輕人比爾·華頓。華頓第一個賽季便擔任首發中鋒，平均每場上場時間三十三分鐘，而馬丁是後備，上場時間僅約華頓的一半。這樣的模式又持續一年，之後因曼便讓馬丁離隊了。

接下來便是一九七六到七七年的球季，這年華頓替拓荒者隊拿下最多分數，擊敗由朱利葉斯·厄文率領的費城七六人隊，成為總決賽最有價值球員，隔年更拿下ＮＢＡ最有價值球員獎。華頓退休後進入名人堂，並獲選ＮＢＡ史上最偉大五十位球員。拓荒者隊在前一年的分區賽中敬陪末座，而因曼卻在一九七七年打造出這支冠軍隊伍，拿下拓荒者四十年歷史中唯一一次冠軍。當年擔任教練的傑克·藍姆西表示，因曼「從未站到鎂光燈下，那支隊由他精心打造，他卻從來沒有拿到應得的功勞。」

●在煤堆中尋找鑽石光芒

因曼是一位給予者，他之所以能打造出這支冠軍隊，秘訣與西傑．史坎德不謀而合：他能在球員身上發現別人看不到的潛力。記者韋恩．湯普森便曾寫道：「因曼只要對誰有興趣，一定會看那個球員的完整資料，也難怪他可以在礦坑裡挖出美鑽。」當年那支冠軍隊得分前幾強的隊員之中，不少都是因曼在選秀會第二輪或第三輪挖到的寶，得分前六名中就占了三個，得分前九名中更占了五個。記者史提夫．杜因指出：「他看球員潛力的功夫一流。」達拉斯小牛隊總管諾爾姆．桑茁（Norm Sonju）也曾表示：「斯圖在籃球圈的大師之中幾乎是最頂尖的，他在大家眼中是天才級的人物。」菲利浦．龐迪（Filip Bondy）也在一本記錄一九八四年選秀會的書中寫到，因曼在許多人眼中是「NBA的第一把交椅，非常高明，大家非常尊敬他，甚至其他隊都會特別注意他物色球員的動作和傳言。」

在一九七〇年代，多數籃球隊只看球員的外在體能條件，例如速度、強度、協調性、靈活度、跳高力等，但因曼卻也看重球員的內在屬性，因此他開始評估球員的心理特質。因曼在選秀前除了看球員的數據資料、看他們打球，也會想了解他們的為人，因此他會仔細觀察球員在賽前暖身時的表現，看他們認不認真，並且會找球員的教練、家人、朋友和老師談話，了解球員的積極程度和心態，以及個性是否正直。《俄勒岡人報》就曾報導表示：「因曼之所以有這樣的名聲，是因為他就是有辦法找到黑馬……他找人才的眼光就像他對人的感覺一樣犀利；他想找的球員不僅要跳得高，人品和智慧也要一樣高。」

因曼於一九七〇年加入拓荒者隊擔任球探，當時拓荒者還是新球隊，當年夏天他就舉辦了一場公開選拔賽，讓所有自認球藝精湛的人來試身手，這活動一部分是公關手法，目的是點燃地方民眾對籃球的熱情，但因曼其實也想藉這個機會尋找被其他球隊忽略的好手。結果這場選拔賽選出來的人最後沒人符合入隊資格，但因曼喜愛在礦坑裡挖鑽石的傾向卻在幾年後得到豐碩果實。一九七五年，因曼在選秀第二輪第二十五順位選中一位沒沒無聞的猶太裔前鋒鮑伯．葛羅斯（Bob Gross），那時許多教練和球迷都認為因曼選錯人。葛羅斯曾加入西雅圖大學籃球校隊，當時每場比賽平均得分約十分，後來他轉學到長灘加州州立大學，大二那年每場賽事平均只得六分半。法蘭克．考菲（Frank Coffey）在一本關於拓荒者隊的書中寫到：「鮑伯．葛羅斯在大學及職業籃球生涯開始時是個無名小卒，後來大家才發現他這塊璞玉。」

因曼某次無意間看到一場長灘加州州立大學對密西根州立大學的比賽，比賽中密西根一度快攻，眼看就要輕鬆帶球上籃，葛羅斯卻努力衝過去攔截，這舉動引起因曼的注意。因曼查了葛羅斯的資料，更確定了葛羅斯的敬業態度：他大三到大四的平均得分進步一倍多，大四時每場比賽的平均得分已超過十六分。考菲寫到，因曼「挖到一塊寶，找到一個努力不懈、成就非凡的籃球好手」，葛羅斯的大學教練也曾稱讚他「總是為隊上無私貢獻」。葛羅斯在ＮＢＡ的第三個賽季，拓荒者隊打進決賽，葛羅斯不負眾望，每場比賽平均攻下十七分，且在關鍵的第五及第六場賽事中嚴守朱利葉斯．厄文，替拓荒者隊拿下最多分數——上下半場分別奪得二十五及二十四分。當年的隊友比爾．華頓表示：「鮑伯．葛羅斯是隊上的

『潤滑小子』，他讓我們球打得更順……鮑伯總是整場跑個不停，要不是有他在後衛和防守……拓荒者隊絕對不可能拿下冠軍。」

因曼明白許多球隊會埋沒給予型的球員，因為他們不搶風頭，不做招搖動作，而因曼的哲學就是「會成長的不是表現強的球員，而是有發展潛力的球員」。一個球員秉持著韌性苦練、在賽事中犧牲奉獻，在因曼眼中便像礦坑中的美鑽。而事實上，韌性和貢獻確實關聯密切，我自己曾進行一項研究發現，給予者因為願意為他人付出，因此與索取者和互利者相比，他們通常比較認真，也願意付出較多時間，即使練習成了苦差事，他們因為對團隊懷抱責任感，因此還是願意繼續努力。

在許多產業中都能見到這種現象。例如想想嘻哈唱片公司「Def Jam」的創辦人之一羅素．西蒙斯（Russell Simmons），他是ＬＬ酷Ｊ（LL Cool J）和野獸男孩（Beastie Boys）背後的推手，也是許多人口中的嘻哈教父。西蒙斯早在一九七八年便開始將音樂免費贈送給樂迷，當時少有唱片公司這麼做。我問他成功的秘訣，他說他的成功之道就是想辦法找到並提拔給予者。他解釋：「我喜歡栽培給予者，因為給予者會努力造福所有人。」西蒙斯很稱頌的一位給予者是凱文．萊爾斯（Kevin Liles），他在Def Jam從不支薪的實習生做起，最後爬上總裁的位子。萊爾斯當年實習時總是全公司最早上班、最晚下班的人，當上宣傳總監後，他只負責一個地區，卻經常分擔其他地區的宣傳業務。西蒙斯說：「大家開始把凱文當成領導人物，因為每個人都需要他的建議，凱文樂於給予，到最後大家根本不能沒有他。」談到挑選及提拔人才，西蒙斯寫道：「我眼中最重要的特質就是必須有奉獻精神。」

斯圖．因曼知道有韌性的給予者會以大局為重，置個人利益於度外，盡心盡力做好自己該扮演的角色。在一九八四年那場赫赫有名的選秀會上，因曼選了薩姆．鮑威後，接著在第二輪第四十六順位選了一位名叫傑羅姆．科西（Jerome Kersey）的球員。科西出身位於維吉尼亞州的朗伍德學院，只是一支名不見經傳的乙組校隊，然而科西後來卻成為表現優異的ＮＢＡ球員。朗伍德的一位體育組行政人員說科西「是朗伍德球隊史上最認真敬業的人」，這也就是為什麼雖然業界不看好科西，因曼卻仍肯定其未來潛力。翌年一九八五年，因曼又挖了個寶——選秀排名二十四的控球後衛泰瑞．波特（Terry Porter）。波特是個具有高度韌性的給予者，他的幹勁和無私精神非常令人稱道，在拓荒者隊期間曾兩度入選明星賽，共打了整整十七個ＮＢＡ賽季，並在一九九三年榮獲詹姆斯．華特．甘迺迪公民獎，這項公民獎專表揚「對社群有卓越服務及貢獻的」球員、教練及教練員，每年僅有一個名額，波特之所以獲獎是因為他經常提供球票給弱勢兒童、宣導學校畢業派對應與毒品和酒精脫鉤，還跟前戰友傑羅姆．科西一起大力支持小童群益會。

因曼首屆一指的投資或許是一九八三年的選秀，那年拓荒者隊獲得第十四順位選秀權，因曼選了得分後衛克萊德．崔斯勒（Clyde Drexler），前面球隊都沒選崔斯勒，因為當時許多人認為他的投籃功夫普通。儘管崔斯勒那時是第五個被選的得分後衛，但如今大家公認他是當年選秀會上最大的一塊寶，他後來拿下的分數比選秀會上其他新秀都高，生涯中每場賽事平均贏得超過二十分，而且該屆球員中只有他後來獲得所有殊榮——入選ＮＢＡ最佳陣容、明星賽（而且前後共獲選十次）、參加奧運、入選美國職籃名人堂。崔斯勒退休時已成為傳奇球星，緊接在奧斯卡・羅勃森（Oscar Robertson）和約翰・哈維契克（John Havlicek）之後，成為美國職籃史上第三位拿下兩萬多分、六千多個籃板及三千多個助攻的球員，並且和比爾・華頓一樣，獲選為ＮＢＡ史上最偉大五十位球員。當年其他球隊都不把崔斯勒放在眼裡，為何因曼可以慧眼識英雄？

原來相較於偏好獨立決策的索取者，身為給予者的因曼願意聆聽他人的建議。因曼在聖荷西州立大學時見了布魯斯・奧古維（Bruce Ogilvie），他是一位體育心理學先驅，「以前體育界還把心理醫生稱為『看腦袋的』，而且認為去看心理醫生的都是問題球員」，但早在那個年代奧古維便已經開始研究這個領域。多數經理和教練對於奧古維這樣的心理學者都避之唯恐不及，面對所謂的科學總抱持懷疑態度，有些人認為心理評測根本無關緊要，還有些人擔心評測結果有損自己的專業及地位。

索取者通常會竭力智取他人，相較之下，給予者比較願意聽從他人的專業，就算自己原有的認知遭到挑戰也無妨。因曼敞開心胸遵循奧古維的指示，在正式選秀前讓球員接受數小時心理評測，評估每位球員的無私、抱負、堅毅、聽從訓練、對籃球的投入等各項指標；透過這些評估，因曼得以深入了解球員的韌性和給予精神。因曼曾說：「其他ＮＢＡ球隊選秀前也會了解一下球員的心理特質，但沒人像我們用到這種程度，也沒人像我們這麼看重評測結果。當然評估心理之餘我們還是要先對球員感興趣，但心理評估確實是一個明確的指標，可以讓我們了解一個球員能不能發揮潛力。」

崔斯勒接受奧古維的評估時，因曼對他的心理特質留下深刻印象。因曼也找崔斯勒在休士頓大學的幾位教練聊過，結論與心理評估的結果一致：崔斯勒是一位給予型球員。因曼解釋：「克萊德就像他們校隊的黏著劑；他們聯盟的其他教練也幾乎異口同聲這麼說，我就被打動了，教練都說他為了打贏比賽總是盡心盡力，他想贏的意志力非常堅定，不會受到自我的心理影響。」當年的球探巴基·巴克渥特（Bucky Buckwalter）也說過：「那時候其他球隊對崔斯勒都沒什麼興趣……他投籃並不強。」但因曼和拓荒者隊後來打定主意，認為崔斯勒「還是可以學習中距離投籃，或者他的其他能力也可彌補投籃能力」。因曼果然沒錯——巴克渥特說崔斯勒「後來球技更精湛……超乎我的預期」。

就連因曼在球場上押錯的寶，後來也都走出自己的一片天——因曼看給予者的眼光實在精準。勒魯·馬丁後來在優比速（ＵＰＳ）快遞公司服務二十五年，最近升為伊利諾州的社區服務協理，還在二〇〇八年時收到拓荒者隊前老闆賴瑞·維恩博格（Larry Weinberg）的來信，維恩博格在信中寫道：「您在ＵＰＳ從事的工作絕對是楷模表率。」馬丁甚至曾跟歐巴馬總統打過籃球，此外還在二〇一一年獲選為退役球員協會理事。馬丁自己也說：「我很高興自己可以回饋。」

另外，記得因曼在聖荷西州立大學那位表現很差的球員泰瑞·莫菲嗎？因曼給過他機會，但眼看他不適合在籃球界發展，便鼓勵他嘗試排球。莫菲的認真，因曼果然沒看走眼：莫菲最後成功進入美國國家男子排球隊。而且莫菲並沒有完全忘記他的籃球夢，一九八六年時，他為了替特殊奧運會募款，開始在德州達拉斯舉辦三對三街頭籃球巡迴賽，這個名為

「狂歡街球」（Hoop It Up）的活動到一九九二年已號召超過十五萬名球友，且吸引一百多萬個球迷，五年後，「狂歡街球」已推廣到全球二十七個國家，舉辦三百零二場賽事，募得數百萬美元的善款。

或許最能證明因曼成就的一件事，就是儘管因曼當年錯失麥可．喬丹，但他評估人才的能力更勝喬丹。對於喬丹身為籃球界高級主管的表現，外界評價都認為他的做法較偏向索取型而非給予型，而這點早在他還活躍球場時便昭然若揭，當時喬丹已是出了名的自我中心和自大，喬丹自己也曾說過：「要成功就是要自私。」教練想給他建設性的意見時總得小心翼翼，避免踩到地雷，此外，喬丹入選名人堂的演說也遭各界批評，因為他沒感謝幾個人，反倒出言抨擊質疑他的人。另外，喬丹在球員時代總大聲呼籲球隊應分享更多營收給球員，但後來他自己經營球隊，卻極力把營收挖給資方，無非是要充實自己的口袋。[16]

而說到押錯寶，喬丹身為管理者的應對方法也跟因曼形成有意思的對比。喬丹成為華盛頓巫師隊的籃球營運總裁後，在二〇〇一年的選秀會上以狀元籤選擇中鋒關．布朗（Kwame Brown）。當時布朗剛從高中畢業，他是有一身好本領，但似乎韌性不足，也完全沒發揮實力，後來更成為大家眼中NBA十年以來第二差的選秀球員，並進入體育史上前一百差勁選秀名單。當年排在布朗後面的選秀榜眼及探花也是中鋒，而且表現都比布朗優異得多：選秀第二名是後來在二〇一二年時代表美國參加奧運的泰森．錢德勒（Tyson Chandler），第三名是只比布朗大一歲半的年輕中鋒波．賈索（Pau Gasol），後來贏得當年的新人王，接下來的十年生涯更四度入選明星賽，拿下兩次NBA總冠軍，亦曾榮獲詹姆斯・華特・甘迺迪公民獎。賈索和錢德勒兩人無論在得分、籃板和阻攻的表現都讓布朗望洋興嘆。

布朗令人失望，這似乎威脅到喬丹的自尊。後來喬丹復出，與布朗成為巫師隊隊友後，眼見布朗的表現拖累全隊，使他當年的選擇顯得愚昧無比，因此他經常出言痛批和貶低布朗。布朗在第一個賽季的戰績有如雞肋，每場平均拿下不到五分及四個籃板球，然而到下一個賽季，布朗的上場時間卻加倍了。

該季結束後喬丹就被巫師隊開除，然而他卻仍不肯放棄布朗。二〇一〇年，也就是將近十年後，布朗與夏洛特山貓隊簽約，而山貓隊的老闆正是麥可・喬丹。布朗的經紀人說：「這件事很大一部分是麥可出的力，是他想簽我們。」

截至該年為止，布朗已在ＮＢＡ打了十個球季，共待過四支球隊，打過五百多場比

16 原註：有趣的是，喬丹在北卡羅萊納大學的籃球教練迪恩・史密斯是一位給予者。史密斯在球界赫赫有名，而他當年不顧自己的利益，也不理會底下人的強烈反彈，誠懇建議喬丹在升上大四前提早參加NBA選秀。史密斯說他有個原則：「在賽季外的時間我們優先考量球員的利益，在賽季內我們才優先考量球隊的利益。」NBA球員薪水快速飆漲，因此史密斯會鼓勵有機會排進選秀前五或前十的學生休學參加選秀，只要他們保證之後會返校完成學業即可，如此可確保這些學生未來經濟狀況無虞。在史密斯擔任總教練的三十六年間，他一共讓九位年輕球員提早參加選秀，而其中有七位後來都履行諾言完成學業。雖然史密斯這樣做無疑親手送走球隊裡的佼佼者，但他優先考量球員本身的福祉，這點也有助他找到一流人才，並建立起球員對他的信任及忠誠。到史密斯退休時，他帶的球隊共已贏得八百七十九回賽事，當時在美國大學體育協會史上無人能及，他的球隊打進前四強的次數多達十一次，並曾兩度拿下全國總冠軍。NBA執行副總裁克里斯・格蘭傑曾表示：「千里馬想找的是真心關懷他們的伯樂，如果你把優秀球員送出你的球隊，讓他們有更好的發展，這是短期損失，但長期而言這絕對有好無壞，因為這樣能吸引更多人才上門，因為你秉持助人的原則，名聲傳千里。」

賽，每場平均拿不到七分和六個籃板，而前一季每場上場的時間只剩十三分鐘。但布朗成為喬丹旗下的山貓一員後，上場時間卻躍升為每場比賽二十六分鐘，山貓隊給布朗的上場時間比他前兩季的總和還多，然而他的表現依然欲振乏力，每場平均拿不到八分和七個籃板。布朗的經紀人表示，喬丹「是想給關．布朗一次機會；很多報導都說因為布朗是喬丹欽點的選秀狀元，表現不佳的時候大家除了批評布朗也會批評喬丹。」若是給予者應該承認錯誤、繼續往前走，但喬丹卻一直想讓這筆壞投資翻本。喬丹的朋友暨奧運美國隊戰友查爾斯．巴克利說：「我很愛麥可，但他是真的做得不好，我想他底下僱用的人應該都同意這點。」在喬丹領導無方的情況下，山貓隊於二〇一二年正式解散，這支球隊創下NBA史上勝率最低紀錄。

相對的，斯圖．因曼的球隊則創下佳績。拓荒者隊在一九七六年敬陪末座，因曼卻在一九七七年賽季以許多無名小卒打造出一組黃金陣容，除了讓拓荒者隊拿下了當年冠軍，他選秀挑到的人才也讓這支球隊維持多年的堅強戰力。因曼在一九八六年離開，但拓荒者隊在崔斯勒、波特和科西的率領下依舊表現亮眼，因曼連續三年從礦坑挖出的這三顆美鑽後來又讓拓荒者隊兩度打進決賽。而因曼這位給予者也沒搶功勞，一般球迷或許認為因曼做了幾個糊塗決策，但在知情的圈內人眼裡，因曼是籃球界不可多得的識才高手。因曼的故事和研究實證再次證明，給予者不只能夠挖掘並栽培人才，更能在押錯寶時毅然放手，繼續勇往直前。

斯圖．因曼晚年最後四年在俄勒岡的奧斯威戈湖中學當志工，擔任校隊副教練，而奧斯威戈湖校籃總教練表示：「因曼眼光很精準，他注重的不只是球技，還有人格；他看人不會倉卒判斷，而是會看出他們真正的本質。」因曼在奧斯威戈湖校隊栽培出一位名叫凱文・洛夫（Kevin Love）的年輕球員，他後來完成薩姆・鮑威和勒魯・馬丁未酬的壯志：成為一個投籃功夫了得的大隻佬球員。洛夫是身高兩百零八公分的中鋒，曾代表美國參加奧運，在四年ＮＢＡ生涯中已兩度入選明星賽，並榮獲ＮＢＡ球員最佳進步獎，還在ＮＢＡ三分球大賽中奪得冠軍。

記者喬治・安德斯的一段文字或許是很好的結論：「栽培傑出人才是十分利他的表現；從一年的單位來看，短視近利的管理者可能錢賺得多一點、名氣也響亮點，但長期而言，給予者會得到最豐碩的果實。」

CHAPTER 5

柔軟溝通

——謙遜的力量——

言辭須溫婉，但權柄須緊握。

——美國總統 老羅斯福

戴維．沃頓深吸一口氣。他是一位勞動法專家，專長是處理商業機密及競業案件，他已是高森歐康諾律師事務所的合夥人，是股東中年紀很輕的一位，而且過去幾年均獲選為賓州的超級新星律師，然而此時卻是他第一次站起來對陪審團進行結辯。這年是二〇〇八年，戴維是賓州愛克米哈德斯蒂蓖麻油批發公司母公司聘請的律師。愛克米使用的原料由印度孟買的一家簡特油業公司提供，在二〇〇六年十二月，愛克米母公司的執行長得知簡特油業將在美國開設辦公室及業務部，將不再提供蓖麻油給愛克米，次月，愛克米的高階主管更得知簡特計畫直接將其蓖麻油產品販售給美國客戶，等於要跟愛克米競爭同一塊市場大餅。

原來在二〇〇六年夏天，愛克米有兩位員工跳槽到簡特，協助簡特在美國成立公司。因此愛克米的母公司以竊取營業秘密及機密資訊為理由，控告簡特油業及兩名員工。

戴維事前已下足準備工夫，他在激昂的結辯中提出證據，指出那兩位員工在二〇〇六年三月，也就是他們仍受僱於愛克米時，就已經與簡特達成財務協議，答應替簡特成立競爭的批發公司，且兩位員工在六月時分別收到簡特支付的五萬美元顧問費頭期款。

兩位員工在提出離職後便直接前往印度，未曾將他們的新工作告知愛克米。戴維在法庭上指出，兩人到印度後便將原本在愛克米的產業知識投入簡特的營運計畫，其中一名員工還將愛克米先前支薪請他蒐集的美國潛在客戶名單直接提供給簡特；簡特的總裁也承認他們公司使用愛克米的文件來製作給投資人的預測資料。接著戴維又指出，這兩位員工在印度替簡特規劃營運計畫時，仍持續使用電郵別名取得愛克米的訂單資料。

被告共請了三家知名的律師事務所，而戴維在審判中面對的敵手十分能言善道，這位律師具有二十五年的老資歷，畢業於康乃爾大學，並擁有哥倫比亞大學法律學位，此外還獲獎無數，包含曾被選為賓州前百大律師及全美國本週最佳訴訟律師。有個消息來源描述這位律師「成就斐然，智識出眾，老成練達，在法庭上看起來氣勢十足」。

辯方律師口條清晰、自信優雅，他告訴陪審團，簡特油業從事的是合法競爭，本來就有資格這麼做。對方律師承認愛克米流失了一些客源，但並不是因為那兩位員工做了什麼錯事，他表示愛克米原本就是將簡特的蓖麻油轉賣給客戶的中盤商，現在簡特繞過中間商，便能以較低廉的價格銷售產品，這正是公平競爭的真諦，此外他還指出那兩位員工在舊東家的待遇極差，其中一位員工形容愛克米簡直像「地獄」，是她這輩子做過最爛的工作。那位辯方律師緊緊圍繞著他的主要論點，並質疑戴維的主要證人的可信度。辯方律師展現的技巧讓戴維留下深刻印象，他說：「那位律師真的有一套，他的辯護比我們預料的還要好。」

戴維知道這場官司可能贏也可能輸。一方面他指證歷歷，確實指出簡特油業和兩名員工的罪狀，但另一方面，這個案子十分高調、壓力很大，這是戴維第一次主導有陪審團審判的案子，此外在場的其他律師年紀都大他好一截。而在詰問中，一個宿敵又纏上了：戴維開始口吃。後來他又陸續結巴了幾次，這帶來風險，因為陪審團成員或許會覺得他是沒自信。

戴維尤其擔心自己結巴對某位陪審團成員造成的影響。陪審團中有個人在庭上明顯表現出他支持被告方——他認為簡特和那兩位員工都沒做錯什麼事。這位陪審員對辯方律師的回應很熱情，他在辯方律師答辯時經常讚許地點頭，辯方律師開玩笑時他也開懷大笑；相較之下，每回輪到戴維說話時，這位陪審團成員便避免與他四目相交，常做出嗤之以鼻的表情和不屑的動作。這位陪審員幾次出庭都穿牛仔褲，但最後結辯那天他卻穿著西裝、打著領帶。見到這位仁兄翩然抵達，鬍子修得乾乾淨淨，在陪審席上正襟危坐，戴維心頭一沉——這人是想當陪審團主席，而且顯然會說服其他陪審員駁回戴維的控告。

戴維結辯完畢，陪審團開始商議。陪審團出來時，走在最前面的正是那位敵對的陪審員，原來他果真獲選為主席。他宣讀裁決結果。

陪審團裁決支持戴維的當事人，被告應賠償七百萬美元，戴維贏了這場官司，創下賓州商業機密案件成功索賠的最高金額。當然，戴維打官司的工夫要得，指證歷歷，發揮他身為此領域專家應有的實力，然而他其實屈居劣勢。

因為戴維．沃頓和其他優秀律師之間有個很大的差異，不少人也有這個特點——前奇異

（GE）執行長傑克．威爾許（Jack Welch）、美國副總統喬．拜登（Joe Biden）、歌手卡莉．賽門（Carly Simon）、美國廣播公司（ABC）的《20/20》節目主持人約翰．斯托賽爾（John Stossel）、演員詹姆斯．厄爾．瓊斯（James Earl Jones），還有波特蘭拓荒者隊出身、目前擔任球評的比爾．華頓。

戴維．沃頓和這些人一樣，都患有口吃。

口吃是一種言語障礙，大約每一百人就有一人出現口吃現象。戴維不僅成長過程中因口吃飽受嘲弄，大學畢業後也曾在應徵業務工作時遭到拒絕，他妻子瑪麗解釋：「面試官跟他說，他講話結巴，永遠當不了業務。」後來戴維決心申請法學院時，許多家人朋友都很訝異，不怎麼贊同，也希望他不需要公開演說。就讀法學院期間，戴維感覺親友的憂慮似乎有先見之明，例如他記得第一次進行模擬法庭辯論時，法官聽著聽著竟公然落淚。戴維說：「因為她覺得我很可憐。」

多數人將口吃視為一種疾病，而我們對傑克．威爾許、詹姆斯．厄爾．瓊斯等人往往欽佩不已，因為他們言談間流露自信，幾乎看不出這種言語障礙的痕跡。然而口吃這件事的奧秘其實不止於此，事實上，不少講話結巴的人後來都功成名就，而其中許多人的口吃問題從未消失。例如在前述的商業機密案件中，戴維在法庭上稍稍口吃，結巴了幾次，但一件神奇的事卻因此發生。

陪審團因而對他產生好感。

當天審判結束後，幾位陪審團成員走過來跟他說話。戴維回憶：「那些陪審員說他們很敬佩我，因為他們知道我有結巴問題；他們強調我的口吃不嚴重，但他們聽得出來，彼此間也提到這件事。那些陪審員說他們很佩服我有勇氣當訴訟律師。」

戴維的口吃當然不是打贏官司的主因，但這個特色或許有助拉近他和陪審團的距離，讓陪審團成員在心態上往他這邊靠一點。陪審員稱讚戴維時，他的感覺其實是：「很驚訝，也有點尷尬……我當下第一個念頭是『我印象中剛才結巴不嚴重啊』。但陪審員走開後，我才意識到我擁有一個與生俱來的法寶，我恍然大悟——口吃其實可以成為我的助力。」

在本章中，我會探討戴維．沃頓的生涯經驗，為你揭開影響他人的秘訣，這些關鍵看似違反直覺，但其實十分重要，此外我也會介紹戴維的給予者典範——他們影響別人的方式獨樹一幟。丹尼爾．平克（Daniel Pink）《銷售是人性》（原名To Sell Is Human）一書中便提出，我們的成就有很大一部分取決於影響力。無論是要說服別人購買產品、採用服務、接受我們的想法或是投注資源在我們身上，都得透過溝通讓別人信服並採取行動。然而影響別人最好的方法卻不一定是你直覺想到的那一種。

根據研究指出，影響力有兩大來源，分別是權力和聲望。取得權力後，影響力便隨之而來，因為別人會覺得我們強悍有權威；有了聲望，影響力也不請自來，因為別人會尊敬我們。

而這兩種影響之道都與我們的人際互動模式緊密相關。索取者喜歡也擅長取得權力，因為他們會在搜刮價值的過程中儘可能爬到比別人高的地方。索取者想得到權力，因此他們擅長強硬溝通，與人說起話來鏗鏘有力，會放大音量來顯示權威，以肯定的語氣來展現自信，喜誇耀，言之鑿鑿，驕矜自大。他們會張開雙臂做出強勢姿態以展現自己的權力，挑眉來表示質疑，並占據一大塊空間，甚至必要時不惜訴諸憤怒及恫嚇。索取者汲汲營營爭取權力，會透過語言及非語言訊息來主導對話，因此能攬在自己身上的權力往往比給予者多。但這種影響他人的做法能持久嗎？

當聽者心存質疑時，通常我們越想表現得高高在上，對方反而會越抗拒，即便對象是願意接收訊息的人，這樣把權力攬在自己身上依然是零和賽局——我展現得越有權力、越有權威，你就顯得越不如我。而一旦索取者遇到權力更高的人，便可能喪失影響力。相較之下，聲望則不是零和的特質，我們可以分到的尊崇和景仰並沒有總額上限，這代表透過聲望來影響他人通常較為持久，因此我們應該了解如何獲得聲望。

有一種與索取者的強硬溝通相反的做法，稱為柔軟溝通。採取柔軟溝通法的人通常言語平實，不把話說滿，會大量聆聽別人的意見，他們言談間流露出自己的不完美及短處，也會使用免責的話語、委婉的規避語及不確定的語氣。蘇珊·坎恩在《安靜，就是力量》一書中寫到，西方社會的價值觀強調強勢溝通，大家總認定善於領導的人應透過「權力講話」和「權力用詞」等方式來傳達強而有力的訊息；採柔軟溝通的人必定屈居劣勢，影響力大不如人。

呃，其實這有待商榷。

我的想法恰恰相反。

在本章中，我的目標是挑戰傳統價值觀，推翻堅定自信才能塑造影響力的說法，因為這種強硬風格有時不一定奏效，而給予者會直覺採用柔軟溝通法，這方法對於建立聲望反倒有驚人功效。我將追蹤給予者在表達、銷售、說服及協商等四種情境中建立聲望的方法。給予者重視他人的觀點及利益，因此他們會問問題而非給答案、語帶保留而非高談闊論，他們會承認短處而非一味自捧，也會汲取建議而非將自己的觀點強加在別人身上。這些柔軟的溝通模式能發揮強效嗎？

● 表達：「不完美」之美

我二十六歲那年應邀開班教導一群資深將領如何激勵軍隊。當時美軍正嘗試從「指揮控制」模式轉為「團隊合作」模式，而那時是我取得組織心理學博士學位的兩年後，我正好在進行相關研究。第一梯次的課程是四小時的課，教學對象是二十三位美國空軍上校，這些人都曾是戰機飛行員，平均總飛行時數超過三千五百小時、戰鬥飛行時數超過三百小時，他們最愛的戰機是裝載火箭彈和各種精確導引武器的F-16戰機，而且他們跟我看電影《捍衛戰士》的印象一樣，確實都有很「硬漢」的綽號。

「前鋒」手裡掌管五萬三千多名軍官及三億美元軍隊預算，「沙丘」是航太工程師，飛過許多戰鬥任務，參與沙漠風暴（Desert Storm）、伊拉克自由（Iraqi Freedom）和持久自由（Enduring Freedom）等軍事行動。「核潛艇」當時執掌高達一百五十多億美元的計畫，包括打造可遙控從新墨西哥州飛到阿富汗的無人戰機。

這些空軍上校大約四、五十歲，年紀是我的兩倍，他們的職涯在一個獎勵資歷的組織中度過，我卻根本沒什麼資歷。儘管我有領域知識和博士學位，跟他們的經驗比卻差得遠了，事實也證明如此。當天課程結束後，將領們填了一份課程意見表，其中有兩個評語特別清楚：

隱形戰機：「台下提供的資訊比台上還有料。」

槍手：「講師學識淵博但經驗不足……講課內容不太符合我們的需求，教材太偏學術……我在這門課上沒什麼收穫，但我相信講師學到很多。」

其他意見比較委婉，但想表達的訊息依然明確。「轟炸機」說：「好像請的教授一年比一年年輕喔。」「戰車」也說：「我希望可以請年紀比我大的教授，否則我會以為自己才正要步入中年，可惜不是這樣……對吧？」

那次講課我採用強硬溝通式的開場白：信心滿滿地介紹我的資歷。這其實不是我平常上課的開場方式。我在大學教書時會有一股強烈的責任感，會想儘可能教導學生，因此我通常心裡想的是如何搭起跟學生的橋梁，而不是樹立自己的權威，教大學部學生時，我第一堂課的開場白通常是說個故事，把我生平最大的挫折說給學生聽。然而開那堂教空軍將領的課程時，我擔心他們不信任我，而且平常在學校一門課有四個月的時間可以慢慢讓學生信服我，那堂空軍課程卻只有短短四小時，因此我偏離了原本的「不完美」風格，改採上對下的語調來介紹自己的豐功偉業。但我越想展現權力，這些高官將領就越質疑，最後我並未贏得他們的尊敬，我感到既失望又難為情。

接下來我還有另一堂開給空軍將領的課，這次我決定換個開場方式。我不再自吹自擂，而改採比較柔軟、自貶的說法：

「我想現在你們有些人應該在想：這老師可以教我什麼啊，他看起來才十二歲！」

我話說完，眾人頓時無語，我屏息。

接著全班哄堂大笑，一個叫「鷹派」的開口說：「拜託，怎麼會，你看起來有十三歲吧。」接下來我所表達的東西跟前一堂課幾乎一模一樣，畢竟我要講的就是同一套內容。然而後來我看到將領們的意見回饋卻發現，他們的感受跟上一堂課的同學天差地別：

「講課內容從個人經驗出發；老師的年紀剛好！他充滿能量，又顯然已經很有成就。」

「亞當對課程主題擁有相當豐富的知識，他的學識提供他熱忱和興趣，所以課上得很好，簡單用一個字來說就是：棒！」

「老師雖然閱歷有限，卻以新奇有趣的方式帶我們了解研究，教得很好，講課充滿能量和活力。」

「真不敢相信亞當只有十二歲！他教得真好。」

兩堂課的結果有如天壤之別，這都是柔軟溝通的功勞。這次我沒有極力強調自己的資歷，而是展現自己的不完美，直接點出最明顯的問題。後來我在開給陸軍及海軍將領時也依樣畫葫蘆，結果同樣奏效。這其實是我最自然的溝通方式，這種溝通方法讓我突破聽者的提防心，與他們建立關係。

索取者都怕暴露短處會喪失權力和權威，給予者則勇於展現自己的不完美——他們腦裡想的是助人，不是取得權力，因此他們不怕自暴其短。給予者表明自己並非完人，卻因此贏得聲望。

不過有個前提：聽者必須能從其他訊息了解講者其實有能力，這樣展現不完美才能收到好效果。心理學者埃利奧特・阿倫森（Elliot Aronson）曾主持一項十分經典的實驗，他請一批學生聽四捲錄音帶，內容是一些人想加入機智問答比賽團隊的面試，其中有半數應徵者是專家級好手，回答問題的正確率有百分之九十二，另一半應徵者則學識普通，答對率只有百分之三十。

結果不出所料，聽錄音的學生都對專家比較有好感，然而當學生聽到錄音帶中的應徵者做出笨拙行為時，卻產生一個有趣現象。部分錄音帶包含一段器皿打破的聲音，接著應徵者會說：「啊，我竟然把咖啡灑在新買的套裝上！」

實驗結果顯示，若表現平庸的面試者出現笨拙行為，會更不得人緣。

但若是專家好手出現笨拙行為，他們的人氣卻會更旺。

心理學家將這種現象稱為**出醜效應**（pratfall effect）。平庸的面試者灑了咖啡對形象是扣分，只是給聽者另一個討厭他的理由；然而若是專家好手犯下同樣的疏失，卻可以讓他們顯得更有人性、更可親，不再高高在上，不再那麼有距離感。[17] 這正說明為何戴維・沃頓的口吃能使陪審團產生好感，因為他願意暴露自己的不完美，站出來讓全世界看見他結巴，這會激發人的景仰之情，陪審團成員對他萌生好感及信任，並因此特別專注聽他說話，使戴維得以用扎實的論點說服他們。

而流露不完美對戴維・沃頓這樣的律師尤其重要。戴維是不折不扣的給予者，他花許多時間指導資淺律師，而且總是秉持極大熱忱替客戶爭取公義，但他給陪審團的第一印象通常不是這樣，因為他外表看起來並不和藹可親。他說：「我是個大塊頭，而且長得一副軍人臉。」他解釋：

而且我這個人天生就很緊繃。我打贏那場商業機密官司不是因為口吃，但這個特質的確讓我看起來更可信——讓我顯得有血有肉，露出比較討喜的一面。口吃讓我看起來更有人性，讓陪審員覺得「這人我們可以支持」，我看起來沒那麼完美無瑕，在法庭上的辯護就比較值得相信。大家都以為我們應該儘可能表現得無懈可擊，其實請那種太能言善道的律師並不好，好的訴訟律師都致力在展現專業之餘，也維持自己一般人的形象。

戴維・沃頓不畏結巴在陪審團面前答辯，便讓陪審團成員看出他是真的在意客戶，他真的相信客戶，願意自暴其短來力挺客戶，而這就傳達了強而有力的訊息，使他的聲望提升，原本外表予人的權力感軟化了，便能贏得訊息接收方的心。

● 銷售：話術或真誠相助

在與能力無關的地方流露不完美有助建立聲望，但這只是給予者施展影響力的起點，若我們希望有效影響他人，就必須進一步把我們贏得的景仰轉變成具體拉力，讓訊息接收方改變態度及行為。這個道理對業務員尤為如此，業務員的工作就是讓別人下單購買——而且買得越多越好。例如丹尼爾．平克研究發現，我們一般想到業務員時，腦中首先浮現的字詞是「咄咄逼人」、「啊」和「討厭」。在我們的刻板印象中，業務員都善於操控、為達目的不擇手段，似乎善於銷售的人就是讓人懼怕、態度咄咄逼人、自私自利，有時甚至不老實。曾有份研究列出ＭＢＡ學生畢業後最可能選擇的四十四個職業，讓人依照社會責任排名，結果業務從業人員排名四十三，在大家心目中的社會責任只比敬陪末座的股票經紀人稍高，而這就顯示在大家心中，頂尖的業務員必然是索取者。然而在本章中，我們將看到證據顯示不少業績一流的業務員都是給予者。究竟給予者該如何成功銷售？

比爾．葛蘭伯斯（Bill Grumbles）是一位卓越非凡的高階主管，但你看他本人時大概感覺不出來。他說起話來輕聲細語，你可能還得靠過去才聽得清楚。葛蘭伯斯在家庭電影院頻

17 原註：值得注意的是，出醜效應也取決於訊息接收方的自尊高下，柔軟溝通使訊息發送方顯得更像常人，因此這招對於自認是常人的人比較管用，也就是不自傲也不自卑的人。確實如此，阿倫森的研究團隊發現，有能力的人出小紕漏時，自尊普通的聽者會產生較多好感，但自尊過高或過低的聽者則否。

道（ＨＢＯ）一路做到副總裁位子，後來轉任透納廣播公司頻道（ＴＢＳ）全球發行總裁。他在職涯中總是樂於幫助及指導他人，如今更花時間替商管學生開設領導課程，並自願提供他們職涯建議。葛蘭伯斯當年在ＨＢＯ的業績之所以名列前茅，正是柔軟溝通的功效。

ＨＢＯ在一九七七年時是個沒沒無名的品牌，當時美國家庭中裝設第四台的很少。那時葛蘭伯斯是個不滿三十歲的年輕人，被公司派到堪薩斯城開設業務部門辦公室，他毫無業務經驗，因此做了給予者會做的事：問問題。他真誠發問，客戶便會回應。他說：「我去做業務拜訪的時候，就看看牆上啊，看看整間辦公室啊，觀察客戶的興趣。我會問他們孫子孫女的事、問他們支持哪個球隊，我問個問題，客戶說不定就可以講上二十分鐘。」其他業務員一個月簽下一份合約，而葛蘭伯斯的業績是他們的四倍：他每週簽到一位客戶。

葛蘭伯斯問問題並傾聽回答，如此客戶就知道他在意他們在意的事，聲望就這樣建立起來：他展現關懷，客戶因而產生敬愛。早年有次業務拜訪時，一位客戶把他拉到一旁，誇他「很會跟人聊天」，葛蘭伯斯回顧時大笑說：「我那時候根本沒講兩句話！」

問問題能使客戶感受到心理學者詹姆士．潘尼貝克（James Pennebaker）所說的「說話之樂」。在一項多年前的研究中，潘尼貝克將一群互不相識的受試者分成許多小組，現在請你想像你被編入其中一組，有十五分鐘的時間與素昧平生的人談論一個你挑選的話題，可以聊你的家鄉、你讀的大學或你的職涯。

十五分鐘後，你要評價你對這個小組的好感如何。實驗結果發現，通常說話時間越長的人對小組的喜好度也越高，而這並非什麼新鮮事，畢竟人本來就喜歡聊自己。但我要問你另一個問題：請問你對組員了解了多少？

若按照邏輯推論，要了解別人就應該聽得多，說得少，才能了解團體中的其他人。然而潘尼貝克得到的實驗結果卻恰恰相反，他發現我們說得越多，就越以為自己了解整個團體。若你以索取者的姿態滔滔不絕主導對話，就會感覺自己已經了解身邊的人，但實際上他們可能根本沒機會發言。潘尼貝克在《敞開心門》（原名Opening Up）書中便深思道：「通常我們多數人都覺得表達自己的想法是極享受的學習經驗。」

而給予者擁有想了解我們的美德，因此會問我們問題，讓我們體會剖析自我的樂趣，給予者把麥克風交給我們之後，其實能藉此了解我們、從我們身上學習，這有助他們銷售我們心中重視的東西。

為了進一步解釋給予者成功銷售的門道，我要帶你前往北卡羅萊納州的羅利（Raleigh），讓你看我扮成一個神秘消費者。我與一家創新的驗光公司「視力保健」合作，目標是找出一流業務員業績高人一等的原因，我們請公司的每位員工填寫問卷，測出他們是給予者、索取者或互利者，接下來我便上場觀察他們的實際表現。

在實驗中，我走進他們一家分店，表示我先前在另一間「亮視點」眼鏡行購買的太陽眼鏡壞了，想買一副新的。我走到展示櫃前，一位業務員便過來招呼，給我看一副十分時髦的眼鏡，隨即採取強硬溝通法，展開強勢推銷，說這副眼鏡的鏡片專門為開車設計啦，鏡框形狀可以突顯我的臉部輪廓啦，眼鏡顏色跟我的膚色很搭啦之類的；我這輩子從沒走過型男路線，但這位店員說得天花亂墜，讓我不禁幻想戴上這副墨鏡就能化身詹姆士·龐德，或至少變成詹姆斯．伍德。但後來我表示價格超出預算，店員先生卻保證買下絕對值得，他說這眼鏡跟我太搭了，設計師根本就是按照我的外表設計這副眼鏡的，我不禁疑心他是為了賣眼鏡才這樣捧我。這是索取型業務員吧？

而另一家分店的一位店員則說要給我一點好處：如果我改到他的店裡驗光，他就免費替我更換鏡框。這位是互利型業務……我拿到的問卷資料也證實如此。

索取者和互利者，哪種人是成功的業務員呢？

答案是兩者皆非，這兩種都不是最出色的業務員。

我在北卡羅萊納州奈特戴爾的一家分店遇見了基爾代爾．愛斯科杜。基爾代爾外表很有氣勢，長著粗眉毛，下巴的鬍子理得短而有型，而且是個十足的健美先生，你讓他當場做一百下伏地挺身，他一滴汗也不會流下來。基爾代爾的父母來自多明尼加共和國，他則在熱鬧混亂的紐約市長大。他的職銜和我在另外兩家店遇到的銷售員相同，但銷售風格卻與他們有天壤之別。

基爾代爾和我同年，但他卻稱呼我「先生」，而且我感覺得到他的敬意，他說話輕聲細語，而且沒急著拉出展示櫃裡的太陽眼鏡，而是先問我一些基本問題：我之前來過嗎？有醫生處方嗎？平常生活型態如何？會打球嗎？他專注聆聽我的回覆，並給我時間考慮。

我的視力是一．〇，但基爾代爾的服務好到讓我真的有衝動想買太陽眼鏡。我坦白身分，明白告知我正在研究傑出業務員的銷售技巧，並詢問他願不願意討論他的推銷方式？基爾代爾卻反對我的說法。他說：「我覺得我不是在銷售，我覺得自己是配鏡師，我們的工作是醫療第一，零售第二，接下來才是推銷，我的職責是服務醫療對象、問問題，看看病人需要什麼，我不是抱著銷售的心態，我的職責是幫助別人，主要的目標是教育病人，宣導視力保健重點，我真正關心的長期重點是讓病人保住視力。」

我的研究資料指出兩個基爾代爾．愛斯科杜的特別之處：第一，根據問卷結果，他是這家公司給予者指數最高的員工；第二，他也是全公司業績最好的配鏡師，業績達平均值的兩倍多。

這並非巧合。這家「視力保健」業績第二高的員工銷售額也是平均的兩倍多，而且她也是一個給予者。這位員工名叫南希．菲歐普絲，她的服務哲學跟基爾代爾如出一轍。她說：「我會跟病人建立關係，問他們的工作場所、他們有什麼嗜好、度假時喜歡做什麼，我關心的是病人本身，還有他們的需求。」不少病人走進門就指定找南希，她的人氣不證自明。她說：「我真的認為我讓病人視力清晰，他們就能看到最美好的事。」

為了查證基爾代爾和南希的成就是否為特例，我和丹恩．巴恩斯（Dane Barnes）設計一份問卷請數百位配鏡師填寫，評估他們是索取者、互利者或給予者，此外也讓他們接受智力測驗，測量他們解決複雜問題的能力，最後我們追蹤他們整年度的業績金額。

研究結果證實，撇除智力差異後，給予者的業績仍優於互利者和索取者，給予型銷售員的平均年營業額比互利型銷售員高出百分之三十，更比索取型銷售員高出百分之六十八。此外，儘管銷售員中有超過百分之七十的人是互利者和索取者，但業績最出色的銷售員有一半都是給予者；假使所有配鏡師都是給予者，公司的平均年營業額可望從一千一百五十萬美元躍升至超過一千五百一十萬美元。給予者是最會銷售的業務員，而柔軟溝通就是他們的法寶。

問問題正是給予者自然而然採取的柔軟溝通法，而詢問這招在訊息接收方抱持懷疑態度時尤其奏效，好比對方覺得你的可靠度或地位不足，或你們正處在高度競爭的談判情境中。尼爾・雷克漢（Neil Rackham）曾花費九年時間研究談判能力一流及平庸的人，他定義的談判能力一流必須是協商雙方都評為優質，且紀錄輝煌、談判鮮少失敗。雷克漢共記錄一百多場協商並仔細推敲，研究談判專家與談判庸才究竟有何不同，結果發現談判專家花費較多時間理解對方的觀點：他們的發言中有超過百分之二十一的比例都是詢問，相較之下談判庸才的發言中，問題僅占不到百分之十。

如果基爾代爾是索取者，他會想自己給答案，而不是問顧客問題；然而他沒有自以為是地告訴客人他們需要什麼，而是直接詢問他們自己的意見。一天，有位瓊斯太太剛驗完光，基爾代爾詢問她是否想配新眼鏡。這位瓊斯太太一眼近視、一眼遠視，醫師開處方請她改配多焦點鏡片，但她顯然存疑，她到眼鏡行只想檢查眼睛，沒打算花大錢，於是她跟基爾代爾說她不想配眼鏡。

基爾代爾並未滔滔推銷，他開始問瓊斯太太問題：「請問您從事什麼工作？」他得知瓊斯工作時會用到電腦，而且他注意到她讀字時會把頭偏向一邊，用近視的那眼看東西，另外，她看遠方（例如駕駛）的時候，又會轉頭用遠視的那一眼看。基爾代爾便問瓊斯為何醫生請她配新眼鏡，瓊斯回答因為她看遠方、電腦及閱讀時都有問題，基爾代爾看出瓊斯覺得很沮喪，便向她保證：「如果妳覺得真的不需要配矯正眼鏡，我就不會再浪費妳的時間，我再問最後一個問題就好：請問妳現在都在什麼情況下戴眼鏡？」瓊斯說只有工作的時候戴眼鏡會看得比較辛苦，但她覺得配一副眼鏡只能在工作的時候戴，這樣太花錢了。

基爾代爾聽瓊斯回答，這才發現這位客人對多焦鏡片的功能有誤解，便和氣解釋多焦鏡片不僅工作時可以配戴，開車和平常在家也都可以戴。瓊斯聽了顯然被挑起興趣，她試戴了眼鏡，而且幾分鐘後就決定花七百二十五元美金，配她生平的第一副多焦眼鏡。換成索取者可能會失去這筆生意，但基爾代爾藉由問問題，得以了解並消除客戶的疑慮。

但我們這樣也許像在做球給給予者，畢竟配鏡師是在醫療產業中銷售，想對自己的產品有信心或關懷患者是很容易的事；那給予者從事一些顧客提防心更重的業務工作能成功嗎？好比做保險業？有份研究請一千多位保險員的主管評比他們是索取者、互利者或給予者，結果分析發現，給予型保險員賣保險的業績也比後兩者好：這些保險業務員的給予者分數越高，他們的營業額、賣出的契約、保單數以及達成的業績和賺取的佣金便越多。

給予型業務員會問問題、盡量熟悉客戶，便能促進客戶的信任感並深入了解客戶需求，長期而言，他們的銷售表現便會越來越好。曾有研究請一群製藥業的業務接下一個他們都缺乏既有客戶群的新產品，結果發現儘管製藥業業務採抽佣金制，給予型業務員的表現依然勝過其他人。[18]此外，研究還發現樂於貢獻是預測業績唯一有效的指標，至於業務勤勞或懶

18 原註：另一份研究也得到類似結果：有學者請六百多位銷售女性商品的業務填寫問卷，問他們是否會介紹最符合顧客需求的產品，如此辨認出給予型業務員，結果研究人員追蹤這些業務員的業績，發現給予者起初沒什麼優勢，但隨著他們對客戶的了解加深，他們便勝出其他業務越來越多，過了三、四季，給予型業務員的營業額已比其他業務高出許多，因為給予者比較了解顧客需求，回應策略也較有彈性。

惰、內向或外向、情緒穩定或神經兮兮、心胸開闊或狹隘等特質與業績表現都沒有絕對關聯。成為頂尖製藥業務的關鍵特質就是樂於付出，而這份研究的問卷問題也點出，柔軟溝通就是給予型業務最主要的銷售策略。

喔！對了，想問一下，請問下屆總統大選你會去投票嗎？

知道嗎，我這麼一問，就讓你到時候投票的機率增加百分之四十一。

這正是柔軟溝通的另一項優勢。許多人以為說服技巧的關鍵就是採用自信肯定的話術，但其實我們在每天生活中早已飽受廣告主、電訪員、業務員、勸募者和政治人物的轟炸，有許多人想方設法說服我們買產品、買服務或支持他們的訴求，因此我們聽到強力勸說的訊息時往往抱持提防心理，有時我們是擔心被索取型的人拐騙或操弄，有時則純粹是希望可以自主決定，不想被牽著鼻子走，因此如果我呼籲命令你去投票，你可能會產生抗拒心理；但如果我只是問你有沒有打算投票，你便不會感覺我在試圖影響你，這只是單純詢問，因此你不須抵抗我的影響力，你會自己思考：「嗯，我的確想為國家社會盡一份心力，也想支持我支持的候選人。」你不會感覺我在設法說服你，因此正如學者阿倫森所說的，你已經被一個你喜歡且信任的人說服了。

那個人就是你自己。

戴維．沃頓律師也知道問問題是強而有力的勸服方式，在他眼中，傑出的律師也像是一種業務員，而好律師推銷論點時不該太過積極自信，像索取者一樣。「倡議的藝術應該是讓你自己導向我的結論。我希望結論是你自己做出的，這樣你的態度會更堅定。所以我總是設法讓陪審團自己往該去的方向走，然後就鬆手，讓他們自己下定決心。」詢問引人深思的問題有助陪審團說服自己，而根據阿倫森的說法，「直接勸服會讓訊息接收方一直意識到自己被他人說服，而自我勸服的情境則讓人相信改變的力量來自他們自己。」

只要詢問別人的打算和意念，我們就能實際提升他們實踐計畫及想法的機率。研究顯示，只要我問你是否有計畫在未來六個月內添購一台新電腦，你真的去買的機率就會增加百分之十八。然而這招要在你確實喜歡這些想法時才管用，有研究結果顯示，如果有人問你是否想使用牙線和避開脂肪含量高的食物，你使用牙線和健康飲食的機率就會大大提升；這些都是我們想做的事，所以聽到別人這麼問，會使我們說服自己努力行動。[19]然而如果我詢問你是否會做某件你反感的事，這種問題就不會奏效。喔對了，你這個月有計畫要吃巧克力裹蚱蜢嗎？

這件事你思考後，意願或許更低了。我們目前提過的例子中，這些給予者都是對感興趣的顧客賣他們可能想買的產品，例如比爾．葛蘭伯斯推銷ＨＢＯ時，是面對有意願嘗試更好的第四台服務的顧客，還有基爾代爾．愛斯科杜、南希．菲歐普絲推銷眼鏡時，他們面對的也是需要買鏡框或鏡片的客人。但若是訊息接收方的意願不強，給予者又可以如何扭轉他們的想法呢？

19 原註：這類詢問意念的問題奏效的另一個原因是因為可以激發人的承諾心：通常我們給了肯定回覆後，就會覺得自己應該貫徹這些想法。然而有趣的是，根據研究指出，就算被問者一開始給了否定回答，這類意念問題還是會奏效，因為問題會引發思考，而如果詢問的事本身確實吸引人，有些人便會改變心意決定去做。

●說服：「不肯定談話」的技巧

福斯汽車二〇〇四年的英文廣告標語是「Drive it. You’ll get it.」，這句話的雙重意義讓消費者心領神會，一方面表示你必須開開看才能體會福斯汽車的性能（取get的明白、了解之意），另一方面則暗示只要你試開過就會喜歡，最後一定會買回家（取get的購買之意）。福斯的廣告公司「亞諾全球」（Arnold Worldwide）已替他們想出許多類似這樣使人印象深刻的廣告標語，然而創出這句巧妙廣告詞的人卻沒出現在感謝名單裡，這個人名叫唐．雷恩（Don Lane）。

雷恩當時在亞諾全球擔任資深廣告業務，並不是創意部門的員工，他的工作應該是把創意部門的作品包裝起來推銷給客戶，但有天他準備策略簡報時卡了很久沒有進展，後來卻突然想到一個靈感，最後他沒寫廣告策略，而是直接寫了個腳本，並在腳本最後寫上一句「Drive it. You’ll get it.」。

一個廣告業務沒提問題給創意部門，倒給了解決方案，這並非標準做法，而且事實上廣告業務不該參與創意發想，因此雷恩面對了難題：如何讓創意部門採用他的點子？如果他是索取者，他應該直接衝進創意總監的辦公室推銷那句廣告詞，強力遊說、獨攬功勞；而如果他是互利者，或許該給創意部門一點好處，看看他們能不能回報，或是讓他們欠他一個人情；然而最後他卻選擇走給予者路線。雷恩不在意自己是否取得功勞，他只是想幫忙創意部門，以及把一句很棒的廣告詞推上線。雷恩說：「在我們這一行，發想創意的人都是天才，功勞大多是他們的，有些業務同事很討厭這種現象。但我知道我的工作就是協助創意部門，提供他們發想的空間，我不在意別人不知道那是我的創意，點子是誰想的不重要，重要的是如果這個創意受青睞，我們都可以一起享受成功。」

於是雷恩走進創意總監的辦公室，但他沒採用強硬溝通（例如「我想到一句超棒的廣告詞，你們一定要用」），而用了比較柔軟的溝通方式。他拿出一份電台廣告腳本讓總監看，然後說：「我知道這樣不合規定，但我只是想讓你看一下我說的東西，你覺得這句怎麼樣——『Drive it. You'll get it.』。」

廣告總監懂雷恩的創意。他抬頭看雷恩，笑著說：「我們就做這支廣告吧。」這一系列廣告幫福斯賣出非常多車，並贏得好幾項廣告獎。

唐．雷恩的柔軟溝通用得漂亮，而北卡羅萊納大學有一位愛麗森．弗瑞蓋兒（Alison Fragale）教授正是研究這類柔軟溝通的專家，根據她的研究，從談話風格中就能找出分辨給予者和索取者的信號：索取者的發言風格較強硬直接，敢表達自己的意見，而給予者偏好採用柔軟話語，發言時會使用下面這些不肯定標記詞：

表示不確定：「呃」、「嗯」、「就是」

委婉的規避語：「有點」、「有一點」、「可能」、「或許」、「我覺得」

免責的話語：「這個點子可能也不太好，不過……」

附加問句：「那樣滿有意思的啊，對不對？」「那點子不錯啊，是不是？」

加強語：「真的」、「非常」、「滿」

這些標記詞可以讓人明白一個訊息：說話的人相當缺乏自信和權威。缺乏信心最糟了，不是嗎？

我們拆解唐．雷恩的提案過程，可以發現有兩個柔軟溝通的標記詞，分別是一個免責話語和一個附加問句，免責話語是「我知道這樣不合規定，但……」，而附加問句是「你覺得這句怎麼樣」。弗瑞蓋兒指出，人在需要密切合作時，好比在團隊裡共事或處於服務關係中的時候，柔軟發言其實比強硬發言更能發揮影響力。

以下舉個例子來說明弗瑞蓋兒的研究。請想像你駕駛一架飛機，不幸緊急降落在沙漠中，你和同事潔美必須列出十二項求生物品並依重要順序排列，其中包含手電筒和地圖。你排完後把清單給潔美看，但她有異議：你覺得手電筒不重要，但潔美認為手電筒很重要，而且語氣強硬。

她說：「手電筒要排前面一點啊，只有手電筒可以在晚上發信號，還有反光板跟鏡片也可以拿來生火，火也可以拿來當求救信號，所以手電筒要排前面一點啦。」

潔美的口吻聽起來像索取者，而且她很可能就是索取者，因為索取者往往喜歡這樣發號施令。你願意聽潔美的話嗎？

若你跟多數人一樣，你一定不願意，因為你們倆應該彼此合作，你不想聽從對方命令，因此你會抗拒潔美的影響力；潔美想施展權力，卻反而失去尊敬。但要是潔美換種方式建議，別把話說死，多用點問句和委婉的規避語呢？

你覺得我們要不要把手電筒排在前面一點呢？晚上拿手電筒當信號裝置可能**滿好的，還有**說不定**反光板跟鏡片也可以用來生火，火**也許**也可以當求救信號喔。**

弗瑞蓋兒在實驗中發現大家比較能接受第二個版本，這個版本的柔軟發言讓人感覺出潔美是一位給予者，她不會把話講滿，顯出她也願意接受或至少考慮你的想法，弗瑞蓋兒的研究發現，儘管潔美兩次發言的語氣和傳達的訊息內容一模一樣，但只要加入「不肯定談話」的標記詞就能讓人更尊敬她，發揮更大影響力，使用委婉的規避語、附加問句和加強語都有幫助。前述那位創意總監接受唐．雷恩的創意也是因為如此，因為他聽得出雷恩只是想分享好點子，而他一看就知道雷恩的創意確實很棒。[20]

20 原註：免責聲明：使用柔軟溝通法時，有些免責的話語風險較高，例如有些人很喜歡說「我這樣說不是為我自己啦，但是……」而心理學者研究發現這類免責話語有害無益，因為聽的人反而會認定發話者接下來要說的是自私自利的話，因此他們就會開始刻意尋找發話者的自私想法，然後就會真的找到。

隨著時間過去，雷恩的「不肯定談話」方式已有了回報。他總溫和提出創意，不搶功勞，他解釋：「創意部門的人確實吃我這一套，這樣我想跟他們分享什麼好創意的時候，他們就願意信任我。」雷恩許多同事都跟創意部門的人有摩擦，但他卻建立起好名聲，大家都知道他是少數創意人員喜歡合作的廣告業務，他們不會把他當成找麻煩的門外漢，而是將他視為願意出力的戰友，因此他們經常要求跟他一起做案子，常常會說：「他會幫我們，他不像一般廣告業務，我們讓他參與吧，多給他一些機會吧。」創意部門的同事知道雷恩慷慨且心胸寬大，都願意把點子拿出來跟他討論，歡迎他給意見，而不會緊守自己的地盤將他阻擋在外。

雷恩對創意部門持續貢獻，這件事公司的高層主管也注意到了，因此讓他在福斯汽車全球知名的「Drivers wanted」（尋找車主）行銷活動中擔任要角，這非常不容易，因為當時他資歷尚淺。雷恩說：「給予型的人會怕自己能見度不夠高，但我看過不少給予者功成名就，因為大家都喜歡跟給予者合作，大家信任我們，我很早就了解這點，對我職涯發展非常有幫助。」正因如此，雷恩升遷得比許多同事都快，目前已經當上雅諾全球的執行副總裁和常務董事。借用一位創意副總裁的話來形容：「唐的團隊合作能力一百分……要是再讓我有機會跟他合作一次，我會迫不及待接受。」

上述針對「不肯定談話」的分析又點出另一個理由，讓我們明白戴維．沃頓的結巴為何有助他在商業機密的官司中與陪審團拉近距離，答案就是：遲疑語氣、委婉的規避語和加強語都是口吃附帶的特徵。陪審團聽到戴維結巴，就不會覺得他的發言聽起來權威而強勢，也不會覺得戴維是在極力說服他們，心裡的抗拒降低，態度就開放了些，因此得以接受他的論點。

給予者使用柔軟發言，便能展現他們也在乎我們的利益，然而大家在扮演一個角色時最不敢使用不肯定的談話方式，那就是擔任領導角色時，而之前有一位名叫巴爾頓・希爾的行銷經理已經找出原因。希爾是一家金融服務公司的部門經理，有回他參加一個晉升高層職位的面試，若升職成功將可領導數個部門。面試官以一個送分題開場：談談你的成就。希爾便說起他部門的成就，那些成績確實亮眼。

儘管在角逐這個職位的人選中，希爾算是極優秀的佼佼者，但最後脫穎而出的卻不是他，面試官說他聽起來缺乏領導人物的特質。希爾說：「我一直用我們、我們的這些詞，很少說我和我的，後來我才知道面試官覺得我這樣不像領導者，他覺得我部門的成功不是我驅策的，他想找一個可以鞭策團隊的人。」面試官期待希爾說話強勢些；他因為柔軟溝通而損失一份工作。

索取者說話快、音量高、自信滿滿，語氣肯定，讓人相信他們知道自己在說什麼。曾有一群加州的心理學者執行一項研究發現，團隊中的成員通常認為索取者比較能幹，但實際上他們的能力並沒有勝過別人，該份研究的作者指出，索取者「之所以會有影響力，是因為他們的言行舉止讓人覺得他們很強——即使有時他們的能力不一定好」。

巴爾頓・希爾在面試中沒使用強硬談話，未能在對方心中留下權威印象，然而他的柔軟溝通雖然導致那次無法升遷，最後卻為他贏得聲望，帶他的團隊邁向成功。強硬溝通在一次定生死的工作面試中或許有效，但在團隊或服務關係中卻可能讓我們失去團隊成員的景仰尊敬。幾位阿姆斯特丹的心理學者研究發現，儘管索取者在團隊成員眼中是比較優秀的領導者，但實際上他們反而對團體表現有負面影響。索取者的強勢說話方式在團隊成員心中建立強人形象，但這樣其實抑制了資訊交流，有礙團隊成員分享好點子。希爾說：「如果領導者展示工作成果的時候表達這是團隊一起努力的成果，團隊成員會很高興，這才是可以激勵他們給予的力量，所以矛盾的地方就來了，很多人認為一個領導者如果太能包容，代表不夠強勢，沒辦法帶領團隊，但事實上這種人更適合領導，因為他可以得到整個團隊的支持，大家會想靠近給予者，就像有某種電磁力一樣。」最後希爾離職到另一家公司工作，結果有三個前同事主動表示想加入他的新團隊，而這樣的忠誠長期而言帶來許多貢獻：他的團隊績效好得不得了。如今希爾已是花旗銀行的董事總經理暨交易服務部的全球行銷總經理，部門有超過兩萬名員工。

當然，領導者使用強硬溝通有其時機和場合。我曾和弗蘭西絲卡．季諾（Francesca Gino）及大衛．霍夫曼（Dave Hofmann）兩位同仁一起研究披薩連鎖店，結果發現如果一家店的員工大多乖乖聽話，那管理者使用強硬溝通法就沒差，但假使多數員工都主動積極，會針對披薩的烹調及運送流程提出更有效率的做法，那管理者的強勢發言便會產生反效果——若員工都很積極，則採強硬溝通的管理者跟說話比較不那麼自信專斷的管理者相比，分店盈餘平均低了百分之十四，這是因為強勢溝通會讓主動積極的員工不願貢獻。弗瑞蓋兒寫到，採用強硬溝通的人讓人覺得他們「偏好並追求一己的成就」。採用柔軟溝通的人說話不專斷，因此贏得聲望：他們對許多事都沒有既定答案，展現樂於傾聽的態度，積極主動的下屬因而尊重他們。

為了觀察這種效果在控制狀態下是否存在，我和同仁找來一批受試者，分組後請他們摺T恤，開始前請其中一半組長以強硬口吻領導，但請另一半組長採用柔軟溝通法，像林肯或甘地一樣。實驗得出了相同的結果：當組員被動遵從領導時，領導者採強硬溝通無妨，但若組員都很積極，會主動建議較快的摺衣服方法，則領導者採柔軟溝通會達到較佳效果；以成員較積極的組別而言，柔軟領導者率領組員達成的績效平均較強硬領導者高出百分之二十二。團隊成員認為提出建議會讓強勢領導者有威脅感，而他們覺得柔軟領導者比較有接受建議的雅量。柔軟溝通無法展現權力，卻能樹立高度聲望，柔軟溝通者展現歡迎建議的態度，便能提升團隊成員的生產力。

在索取者眼中，接受建議似乎顯得自己很弱，給予者傾聽他人的意見，最後可能被同事過度影響。但如果說尋求建議其實是一種影響他人的途徑呢？其實在談判桌上，建議會為給予者帶來許多意想不到的好處。

● 協商：在一片質疑中尋求建議

二〇〇七年，有一家名列財星五百大企業的公司將一間位於美國中西部的工廠關閉，裁撤調離不少員工，其中包含一位名叫安妮的研究技師，她工作態度認真積極，公司替她在東岸留了個職位，但當時她正在修夜間ＭＢＡ課程，若調到美東就得放棄學業。那時安妮不能沒有那份工作，而且若離職，她就不能讓公司替她付學費；但如果接受調職，她還是沒辦法繼續進修。安妮進退維谷，沒什麼選擇，又必須在短時間內回應。

兩週後，奇蹟發生了：安妮取得公司專機的機位，公司的飛機通常只有高層主管可以搭乘，但她卻獲准不限次數搭乘，直到ＭＢＡ畢業為止。安妮接受調職，接下來九個月便搭著公司專機兩地飛，一週兩次，直到取得學位。此外，遇到專機不飛的時候，公司還支付她每週租車及買機票的費用。安妮究竟如何讓公司投注這麼多資源在她身上？

安妮取得這些福利的方式並不是跟公司談判協商，而是採用給予者習以為常的柔軟溝通法。

索取者展開協商時通常會確保自己的立場堅不可摧，如果安妮是索取者，她或許會列出自己所有強項能力，吸引競爭企業捧著職缺向她招手，如此鞏固自己的地位；而互利者則將協商視為利益交換的機會，如果安妮是互利者，她或許會去找某個欠她人情的高層主管，請求對方出手相助。然而安妮是一個給予者：她在公司指導許多同事，私底下亦擔任聯合勸募協會（United Way）志工，並時常到小學班級講課，啟發學生對科學的興趣；不僅如此，她還經常替出錯的同事扛責任，犧牲自己的考績替同仁背黑鍋；此外，有次她求職時發現一位朋友也在申請該職位，甚至自己毅然取消申請。

安妮是給予型的人，不習慣像索取者和互利者那樣跟人交涉談判，因此她選擇了截然不同的策略。她去找一位人力資源經理，向她尋求建議：「請問如果是妳遇到這種情形，妳會怎麼做呢？」

那位人資經理開始替安妮說話，她先去找安妮部門及辦公室的最高主管，替她遊說一番。接著安妮的部門主管便打電話給安妮，問安妮，如果要留下她，他可以做那些事，安妮提出她希望完成ＭＢＡ學業，但付不起兩地往返的機票錢，最後那位部門主管便提出要讓她坐公司專機。

有新研究指出，在權威不足時，尋求建議其實是一個影響他人的有效策略。學者凱蒂．李簡奎斯特（Katie Liljenquist）曾執行一項實驗，請一批受試者進行協商談判，目的是賣出一處商業不動產，實驗結果發現當賣方的目標是儘可能以最高價賣出時，成功談妥生意的機率僅有百分之八，然而當賣方尋求買方建議，詢問該如何取得共識時，成功交易的機率便高達百分之四十二。尋求建議有助協力合作及資訊交流，因此能將潛在的爭議協商轉化成雙贏交易。不少研究成果顯示，無論在製造業、金融服務業、保險業或製藥產業，尋求建議都是極有效的策略，可影響同儕、上司及部屬。索取者偏好以對下屬施壓、對上司逢迎的戰略來影響他人，但尋求建議通常比索取者的管道更具說服力，而且也比互利者那種利益交換的做法更具影響力。

甚至在大公司的高層中也是如此。不久前，策略學教授伊泰．史登（Ithai Stern）和詹姆士．魏斯特伐（James Westphal）便曾研究美國的三百五十家大型工業及服務業公司，目的是了解這些企業的高層主管成為公司董事的情形。加入董事會是高階主管渴求的機會，因為不但能享有美金六位數的超高年薪，也能提升地位，還能接觸公司核心人物，結交有力人脈。

在索取者的觀念中，成為公司董事的終南捷徑就是逢迎巴結，因此他們會拍拍上司的馬屁，或叫朋友替自己美言一番，但史登和魏斯特伐卻發現「逢迎」必須結合「尋求建議」才能發揮功效。不光讚美上司、在誇讚之餘也請求指點的高層員工有較大機會前進董事會。善於尋求建議的人在誇獎上司能力時，也會問對方培養這些能力的方法，而頌揚上司的工作成就時，也會請益如何達到相同成果。面對以上述方式尋求指點的高層員工，上司推薦他們進入董事會的機率高得多，因此這種員工成功當上董事的機率也就大多了。

尋求建議也是一種柔軟溝通法，結合了展現不完美、問問題及不肯定談話等技巧。我們尋求指教時，等於是在發問，表達我們心中的不確定及我們脆弱的地方，這時我們不是信心滿滿什麼都懂，而是承認別人可能知道得比我們多，因此索取者和互利者通常會避免尋求他人意見。索取者認為請求建議無疑承認自己沒有答案，他們怕這樣自己會顯出脆弱、仰賴他人或無能的模樣，但他們錯了，因為研究指出，跟從不請求建議及幫忙的人相比，尋求見識豐富的同事指點協助的人反而比較受主管青睞。

給予者並不在意露出自己較弱的一面，更不會想著要保護自尊、展現自信，給予者請求建議是因為他們真心想跟別人學習。[21] 而互利者鮮少尋求建議則有另一個原因：他們怕欠下人情。

李簡奎斯特指出，尋求建議能帶來四大好處，分別是取得資訊、轉換觀點、承諾心理及恭維。安妮請求建議後便得知原本不知道的資訊：公司的專機還有空位，而且會飛她想要往返的兩個地點。假使她當初是強勢遊說而非請求建議，或許永遠不會獲知這項資訊；在她先前跟別人的談話中，大家也確實不曾提過公司專機的事。

而這就可以講到尋求建議的第二個好處——鼓勵別人以我們的觀點思考。安妮在先前的談話中沒有尋求建議，部門主管便把焦點放在公司的利益上，將她調職、同時儘可能省錢，但她請求建議，因此轉移了對話的重點。這是因為一旦我們請別人給意見，對方為了提出好建議，就必須從我們的觀點看待問題或難題，因此安妮請求指點之後，部門主管才想到要從她的角度看問題，這時他才赫然想起公司專機是很好的解決方案。

而一旦部門主管提出這個解決方法，我們便看到尋求建議的第三個好處——承諾心理。部門主管是想出專機解決方案的關鍵人物，這是他的點子，而且他已經花了一些時間精力來幫忙安妮，好人做到底的動機自然高昂，因此最後公司專機不飛時，安妮在中西部租車和買飛機票的費用都是這位主管開的。

安妮之所以掙得這些特權，主要還是因為她認真工作、能力強且為人善良慷慨，這點無庸置疑，然而有一份絕妙研究更進一步解釋為何那位部門主管在安排公司專機機位之餘，還

21 原註：許多人誤解身為給予者必須永遠當給予的那一方，事實上並非如此，給予者其實也經常尋求他人的支援及建議，而且有些給予者甚至把尋求建議當成一種機會，鼓勵他人加入給予者的行列。請教跟索取並不一樣，給予者經常請教並請求協助；而在這一點上，給予者和索取者、互利者的不同之處在於，給予者願意將恩情繼續傳遞給其他人（而不只是回饋建議者），而且不求回報。

如此積極提供安妮其他資源。半世紀之前，心理學者瓊．傑柯爾（Jon Jecker）和大衛．蘭迪（David Landy）做了一項實驗，請一群人解幾何題，算對就能獲得獎金；對照組的受試者領了獎金，再去找學系助理填一張最後的問卷便完成任務，而實驗組的受試者準備離去時，研究人員卻請求他們伸出援手。研究人員說：「可不可以請你幫我一個忙？其實這實驗的經費已經用完了，我是自掏腰包把實驗做完的，可不可以請你幫個忙——把你得到的獎金還我？」

結果實驗組的受試者幾乎都把獎金歸還了。此外，問卷詢問受試者對研究人員的好感度，結果發現伸出援手的受試者比未幫忙的受試者更喜歡那位研究人員，而且好感度多很多。為什麼呢？

當我們付出自己的時間精力、知識或資源幫助他人時，我們會努力相信對方很好、值得我們伸出援手，換句話說，尋求指點其實是一種請別人對我們做出承諾的方法。部門主管花時間提出建議，就等於投注資源在安妮身上，替安妮想解決方案等於強化了他自己的承諾心理——安妮值得他投注時間，否則如果安妮在他心中不重要，他何必這麼麻煩幫她呢？班傑明．富蘭克林（Benjamin Franklin）便曾在自傳中寫道：「比起欠你人情的人，曾對你行好的人更可能再度對你施恩。」

我們請人給建議時，等於是肯定他們的聲望，顯示我們尊敬景仰他們的洞悉力及專業度，而因為多數人都是互利者，大家多半會給我們正面回應，會湧起一股想支持我們的動力。安妮去找人資經理尋求建議時，那位經理便挺身而出為她說話，而根據傳記作家華特．

艾薩克森（Walter Isaacson）的說法，富蘭克林認為尋求意見可達恭維之效，他表示這就是富蘭克林「贏得友情的終極原則」，富氏「經常尋求他人的意見及建議，以討好他們的自尊和虛榮心，而他們也會進一步欣賞他的判斷力和智慧」。

此外，無論偏好哪種人際互動模式的人都喜歡被人討教，索取者會覺得這樣能顯出自己的地位，給予者喜歡幫人的感覺，而互利者喜歡建議則有另一個理由——這是一種簡便的積分方式，之後可以要回人情債。因此不管我們向誰討教，被詢問的一方多半會給予善意回應。

但有一點要特別當心：尋求建議這招必須真心誠意才能奏效。李簡奎斯特在前述關於尋求建議的研究中指出，討教這招是否成功，「端看對方是否認為這是真心討教」，因為當她在實驗中直接鼓勵受試者把詢問意見當成影響他人的策略，這招便失效了，對方會把他們當成冒牌貨——大家看得出討教者其實是因為某種不可告人的理由才巴結自己。李簡奎斯特寫道：「被懷疑是在操縱別人印象的人最容易被貼上自私、冷漠、耍手段和不值得信賴的標籤」，唯有自發性的尋求建議方能收得好效果。而因為給予者比索取者和互利者願意開口請教，所以李氏的實驗中許多自發尋求建議的人都是給予者；這些人是真的想得知別人的觀點及建議，而他們也被評為是較善於傾聽的人。

而我相信柔軟溝通也是如此：給予者使用柔軟溝通法能發揮效果，因為他們真心誠意替他人著想。給予者在表達自己的概念時會流露不完美，但別人能清楚看出他們並不是為了取得好感聲望，而是真心想跟訊息接收方建立密切關係；給予者在銷售時會發問，展現出他們想幫忙客戶而非占客戶便宜；而在說服及協商時，給予者不會把話說滿，並且會尋求建議，因為他們是真的在意別人的想法和觀點。

柔軟溝通是許多給予者自然而然就會使用的語言，也是他們成功的推動力，無論是展現不完美、發問、避免把話說滿或尋求意見都可以增進我們的影響力。然而我們如何運用這股影響力，才是形塑職場長期成敗的重點，而有些我們已經在前面討論過，好比經營人脈、與同仁團隊合作的方式等。讀到後面章節你也會看到，不是每一位給予者都用柔軟溝通，但善於柔軟溝通的給予者往往會發現，這種溝通法則在需要建立友好關係及信任時非常有用。想裝出柔軟溝通的樣子並不容易，但如果你裝得夠久，最後也可能假戲真做變成習慣，而正如戴維・沃頓學到的，柔軟的溝通方式很可能比表面上聽起來更為強大有效。

CHAPTER 6

維持動力的藝術

—要衝勁，不要疲乏—

睿智的利他主義者比昏昧的利他主義者自私，卻比昏昧的利他主義者和所有利己主義者都好。

——諾貝爾經濟學獎得主 赫伯特·西蒙

在前面篇章，我們主要討論功成名就的給予者，他們建立人脈、團隊合作、溝通、影響及幫助他人發揮潛能的方法獨到，因此獲取成功，但接下來這章我們要看看淪落到成功金字塔底端的給予者。想要成功，不光只是善用貢獻的好處，也需要設法避開貢獻的陷阱才行。貢獻過頭的人可能為團隊和人脈成員犧牲自己，耗損了自己的能量精力；放掉太多功勞、溝通方式太柔軟的給予者也很可能成為濫好人或墊腳石，自己得不到半點好處。結果是什麼呢？給予者有可能筋疲力竭、一無所成。

與淪為腳踏墊的失敗給予者相比，那些扶搖直上的給予者必然有獨到的成功法則，因此關鍵是了解成功和失敗的給予者之間有何差異。在接下來的三章裡，我們會檢視為何有些給予者疲乏不堪，有些卻衝勁十足，也會探討給予者如何避免遭索取者利用，以及個人、團體及組織可採用哪些做法來保護給予者並散布他們的成就。

不久前，加拿大心理學者傑瑞米・弗利默（Jeremy Frimer）和賴瑞・沃克（Larry Walker）便主持一項雄心勃勃的研究，探討高成就給予者的動力來源為何。他們的研究對象是加拿大關愛獎的得主，這個獎項是加國頒給熱心關懷人士的最高榮譽，專表揚長年在地方上貢獻或發揚人道精神有功的人，許多受獎者都懷抱著讓世界更美好的精神耕耘數十載，貢獻卓越。

這項研究想調查驅策這些給予者的動力為何，因此請所有受試者填寫問卷，請他們寫出自己的十項目標：「我通常會努力……」接著沃克邀二十五位得獎者進行深度訪談，同時找來另外二十五位對照組受試者，這些人與前述得獎者的性別、年齡、種族及教育均相符，只是他們貢獻的程度或時間不及得獎者。沃克花費一百個小時訪問五十位受試者，了解他們的生平，包含一些關鍵階段及童年、青少年與成年後的重要事件。接著他另外找來評分人員，請他們讀五十位受試者寫的目標清單、聽訪談錄音，藉此評估受試者受兩種動力驅策的程度——分別是利己動機和利他動機。利己動機跟取得權勢成就有關，利他動機則著重在慷慨助人。猜猜看，加拿大關愛獎的得主哪種動機比對照組強呢？

直覺的答案應該是利他動機——沒錯，這些加拿大關愛獎受獎人聊起自己的人生經歷時，提到貢獻及幫忙他人的次數平均是對照組的三倍，而他們列出的目標當中，秉持利他動機的目標也比對照組多出一倍。得獎者多半強調諸如「我努力成為年輕人的楷模」和「我努力替低收入女性爭取權益」等利他目標；對照組提出的則比較多是「我努力讓我打高爾夫的差點邁向個位數字」、「我努力讓別人喜歡我」和「我努力獵到最大的鹿、捕到最大的魚」

等目標。

但讓人驚訝的來了：關愛獎得獎者的利己動機竟然也比對照組高。這些成就非凡的獲獎人描述人生經歷時，提及追求權力及成就的比例是對照組的將近兩倍，而在他們列出的目標中，取得影響力、獲得別人讚譽、讓自己出類拔萃等項目大約比對照組多出百分之二十，因此跟同儕相比，成功的給予者不僅利他動機較強，利己動機也比較強。原來優秀的給予者竟跟索取者及互利者同樣雄心勃勃。

這份實驗結果很有意思，能幫助我們進一步了解為何有些給予者功成名就、有些卻不得志。在前面章節中，我們已經看過從索取到貢獻等人際互動模式：你主要關注自己或他人的利益？現在我要把這些定義再說得複雜一些，深入探究利人和利己之間的相互作用。一般而言，索取者的利己指數高、利他指數低，他們汲汲營營於自己的成就，幾乎不太考量他人；相較之下給予者的利他指數總是很高，但利己指數可不一定。其實給予者可分為兩類，一類功成名就，另一類卻平凡黯淡。

有一類給予者是無私奉獻者，這種人重視他人利益，極不重視自身利益，他們奉獻自己的時間精力，不顧自己的需求，因此付出代價。全然無私的奉獻是一種病態的利他主義，根據學者芭芭拉・奧克利（Barbara Oakley）的定義，這是一種「不健康的貢獻態度，過於專注在他人身上，損害了自己的需求」，導致在努力幫忙他人的過程中對自己造成傷害。曾有研究針對一批大學生進行調查，發現無私奉獻指數高的學生在學期中平均成績逐漸退步，而這些無私奉獻型的學生也承認他們「因為時常替朋友處理問題而缺課、沒讀書」。

多數人認為自身利益和他人利益是光譜上相對的兩極，然而我做過不少職場人士的動機研究，總是發現自身利益和他人利益其實是各自獨立的動機——我們可以兩者兼得。比爾．蓋茲（Bill Gates）亦曾在「世界經濟論壇」上表示「人性有兩大力量，分別是關注自己及關注他人」，而能採用「混合動力」的人往往是最成功的人。前面提到的加拿大關愛獎得獎人就不認為自身利益和他人利益會相互衝突，而是可以整合在一起，因此他們可以同時做好事和做大事。索取者全然自私，失敗的給予者全然無私，而成功的給予者則利人利己——他們盡量造福他人，但同時也雄心勃勃照看自身利益。

缺乏自保本能的無私奉獻容易把人壓垮，而利人利己指的是願意付出比得到多，但仍然不時照看自己的利益，以此為前提來決定貢獻的時機、方式和對象。等下馬上會討論到，關心別人之餘不忘關心自己的給予者比較不會過勞或受到傷害，而且也比較容易有所作為。

• • •

「在那西費城，我出生長大，在那遊樂場，我終日玩耍……有

		利人	
		少	多
利己	少	冷漠無感	全然無私—— 自我犧牲的奉獻者
	多	自私自利—— 索取者	利人利己—— 成功的給予者

天我跟人打起來，母親真嚇壞……」

這是古早美國影集《新鮮王子妙事多》的主題曲，知名的歌詞由威爾・史密斯創作，他的演藝生涯便從這齣紅極一時的情境喜劇展開，而演出這部作品時，他才剛從費城的奧富布魯克中學畢業。奧富布魯克中學的門面看上去十分宏偉，五層樓高的教學大樓看上去就像高踞小坡上的城堡，而威爾・史密斯在這座「城堡」就讀時受到貴族般的尊榮待遇，因為他每回惹麻煩時總能靠個人魅力化險為夷，因此幾個老師便給他起了「王子」這個暱稱，而多年後他創辦製作公司，還將公司取名為「奧富布魯克娛樂公司」。奧富布魯克不只出了威爾・史密斯這樣一位知名校友，傑出校友還包括人類史上第一位進入太空的非裔美籍太空人吉昂・布魯佛（Guion Bluford Jr.），此外更有奧運徑賽金牌選手瓊・德魯蒙德（Jon Drummond），另外，全美國只有六所中學曾出產十位以上的NBA球星，而奧富布魯克正是其中一所，從這間學校畢業的還包含傳奇球星張伯倫（Wilt Chamberlain）。

然而對奧富布魯克多數學生而言，這裡並不是什麼夢幻的地方。

奧富布魯克中學位於西費城中心地帶，隔幾條街就是全美前十大販毒角落之一，而如果你散步走過這間學校，經常會看見往來的車輛把車窗關上、車門鎖上。二〇〇六年，美國人列出全國二十八所「長期危險」的高犯罪率學校，奧富布魯克中學榜上有名。另外舉二〇一一年為例，當年註冊的學生約一千兩百名，而在學年中遭勒令休學的人數竟達近五百名，這些學生共犯下近五十件襲擊案和二十件非法持有武器或藥物的案子。此外，這間學校學生的教育情景同樣慘澹，以美國大學入學考試為例，奧富布魯克的學生平均得分比全國平均低三百多分，超過四分之三的學生都落在全國末百分之二十五，此外，這間學校有近一半學生沒把中學讀完——畢業率只有百分之五十四。

為了改善學校慘況，「為美國而教」（Teach For America，簡稱TFA）派遣一支優秀而富熱忱的年輕教育家來到奧富布魯克中學。「為美國而教」是知名的非營利組織，為改善美國教育不公的狀況，長期派遣大學畢業生到全國各地的弱勢學校執教，為期兩年。這個組織由許多給予者組成：研究數據顯示多數成員參與此組織的原因都是希望能改善學生的生活。這些教師許多都出身良好，希望幫助沒自己這麼幸運的孩子。例如一位匿名教師就表示：

我這輩子一直知道自己想做有貢獻的事……社會公義問題時常讓我感到激動，美國有這麼多學生受到學校制度如此殘酷的傷害，這讓我很憤怒，很想做些什麼。我希望所有孩子在成長過程中都能有所選擇，而非身不由己……教育可以是改善不平等的良方……這確實是社會公義的問題，我參加「為美國而教」後得以出力貢獻，成為解決問題的一點力量。

過去二十年來已有超過兩萬名教師參與「為美國而教」，一起努力促進教育公平。儘管如此，不少成員自小在富裕郊區成長、大學時參與菁英階級的姊妹會，當這些教師來到都市貧民區的學校，面對這裡的諸多考驗及磨難，其實是毫無準備的。

而走在奧富布魯克中學裡，在這所學校執教鞭的艱險尤其重重壓在康芮・凱勒涵的肩上。凱勒涵是「為美國而教」的新手成員，是一位白皮膚、金頭髮的二十四歲小姐，站在走廊上無疑是個異類——這所學校有百分之九十七的學生是黑人。康芮很愛狗，養了一隻她從外面救回來的米克斯犬「路易」。她在環境良好的馬里蘭郊區長大，就讀的中學在全美國名列前茅。說康芮「精力充沛」可能還稍嫌委婉，因為她不僅會跑半程馬拉松，中學時擔任足球和曲棍球隊長，還曾經參加過六年的跳繩競賽，成為青年奧運會選手。康芮也有非凡的學術表現，就讀范德堡大學時教授建議她繼續深造研究歷史學，但她卻想做更為具體務實的事。她說：「我想做的是改變世界，盡一份心力改善教育，讓低收入族群的孩子得到應得的機會。」

然而康芮想教育下一代孩子的美夢很快就破碎了。實際的教職工作艱辛無比：她每天早上六點四十五分就到校，每晚熬夜到一點為她的西班牙文課備課、批改作業，而每天工作都在無止境的勸架與對抗學生犯罪中度過，不時還得去找曠課學生，這些學生可能整個學年只來上兩天課。康芮眼中最有希望的學生住在寄養家庭裡，後來懷孕生下一個遲緩兒後便別無選擇輟學了。康芮不斷向一位好姊妹抱怨，這位好友在投資銀行工作，每週工作一百個小時，她壓根沒辦法理解在奧富布魯克教書會有什麼壓力，後來康芮在絕望至極的狀態下邀她一起參加學校的校外教學，這位朋友便懂了。康芮回憶當年表示：「我朋友說她無法想像那天結束後她竟然這麼筋疲力盡。」最後康芮的狀況終於到了谷底。她描述：「我感覺很糟，我被燃燒殆盡，完全被打敗，已經決心要放棄。那時我覺得這輩子再也不想踏進那間學校；

我討厭那間學校、那些學生，也討厭我自己。」

康芮的情況正是典型的倦怠，而且有這種症狀的不只她一個人。柏克萊大學的心理學者克麗絲汀．馬斯勒（Christina Maslach）是研究職業倦怠的學界翹楚，她指出在所有職業中，教職是情緒疲乏比例最高的職業。而一位「為美國而教」的成員教師表示，這組織很了不起，但「太注重勤奮奉獻，強調過了頭……我們受訓完會產生一種心態，好像我們醒著的每分每秒都要奉獻給工作，否則就是對不起我們教的孩子。」「為美國而教」的成員中有超過一半會在兩年合約到期後離開，三年後走人的比例更超過百分之八十，而且所有受訓成員中有高達三分之一的人自此離開教育圈，一去不返。

給予者習慣把他人的利益擺在自己之前，因此時常犧牲自己的福祉來幫忙別人，如此便讓自己陷入倦怠的危機中。過去四十年來已有大量研究指出，一旦人產生倦怠症狀，工作表現便會下滑。疲乏的員工很難集中注意力，精力不足，無法勤奮工作，工作時間縮短，也不再發揮才智巧思，因此工作的質與量都直直落。除此之外，倦怠還會影響身體和心理健康。有可信的科學證據指出，倦怠的員工產生憂鬱症、生理疲倦、睡眠障礙、免疫系統失調、濫用酒精甚至心血管疾病的機率都比較高。

康芮在奧富布魯克中學任教進入低潮期後，她終於意識到自己給予得太多，她每天很早起床上班、很晚上床睡覺，週末加班，事情卻永遠做不完。在這種狀況下，如果想恢復精力、重新充電，比較自然的做法似乎是減少付出，然而康芮卻沒這麼做——她反而給予更多。

康芮除了繼續面對繁重的教學工作，竟開始在「為美國而教」擔任志工，指導受訓完畢的會員，她擔任教材協助專員，隔週替十位教師編寫考卷及設計教案，此外甚至運用有限的空閒時間創辦了一個指導課程。她與兩位友人共同開辦「益善心智」（Minds Matter）的費城分會，這是一個全國性的非營利組織，組織宗旨是協助優秀的低收入學生進入大學。康芮花費無數個夜晚及週末申請非營利資格、找到願意無償協助的律師事務所及會計師，並申請政府核准，最後終於在一年後開始正式招攬輔導員及學生，而每週教學計畫都由她設計；從這時起，康芮每週又多花費五個小時輔導高中生。

把上述活動加起來，康芮每週得多花十小時的時間給予，這同時也代表了她每天可以用來放鬆和恢復元氣的時間都更少，而且還扛下更多責任。然而奇妙的是，康芮開始貢獻更多之後，倦怠的現象就漸漸消失，她重新恢復活力，簡直突然成了奧富布魯克中學的一把火，不但有精力特別輔導資優學生，還從零開始設計出進階西班牙文課程。康芮跟多數同儕的差別在於她沒有打退堂鼓。當年一起從「為美國而教」到奧富布魯克任教的共有五位教師，而四年後唯一繼續任教的就是康芮，而那三年間奧富布魯克有十二位新老師，後來僅兩位留下，康芮就是其中一人。她不僅成為「為美國而教」的成員中少數教超過四年的老師，後來更獲得全國性的優良教師獎。康芮不但沒有因為貢獻更多而燃燒殆盡，反而恢復熱情活力，為什麼？

●「影響力真空」：缺乏目標的給予者

十年前，某間大學電訪中心的動力主任豪爾德・希夫納請我幫他看看如何提升電訪員的工作動力。希夫納部門的電訪員負責以電話向畢業校友募集捐款，他們必須在通話結束前三度請求對方捐款，但所面對的拒絕率卻仍超過百分之九十，就連資歷最老、業績最好的電訪員都倦怠了。例如一位老經驗的電訪員便形容：「我覺得打這些電話真的很難，他們通常在我講沒兩、三句話就會打斷我，然後說他們不想捐款。」

我原以為兵敗如山倒的應該是索取型電訪員，畢竟索取者不可能像給予者一樣認真付出，因此我在訓練過程中評估每位電訪員是給予者、互利者或索取者。以到職第一個月而言，索取型電訪員平均每週募得三十筆捐款，而讓我意想不到的是，給予者的業績卻大不如索取者，他們每週募得的捐款不到十筆。我簡直丈二金剛摸不著頭腦：為何最想有所作為的員工反而沒什麼作為呢？

後來有天我到電訪中心走一遭，便找到了答案。我注意到一位電訪員在辦公桌前貼著一張紙條：

在這裡　把工作做好

就像穿著深色衣褲尿褲子
感覺很溫暖
可是沒人會發現

根據我的資料，這位瀟灑展示字條的電訪員是一位十足的給予者。為什麼這個給予型員工會感覺工作成果不被重視？這張字條讓我深思，我開始感覺自己原先的假設其實沒錯：按照這個職位的獎勵機制，給予者應該表現得比索取者好才是，但問題是，這些給予型電訪員缺乏一種最能讓他們充電的獎勵。

索取型電訪員有一點工作動力，因為他們是整所大學薪水最高的員工，然而相較之下，給予型電訪員卻得不到他們最需要的獎勵。通常索取者在意的是自己從工作中得到什麼好處，但給予者卻希望自己的工作能促進他人福祉。電訪員募得的款項大多作為學生獎學金，但電訪員卻一無所知，他們不知道錢會到誰手上，也不曉得這筆錢對別人的生活有何影響。

因此在下一次訓練課程中，我拿領獎學金學生寫的信給新進的電訪員閱讀。其中一位受獎學生韋爾在信中寫道：

到了要抉擇學校的時候，我發現非本州學生的學費很貴，但這真的是我命中注定的大學，我爺爺奶奶在這裡認識，我爸和四個叔叔伯伯都讀這所大學，甚至我弟也跟這裡有關係——他是這間學校打贏全美大學籃球錦標賽那晚的結晶。我這輩子一直夢想著可以就讀這

所大學，申請到獎學金讓我欣喜若狂，我已經準備好要善用學校給我的所有機會，這份獎學金改變了我的人生……

讀了這些信後，給予型電訪員才花一週時間便追上索取型電訪員的業績。索取者的表現也有些微進步，但給予者的反應最強烈，他們每週達成的通話數及募到的捐款筆數都成長將近兩倍。這時給予者對自己影響力的感受變鮮明了：他們募得更多錢，就能幫助更多像韋爾這樣的受獎學生。給予型電訪員只花了五分鐘讀信，發現這份工作可以幫到人，便有了動力達成跟索取者一樣的生產力。

但這些索取型電訪員還沒完全了解自己的工作有多大影響力，如果他們可以直接見到受獎學生呢？結果顯示，電訪員實際跟一位領獎學金的學生互動後，工作起來就更有幹勁，全體電訪員的每小時平均通話數及每週平均通話時間都激增一倍，電訪員更認真工作，聯絡到更多校友，因此每週捐款的校友人數增加了一．四四倍。更亮眼的是，電訪員的業績增為四倍：跟受獎學生見面前，每位電訪員的平均業績是四百一十二美元，見面之後卻躍升至兩千多美元，還有一位電訪員從每次值班平均打五通電話、募得一百元，大幅進步到每次值班打十九通電話、募得兩千六百一十五元；而有幾組對照組電訪員沒跟受獎學生見面，他們的通話數、通話時間、募得的款項總和與筆數都沒什麼改變。整體而言，有二十三位電訪員只跟一個受獎學生互動五分鐘，就在接下來一週內替這所大學多募得三萬八千四百五十一美元。[22]雖然與受獎學生見面後，給予型、索取型和互利型電訪員都更有幹勁，但投注心力和募款業績提升最高的還是給予者。

上述的情勢逆轉正好點出給予者倦怠症的一大重點：給予者倦怠與貢獻多寡無關，而關乎貢獻的回饋量及帶來的影響力。而學者研究醫療產業也得到相同結論。醫護人員的倦怠症常被形容為「同理心疲乏」，也就是「覺得關照他人會帶來壓力、重擔和疲倦」。先前專家以為同理心疲乏是因為已經付出太多同理心，但這個說法已被最新研究推翻。學者歐佳．柯李梅奇（Olga Klimecki）和塔妮雅．辛格（Tania Singer）便總結道：「比起其他……包括照顧時間長短等因素，其實察覺患者的痛苦才是導致照顧者產生憂鬱症狀的主因。」換句話說，給予者倦怠的原因並不是付出過多時間精力，而是協助有需要的人，卻發現自己其實無法幫上忙。

從事教職容易產生倦怠現象，這是因為教育的時間經驗不同於其他職業：雖然老師日復一日跟學生互動，但他們所發揮的影響力往往在多年後才顯露出來，而到那時學生早已邁向新的階段，當老師的只能待在原地想：我做的事真的重要嗎？老師的貢獻缺乏明確肯定，因此他們想努力就更累人、更難持續。而像奧富布魯克這樣的教學環境更充斥著上述挑戰，因為在這所學校當老師光是想吸引學生注意，就得對付許多使他們分心及處於劣勢的情況，而

22 原註：有趣的是，如果改由管理者和領導者傳達訊息，效果就出不來了；領獎學金的學生才能以第一手經驗直接點出電訪員工作的重要性，並從個人角度描述獎學金的重大意義。雖然我們常認為激勵員工是領導者和管理者的責任，但若想改善給予者的倦怠，其實把激勵的工作交給顧客、學生等終端使用者，讓他們替給予者的產品或服務所帶來的影響力背書，這樣會更有說服力。

想讓學生到校上課又更難；因此康芮．凱勒涵當年之所以情緒倦怠並不是因為貢獻太多，而是感覺自己的貢獻沒發揮效果。她告訴我：「我教書有影響力嗎？我其實沒什麼把握，常覺得自己沒影響到什麼，好像在浪費時間，做一些瑣碎的小事。」

康芮發起「益善心智」費城分會時，看似是把行程表排得更滿，但實際效果卻是填補了她在奧富布魯克教書所感受到的「影響力真空」。她說：「我在益善心智的輔導計畫就很篤定，因為我知道我可以直接發揮影響力。」康芮輔導資質優異的清寒生時，感覺比在奧富布魯克教書所創造的價值更大，因為班級中每個學生都有各自的問題，但輔導高成就的學生時，她得到正向回饋的速度比較快，比較能確知自己的奉獻有效，例如她輔導一位名叫大衛的學生，眼看他從害羞內向的孤僻孩子變成落落大方的年輕人，並結交到一群好友。就像募款的電訪員親身見到因他們工作而獲益的受獎學生一樣，康芮見到自己推動的輔導計畫有了成效，就能獲得給予的動力。

而且有效果的不僅止於輔導計畫。由於充飽了電，康芮得以重拾希望，相信自己在奧富布魯克的教職也能發揮影響力。她看見輔導的資優生有了進步，便更相信自己也能幫助學校班上遭遇困境的孩子。「我明白我做的事真的可以影響學生，我見證他們在三個月內脫胎換骨，讓我發現孩子的潛力有多大。」康芮花越多時間在「益善心智」輔導學生，在奧富布魯克教書就越有熱忱，因為她的使命感被喚醒了。

我和兩位同仁共同進行研究發現，如果工作者能察覺自身的影響力，就更能對抗壓力，避免倦怠，並維持工作的動力及績效。我和學生在研究中發現，感覺自己工作高壓且辛苦的高中老師回報的倦怠指數高很多，然而仔細觀察會發現，只有在老師認為自己的工作缺乏影響力時，工作壓力才與倦怠成正相關，若能持續感覺自己發揮影響力，便能保護給予者免於精神壓力，避免倦怠。

在學校裡，老師的諄諄教誨有時得花數年才在學生心中沉澱，這時許多學生都已失聯，然而至少老師跟學生實際互動時還有機會看到自己發揮的短期影響力，相較之下，許多職業根本接觸不到自己造福的對象。例如在醫療產業中，許多醫療專業人員進行重大診斷時根本見不到接受檢驗的病人。曾有學者在以色列進行研究，讓一群醫事放射師評估近百份的電腦斷層掃描，然後在他們已遺忘這些斷層攝影的三個月後請他們重新評估一次，結果發現有些放射師判斷更精準，診斷能力平均進步百分之五十三，看出一些與病患檢驗原因無關的病徵，然而有些放射師卻退步了，僅三個月過去，他們診斷的準確率便下滑百分之二十八。為何有些放射師進步，有些卻不進反退？

原來病人在接受電腦斷層掃描之前會拍照，而在此次研究中，有一半放射師第一次看電腦斷層掃描時沒看到病患的照片，三個月後複查時才看到，檢驗結果進步百分之五十三的就是這些放射師；而另一半放射師初次檢查時看了病患照片，三個月後複查時沒看到，他們就是檢查功力退步百分之二十八的人。

光是在電腦斷層掃描圖上多加一張患者照片，就能增加百分之四十六的診斷準確度，此外有大約百分之八十的重要病徵都在放射師看到病患照片的情況下才診斷出來，沒看到照片的放射師往往遺漏這些重要診斷——甚至某些三個月前一度診斷出來的放射師後來也遺漏了。醫事放射師看到病患照片後較有同理心，便能產生動力仔細診斷，因為有病患照片的電腦斷層檢驗報告平均長度長了百分之二十九。放射師見到病患的照片，就更能感受自己的工作對他人的影響。一位放射師便表示，病患照片「讓每張掃描圖獨一無二」。

在最近的一份論文中，學者尼克拉．貝爾（Nicola Bellé）針對九十位義大利護士進行研究，也發現類似現象。貝爾請受試護士準備手術器材，他隨機讓其中一些護士跟之後將使用這些器材的醫療人員見面，結果發現這些護士準備器材的效率和準確度都大幅提升，且其中又以回答問卷時表現出明顯給予者傾向的護士表現最為優異。另外有趣的是，與使用器材的醫療人員見面後的一週，這些護士的給予精神都更明顯，因此實際接觸到自己影響的對象，不但能減輕給予者的倦怠症狀，甚至還能讓互利者和索取者都變得更像給予者；人只要了解自己工作所能發揮的影響力，就會更有貢獻的動力。

見識到自己的影響力能改善給予者的倦怠，並激勵互利者和索取者樂於貢獻，而目前已有一些組織依據這個概念規劃出一些做法，讓員工了解自己提供的產品或服務深具影響力。例如富國銀行（Wells Fargo）一位名叫班恩．瑟寇爾西（Ben Soccorsy）的副總裁便製作一系列證言短片，請客戶說說萬國的低利貸款如何幫助他們減輕不想要的負債。瑟寇爾西說：「很多客戶都覺得像是解除了肩上的重擔，可以擬訂計畫好好償還債務。」他表示讓銀行職員看影片後，「就像替他們開了一盞燈，職員這才了解自己的工作能發揮多大影響力——我們的貸款真的可以改善客戶的生活。這些影片的激勵效果很強。」而在美敦力醫療產品公司（Medtronic），從工程到業務部門，所有職員都要定期拜訪醫院，親眼見到他們的醫療科技如何幫助病患。美敦力的執行長比爾．喬治（Bill George）告訴我：「當員工感覺心神耗盡，讓他們到醫院實際看看醫療過程很重要，他們見識到自己如何對病患發揮影響力，就能想起自己在這裡工作的使命是給予他人生命及健康。」此外，美敦力還會舉行年度派對，邀請全公司三萬多個員工一起參加，會中邀請六位病患前來聊聊自己的故事，描述美敦力的產品如何改變他們的一生，不少員工聽了分享，第一次見識到自己工作如此重要，都不禁流下淚來。

儘管看似違背直覺，然而付出越多，影響力就越大，這的確是幫助給予者避免倦怠的一項因素，但原理不僅如此。康芮的額外付出之所以有充電的效果，其實與她貢獻的場合及對象有關。將近一世紀前，心理學者安妮特拉．卡思登（Anitra Karsten）曾請一群受試者做重複性的動作，不限時盡量做，做到累才停，因此受試者便長時間重複做某件事，好比畫圖或朗讀詩句，直到再也撐不下去才停止。其中一位男士的任務是重複寫英文字母「ab」，而根據哈佛心理學者艾倫．蘭格（Ellen Langer）敘述這項實驗，她指出「他一直寫到身體心理都累得受不了才停，他說感覺寫字的手已經完全麻掉，好像完全動不了，連一筆也沒辦法再寫。那時研究人員就找了另一個理由，請他寫自己的名字和地址——他滿輕鬆就寫了出來。」

其他受試者也有類似的奇妙反應。一位女士說她累得再也抬不起手寫任何一筆，但接著她卻抬起手撥頭髮，顯然沒有任何困難及不適；至於朗誦詩句的受試者則讀到喉嚨沙啞，但卻依然能出聲抱怨他們讀得很累——而且抱怨時嗓音便不再沙啞。蘭格指出，這些人並非裝模作樣，而是「情境改變確實能讓人恢復精力」。

康芮擔任志工輔導「為美國而教」的老師時，因為情境改變，給予起來的感覺就變得不一樣。康芮說：「跟成人相處，但做類似教學的事，這樣我不會覺得倦怠，反而會覺得像是在充電。」額外的給予如果侷限在相同領域就很累人，但康芮並未以相同的方式重複貢獻，而是將貢獻的對象換成另一批人。她在「益善心智」輔導高中生時也一樣：她幫忙的情境和對象都不同，她不是教西班牙文，而是協助學生升上大學。康芮在全新的領域奉獻自己，因此得以重拾活力。

●利人利己的選擇：塊狀給予、點狀給予及志願服務的「一百小時原則」

本章開始時我們討論過利人利己的行為，而康芮和募款電訪員的例子也能讓我們分辨「無私奉獻」和「利人利己的給予」兩者間的差異，因為在這兩種情境中，決定貢獻的方式、場合及程度都將影響給予者最後得到的是疲乏或衝勁。乍看之下，康芮付出更多似乎是無私奉獻的行為，然而她其實也創造了利己的給予機會，讓自己的付出能展現具體影響力，藉此獲取能量。以康芮的例子來說，所謂的無私奉獻應該是在學校付出更多，因為她的學校永遠有人事物需要協助，但她在學校能力有限，無法發揮極大影響力，因此她轉而多替自己著想，投入對自己有幫助的其他給予行為。

這樣的抉擇讓貢獻的結局大不同。卡內基美隆大學的心理學者維琪・賀爾吉森（Vicki

Helgeson）便在多份研究中發現，若人長期在不顧自身福祉的狀態下付出，生理及心理健康受損的機率便會提高。[23]但若給予時能夠兼顧利人利己的原則，適度替自己著想，便不會產生健康問題。某份歷時六個月的研究甚至發現，在利人及利己之間取得平衡的人明顯變得更為快樂，生活滿意度也能提升。[24]

想對利人利己及無私奉獻有更深了解，就必須仔細檢視這兩類給予者選擇要付出的時機和程度。結果我們發現，康芮的奉獻之所以讓她避免倦怠，不只是因為提供充電的新鮮感，其實她計畫給予的方式也大有關係。

現在想像你接下來這週要隨機做五件好事，好比協助朋友完成一件事、寫信答謝從前的老師、捐血或拜訪年長親戚等，而你有兩種給予方式可以選擇，分別是塊狀及點狀。「塊狀給予」的意思是把五件事集中在同一天完成，「點狀給予」則是把五件事平均分散在五天完成，每天付出一點。你覺得這兩種給予方式哪種比較快樂呢？

這是心理學者桑妮雅．柳博米爾斯基（Sonja Lyubomirsky）進行的一項研究，她請一

23 原註：據研究指出，工作時總是無私奉獻的人最後會感到負荷過重、壓力過大，也會導致工作及家庭生活失衡。此外婚姻亦是如此：有份研究針對已婚夫婦進行調查，並在六個月之後追蹤，結果發現無法平衡兼顧自己及伴侶需求的人在六個月後較為憂鬱。無私奉獻者關注他人利益、罔顧自己的結果就是使自己筋疲力竭。

24 原註：利人利己的好處甚至能在寫作中顯現出來。心理學者詹姆斯．賓貝克（James Pennebaker）研究發現，人在日記中的用字遣辭竟與健康狀況有關。賓貝克在《神祕的代名詞現象》（原名 The Secret Life of Pronouns）一書中解釋，「健康狀況進步的人寫作時會輪流大量使用『我』，再大量使用其他代名詞，如此交替不已」，意即「健康的人會描述自己的想法和感受，接下來把目光轉到他人身上，接著再討論自己，就這樣重複循環」。而相較之下，其餘受試者在日記中表現出全然自私或全然無我的傾向，這些人的健康狀況則鮮少進步。

群人每週做五件善事，為期六週，並將受試者隨機分成兩組，一組將善事聚集在一週的某天，另一組則將善事分成五天完成。六週後，儘管這兩組人完成的善事其實一樣多，但只有一組的快樂程度明顯提升。

答案揭曉：塊狀給予者快樂多了，點狀給予者則沒什麼差異。把五件好事集中在一天而非分散完成的受試者變得更為快樂，而柳博米爾斯基和研究同仁推論，「好事分散在一週中慢慢完成或許顯得不鮮明、力道不強，與受試者的日常善舉沒什麼差異。」

而康芮跟上述快樂指數提升的受試者一樣，她付出的也是塊狀給予。她每週在「益善心智」的志工工作集中在同一天，而每週輔導高中生的五小時都集中在星期六，如此每星期的給予活動集合在一起，所發揮的影響力帶來的感受就更為鮮明，照她的說法，這樣的給予就「不會顯得像杯水車薪」。

塊狀給予也是一種利人利己的策略。康芮沒選擇在平日下課後輔導學生，因為平常下班她已經筋疲力盡；她選擇在週末時志願服務，因為這樣不只較有精力，對她自己的行程安排也比較方便。相較之下，無私奉獻者則習慣不時付出點狀給予，只要有人需要，他們就義不容辭，但這種給予方式容易打亂自己原本的計畫，也十分疲累，如此便使得無私給予者缺乏足夠的專注力及精力來完成自己的工作。

某年九月，一家名列財星五百大的企業有十七位軟體工程師面對了一項任務：他們參與一項新專案，必須寫程式開發出新款的彩色雷射印表機，且成本必須壓縮在市面上其他產品的十分之一；如果專案成功，他們的公司就會成為市場上最強的品牌，可以推出更多系列產品，但這個事業部當時虧損得嚴重，如果他們無法準時推出這款新印表機，這個部門就會遭到裁撤。為了完成這個專案，這些工程師晚上和週末都加班，開發進度卻依然落後，而且情勢對他們很不利：因為這個部門史上只有一次產品準時上市的紀錄。根據哈佛教授萊斯里．普羅（Leslie Perlow）的描述，這些工程師處於「高壓」且「筋疲力竭」的狀態，他們「缺乏充裕的時間達到所有要求」。

這群工程師陷入無私奉獻的狀態：他們一直在幫同事解決問題。一位工程師便指出：「我工作最大的挫折就是我一直在幫忙別人，結果自己的事做不完。」另一位工程師也感嘆：「我工作型態的問題就是樂於回應導致必須不斷回應，一直忙著回應別人，自己的工作就沒辦法完成。」一位名叫安迪的工程師表示自己通常從早上八點工作到晚上八點十五分，因為他總到下午五點後才有二十分鐘以上的完整時間做自己最核心的工作項目。而有不少像安迪一樣的工程師都因為希望找時間做自己的工作，開始早到晚退，而這個方法不久後就失效了，因為隨著越來越多工程師焚膏繼晷工作，他們便從早到晚都在打斷彼此的工作。這群工程師奉獻更多時間卻一無所獲，因此感到疲乏不堪。

普羅教授想出一個方法把這些無私奉獻者變成利人利己的給予者：她建議工程師放棄點狀給予，改採塊狀給予。普羅跟工程師一起訂出安靜時段及互動時段，實驗過幾種劃分方法之後，最後正式訂出每星期三個上午的安靜時段。在這些安靜時段中，工程師各自獨力工作，同事也都避免干擾他們，而其餘時段大家則可自由尋求幫助及建議。

普羅調查這群工程師對於安靜時段這個機制的反應，結果有三分之二的人都表示施行後他們的生產力比平常好。接下來普羅不再插手，讓工程師自己維持安靜時段的運作整整一個月，結果有百分之四十七的人仍維持高於一般值的生產力。這群工程師將協助同事的時間集合成塊狀，得以騰出時間精力完成自己的工作，從無私奉獻轉型為利人利己的給予型態。借用某位工程師的話，他表示：「（安靜時段讓我）可以在白天做一些以前要拖到晚上才能做的事。」三個月後，這群工程師如期推出新型雷射印表機，部門史上只有一次這樣的紀錄，而該部門的副總裁將這次成就歸功於安靜時段所建立出的給予界線，他表示：「我想如果沒這個實驗，我們不可能準時開發出產品。」

這群工程師有如期完成產品開發的迫切需求，因此採取利人也利己的給予方式比較具有正當性；但在不少情境中，劃分出明確的給予時間卻容易遭人質疑。尚恩・哈格帝（Sean Hagerty）是投資管理部門主管，在「先鋒」（Vanguard）服務，這是一家專精共同基金的金融服務公司。尚恩是一位認真投入的導師，一直懷抱著教育的熱忱，每年至少花一週時間志願在先鋒的企業大學開課教導員工。先鋒的學習長計算時數時發現尚恩的教學時數很多，擔心他過於疲累，而尚恩也明白確實有這個風險：「這的確是重擔，因為我白天還有全職工作。」然而他不但沒退縮，反而要求更多的教學時數，他說：「教學對我而言是很有價值的事。」他花越多時間志願教學，便感覺自己獲得越多精力，最後他的教學時數增加到將近兩週，因此每年投入教育的志工時間達到一百小時。

「一百」似乎是給予的魔法數字。一份研究針對超過兩千位六十五歲左右的澳洲人進行調查，發現若人每年從事志願服務一百到八百小時，快樂程度及生活滿意度會勝過每年做志工少於一百小時或多於八百小時的人。另一份研究則指出，在一九九八年從事志工工作超過一百小時的美國成人到了二〇〇〇年的存活率較高，但超過一百小時便沒有什麼好處。這正是志願服務的一百小時原則：這樣的給予能帶來最大的活力及最小的勞累程度。

一年一百小時換算下來每週不過兩個鐘頭，而研究顯示，一旦人開始每週志願服務兩小時，一年後其快樂度、滿意度及自我評價都會上升。而每週花兩小時投入一個新鮮的領域似乎恰到好處，足夠發揮有意義的影響力，又不須犧牲生活中其他要事，而這也是志願服務最能達到健康平衡的範圍，對服務者及被服務者都有好處。[25] 此外加拿大也有一份全國性的研究請數千位加拿大國民回答他們每年從事志工工作的時數，以及他們是否在志願服務中獲得與技術、人際或組織相關的知識和技能，而調查結果指出，若一週擔任志工幾個鐘頭，所獲取的知識和技能會與時數成正比，但多於每週五小時後，志願服務的報酬便開始遞減，每增加一小時，志工額外學到的知識就越少，而每週志願服務超過十一小時後將無法再獲得額外新知。

康芮輔導「為美國而教」會員的志工工作換算下來約為每年七十五小時，後來發起輔導

25 原註：然而隨著年齡增長，每年理想的志願服務時數可能必須低於一百小時。一份針對六十五歲以上美國人的研究發現，若受試者在一九八六年從事一到四十個小時的志工工作，到了一九九四年的存活率比未從事志工工作或擔任義工超過四十小時的人要高，而且控制健康狀況、體能活動、宗教、收入等影響存活率的變因後依然如此。

高中生的「益善心智」非營利計畫後，時數就恰好略高於一百小時，而她也就是從那時開始剛好感覺到自己重拾活力，或許這並非巧合。然而重要的不只是時間長短，其實康芮的塊狀給予之道在尚恩．哈格帝的給予模式中也很明顯，而這再度點出無私奉獻和利人利己給予之間的關鍵對比。

尚恩．哈格帝投注越多時間教育先鋒的員工，他就越想爭取更多給予的機會。他說：「我希望盡自己的一點力量，讓所到之處都變得更好。」尚恩開始問自己他能如何影響這個世界，他思考各種貢獻方法，接著便注意到自己空閒時間的習慣。「我發現自己讀越來越多關於教育的書，我對教育有自發的熱忱。」他決定主導發起兩個與教育有關的計畫。第一個計畫叫「教室經濟」，這是個全國性的計畫，尚恩和同事到全美各地教導幼稚園學生管理金錢的基本法則。另一個「團隊先鋒」計畫則針對地方：尚恩和費城的一所特許學校合作，展開為期四年的輔導計畫，讓先鋒員工在晚間、週末及午休時間志願服務。儘管這些慈善工作花費不少時間，但尚恩表示：「這兩個活動對我的活力都有正向影響，有些資深同仁覺得志願工作會占去工作時間，對時數有些憂慮，我也用當志工會更有活力這點來說服他們。這些事有時是會占據工作時間，但我認為這些活動讓員工更有認同感，我自己也不例外，這樣工作時就能滿足做慈善工作的心願，我很喜歡這點。」

假使尚恩是一個全然無私的奉獻者，他或許會秉持義務及責任感，以點狀給予的方式揮灑自己的精力，不顧自己是否有利益和熱忱，然而尚恩採取的是利人利己的方法，他選擇塊狀給予，把目標集中在教育上，因為做這件事時他能感到熱忱。尚恩說：「用這種方式回饋社會，我自己可以得到不可思議的滿足感。」

心理學者聶妲・魏恩斯坦（Netta Weinstein）和李察・萊恩（Richard Ryan）便曾指出，給予行為只在令人快樂且是有意義的決定時才能使人情緒高昂，反之，若是出於責任及義務則不會有效。兩位學者曾進行一項實驗，讓受試者連續兩週每天回報自己的給予行為，例如幫助別人或做好事等，並且在有給予行為的日子回報自己給予的動機。追蹤結果發現，受試者有時是因為覺得有趣或有意義而付出，好比他們認為這些事很重要、他們真的關心對方，或覺得做這些好事會讓自己開心，但有時候他們的給予則出於責任和義務——他們感覺自己非貢獻不可，如果不這麼做便覺得自己不是好人。此外，受試者每天也須回報自己的情緒高昂程度。

魏恩斯坦和萊恩觀察受試者每天的情緒變化，結果發現給予行為本身並不會影響情緒高昂程度，意即我們不會因為某天做了好事就感覺特別快樂、哪天沒幫人就覺得特別頹喪，重要的是給予的「動機」：若人出於樂趣和使命感助人，當天便會感覺情緒高昂。[26] 出自真心的貢獻讓人感覺自己更自主、力量更強、與別人的連結更緊密，也能提振情緒。我研究消防隊員和募款電訪員時發現了相同的情況：若他們付出時間精力是因為喜歡和使命感，而非出

26 原註：有趣的是，給予行為不一定能立刻提振人的情緒。我和心理學者薩冰・索南塔（Sabine Sonnentag）曾對歐洲消防員及救難隊員進行調查，發現他們在發揮很大影響力的日子裡，往往下了班回到家後才感覺受到鼓舞，而不是在工作的當下就情緒高漲。這些救人英雄看到自己能幫助人時會感受到更大的意義與力量，然而他們必須等到有機會回顧自己做的好事時，情緒才會真正被給予行為提振起來。

於責任義務，就能更努力且花更長時間工作。

而對康芮來說，在奧富布魯克中學教書跟在「益善心智」及「為美國而教」的志願服務有很大不同，因為在學校課堂上付出是一種義務，她的工作就是得勸架和維持秩序，這些事雖然重要，但卻與她當初選擇教職的熱忱無關，然而在輔導的志願工作中，貢獻成了快樂的選擇——幫助優秀的清寒生、指點「為美國而教」的新手老師，這些都讓她樂在其中。而這也是貢獻可以利人利己的另一個原因：康芮投注心力造福學生及老師，但她以回歸自己核心價值的方式貢獻，重燃了自己的熱情，而從中汲取的能量得以延續到白天的教職，讓她維持工作的幹勁。

然而康芮在奧富布魯克中學有義務，她不得不繼續一些乏味而累人的給予行為，究竟在責任感之外，康芮用了什麼法寶來激勵自己？

有個星期康芮壓力特別大，感覺自己快無法跟學生溝通。她說：「我心情好糟，學生表現得好惡劣。」她便去向一位名叫莎拉的老師求救，結果莎拉推薦一個很受她學生歡迎的活動：讓學生設計出一種在費城大街小巷亂竄的怪獸，請他們畫出來，並替怪獸寫個故事，再繪製懸賞公告請所有人一起留意。這正是康芮需要的靈感。她說：「跟莎拉聊十分鐘就讓我開始期待這堂課了。後來我跟學生真的玩得很開心，我也對自己教的課更投入了。」

康芮決定尋求其他老師的幫助，這件事看起來或許沒什麼特別，然而根據學者維琪．賀爾吉森和同仁海蒂．弗里茲（Heidi Fritz）的研究指出，無私奉獻者鮮少求助，因為他們會覺得「接受別人協助不大自在」。無私奉獻者總想當伸出援手的那方，因此不願給別人造成負擔或不便。賀爾吉森和弗里茲發現，無私奉獻者所接受的協助比利人利己給予者要少得多，而這種傾向已證實對一個人的身心都有極不良的影響。研究倦怠症的專家克麗絲汀・馬斯勒和研究團隊下了如此的結論：「目前已有許多強力證據指出，缺乏人際支持跟倦怠症有相關性。」

反觀利人利己型的給予者則了解保護自身福祉的重要，在瀕臨倦怠時會主動求助，集結相關的建議、協助及資源來提振自己的幹勁及情緒。過去三十年來有不少研究均指出，接受同仁幫忙是抵禦倦怠的良方。康芮也認同表示：「有一群老師在背後支持很有幫助。」

但奧富布魯克中學並沒有正式的教師互助團體，康芮去哪裡找支援的同仁呢？原來她透過付出貢獻，自己在學校建立起一個互助人脈網絡。

許多年來，專家都相信遭遇壓力時只能二選一：打或逃（fight or flight），而既然一個人倦怠就代表已經沒有對抗的精力，因此逃似乎再自然不過，也就是選擇躲開壓力來源。研究倦怠的專家喬納森・賀伯斯勒本（Jonathon Halbesleben）和馬修・鮑樂（Matthew Bowler）曾針對一批消防員進行長達兩年的追蹤調查，結果發現確實消防員開始倦怠時，工作績效評等就會下滑，因為倦怠使他們不再那麼關心成就和地位，導致投注在工作上的心力變少，表現自然差了。

但讓人驚奇的是，這份研究發現倦怠並不會使消防員在各方面都減少付出，事實上，倦怠的消防員在某個層面的付出不減反增——那就是幫助別人。

出現倦怠徵兆的消防員更容易費心幫助工作量大的同事、分享新知給主管、指點新進員工，甚至聽同仁傾訴問題。為何倦怠反而使他們樂於給予呢？

洛杉磯加州大學的心理學者雪莉・泰勒（Shelley Taylor）研究發現，人面對壓力時其實會有打和逃之外的反應，她稱之為照料和互助（tend and befriend）反應：「人類遭遇壓力時最特別的反應便是尋求結盟，也就是危急時會團結互助。」泰勒的神經科學研究指出，我們面臨壓力時，大腦的自然反應是分泌讓我們團結起來的化學物質，而前述研究中的消防員正是如此：他們開始感覺倦怠後，便將有限的精力用來幫助同仁，因為本能告訴他們貢獻能促進人際關係並獲得支援（至少互利者和給予者會願意伸出援手）。但雖然多數給予者都知道可以這麼做，卻只有利人利己型的給予者願意運用這類機會。

而康芮・凱勒涵面對壓力時，便透過照料和互助建立起自己的互助人脈網絡。她在疲乏的巔峰時開始指導「為美國而教」的教師及自己學校的幾位年輕老師，莎拉正是其中一位，而當初在指導過程中，康芮其實教過莎拉那個「設計怪獸」活動。康芮自己忘了，但當她開口求援時，莎拉便提醒她試試這個活動。這個建議本身對教學很有幫助，但同時也強化康芮對自己影響力的意識：她曾把自己學生很喜歡的活動教給莎拉。

利人利己型的給予者能建立起互助人脈網，有需要時便能尋求援助，再搭配塊狀給予原則維持精力，這些就是他們比無私奉獻者不容易倦怠的原因；然而利人利己型的給予者又如何比過索取者和互利者呢？

給予者倦怠的迷思

多年前，荷蘭的心理學者曾針對數百位醫療專業人員進行研究，追蹤他們在病患身上花的時間精力，並調查他們感覺的倦怠程度。一年後，研究團隊再度測量這群受試者的給予及倦怠狀況，結果不難想見，給予越多的醫護人員倦怠情形越明顯，而其中無私奉獻者的倦怠症尤為嚴重：這些醫護人員所貢獻的遠比得到的多，因此筋疲力竭，相較之下，互利者及索取者則好過得多。

但奇特的是，這支荷蘭研究團隊卻在另一項研究中發現，有些醫護人員似乎對倦怠「免疫」，即便貢獻許多時間精力也不會感到疲乏。這些韌性很強的醫療專業人員正是利人利己型的給予者，他們表示自己享受助人的感覺，且會特別費心協助，然而他們需要幫忙時也不會羞於啟齒。這些利人利己給予者的倦怠比例甚至比互利者和索取者都低，因為後兩者的性格不夠堅毅，耐不住長期付出。這項研究點出一件讓人意想不到的事：雖然看起來互利者和索取者比無私奉獻者不容易倦怠，但最有韌性的其實是利人利己型的給予者。

西北大學心理學者依麗莎白・希禮（Elizabeth Seeley）和溫蒂・加爾德納（Wendi Gardner）曾進行一項有趣研究，找出了部分答案。她們請一批受試者執行消磨意志力的困難任務，好比在飢餓狀態下盯著眼前一盤美味的巧克力豆餅乾，卻必須抵抗誘惑不能吃，然後在受試者完成這種消磨意志力的任務之後，請他們使用握力器，握到無法再握為止。實驗結果發現受試者平均能握二十五秒，然而有一組人卻多撐了長達百分之四十的時間，也就是持續了三十五秒。

這些毅力非凡的受試者在一份測量「他人導向」的問卷中獲得高分。所謂「他人導向」者就是具有給予精神的人，這種人總是能壓抑自利衝動幫助他人，因此他們的「心理肌群」受過鍛鍊，遇到需要意志力的苦差事時便不容易感到筋疲力竭。而不少其他研究也證實給予者確實較具優勢，較能控制自己的想法、情緒及行為，因此經年累月之下，給予者就能鍛鍊出高人一等的意志力，就能透過重量訓練鍛鍊肌肉一般。當然，我們都知道肌肉使用過度時也會疲勞甚至受傷——無私奉獻者便是這種情形。

利人利己型的給予者最具韌性，美國猶他州有一位七十五歲的長者深諳這個道理，這個人就是老喬恩・杭士曼，我們在第二章提到肯尼斯・雷伊在年報中的全版照片時也提過這位企業家，他的照片僅占極小版面；此外他就是前猶他州長暨二〇一二年共和黨總統候選人小喬恩・杭士曼的父親。一九九〇年時，老杭士曼曾與一家化學工業公司的總裁暨執行長查爾斯・米勒・史密斯針對一樁併購案進行談判，而在協商過程中，史密斯的妻子不幸過世，杭士曼很同情史密斯，便決定不再強勢談判。他說：「我決定不再調整這個案子最後百分之二十的細節，如果再談下去，我可能可以多拿下兩億美元，但這樣會再次傷害查爾斯的情緒；我想當時談到的條件已經算可以了。」

在杭士曼眼中，一位執行長的心情真的價值兩億美元嗎？信不信由你，但這已經不是杭士曼第一次在協商過程中放著白花花的銀子不賺。在這件事的四年前，也就是一九八六年時，杭士曼也曾與一位名叫愛默森・坎裴恩的執行長談定一個口頭協議，杭士曼答應將公司一個事業部的百分之四十以五千四百萬美元的價格賣給坎裴恩，然而因為法律程序延誤，合約直到六個月後才擬妥，那時杭士曼公司的收益已經水漲船高，他想賣出的事業部當時已價值兩億五千萬美元。坎裴恩打電話來，以互利者的態度建議兩人各吸收一半差額——他願意付一億五千兩百萬美元，而非原本談妥的五千四百萬美元。如此杭士曼將賺進比原來多兩倍的錢，但杭士曼卻拒絕，他說算原價五千四百萬就行了。坎裴恩簡直不敢相信，他說：「這樣對你不公平吧。」

杭士曼認為他應該信守原本對坎裴恩的諾言，雖然律師根本還沒擬定原本的採購案合約，但他半年前就已經握手跟對方達成口頭協議。於是杭士曼就這樣以五千四百萬美元的價格簽下合約，把原本能多賺的九千八百萬美元拱手讓人。會做出這種不理性的決策，這是哪門子的企業家？

杭士曼於一九七〇年創立這家當今全球第一的化學工業公司，他曾獲選為「年度企業家」，並獲得全球各地十幾所大學的榮譽博士學位，他是身價非凡的億萬富翁，名列富比士全球一千大富豪排行榜。

從杭士曼的生意談判看得出來，他也是一個給予者，此外他的給予精神不只發揮在商場上。他從一九八五年開始便投身慈善事業，全球捐出超過十億美元的慈善家不過十九位，他就是其中之一。他曾獲頒許多人道精神獎，貢獻事蹟包含曾捐贈超過三億五千萬美元創辦世界級的杭士曼癌症中心，以及撥大筆捐款救濟亞美尼亞的地震災民、支持教育、對抗家暴、救濟遊民等。當然，捐出大筆善款的富豪所在多有，然而杭士曼樂善好施的程度卻不同於他人。二〇〇一年時化學業表現慘澹，杭士曼的財產大縮水，換成多數人或許會選擇減少貢獻，直到自己停止失血為止，然而杭士曼卻做出違反常理的決定：他以個人名義貸款，借了好幾百萬美元來確保接下來三年的慈善事業能持續運行。

看起來杭士曼就是那種致富後想要回饋社會的富豪，但我們或許該以不同的角度看待杭士曼的成就，而要不是有研究證實及杭士曼的生平經歷佐證，我們或許很難相信這個說法：杭士曼並非富裕後才成為給予者。有沒有可能我們其實搞錯了因果關係？

杭士曼認為給予精神其實是他致富的關鍵。杭士曼在他的捐贈誓約中寫道：「我從年幼時就認定我人生的意義是幫助他人，是這份想回饋社會的心讓我決心攻讀商業管理，讓我發揮所學成立一家成功的貨櫃公司，最後讓我運用這份經驗拓展出我們獨一無二的化學工業公司。」早在一九六二年，杭士曼就告訴妻子他「想自己創業，這樣才能幫人」——幫人對抗癌症。杭士曼的父母親都因癌症病逝，他自己也曾三度癌症病發，治療癌症的渴望深植在他腦裡，甚至凌駕他的政治傾向，因為雖然他曾在尼克森總統任內進入白宮任職，且長年支持共和黨，但大家都知道若共和黨候選人對抗癌症的倡議較明確，杭士曼也會轉而支持他們。

無庸置疑，杭士曼有非凡的商業技巧，但他卻指出捐錢才是他富有的關鍵。他曾在《贏家說真話》一書中寫道：「談金錢的話，我這輩子最滿足的時刻從來不是談下哪樁好案子、因此獲得多少利潤，而是在那些我可以幫助需要的人的時候……當然，我不否認我從商成癮，但我同時也給予成癮。一個人給予得越多，感覺就越好，而給予的感覺越好，自然就越樂意給予。」

利人利己型給予者鍛鍊自己的「意志力肌群」，如此就能給予更多，上述杭士曼的概念看起來是這個法則的延伸，但把錢拱手送人就能賺更多錢，這是真的嗎？不可思議的是，這說法已經有了實證。經濟學者亞瑟・布魯克斯（Arthur Brooks）曾研究做公益與收入之間的關係，他收集將近三萬名美國國民在二〇〇〇年的資料，控制所有可能影響收入及慈善工作的變因，調整了教育程度、年齡、種族、宗教、政治及婚姻狀態等條件，並將研究對象擔任志工的次數納入計算，結果不出所料，收入越高的人也越容易做公益，平均收入每增加一美元，慈善奉獻就增加〇・一四美元。[27]

但更有趣的事來了，布魯克斯發現國民每多捐一塊美元，收入便增加三・七五美元，換言之，給予行為確實會使人更富有。舉例來說，想像我跟你每年都賺六萬美元，我每年捐款一千六百美元，而你每年捐款兩千五百美元，結果雖然你比我多捐出九百元，但根據上述研究推論，你接下來一年將比我多賺三千三百七十五元。這聽起來很驚人，但貢獻多的人確實賺得多。

老喬恩・杭士曼確實選對了路，因為研究指出，奉獻能讓人感覺到快樂及意義，激勵我

27 原註：但有件事值得注意：人越有錢，捐獻的總金額越多，但捐獻額占年收入的比例卻越小。心理學家曾在一項研究中發現，光是對自己社經地位的觀點就能改變我們認為恰當的捐款額度，在這個實驗中，當受試者以為自己收入中等時，會感覺自己必須捐出年收入的百分之四點六五做善事，但當他們認為自己高踞財富金字塔的頂端時，卻認為自己只須捐出年收入的百分之二點九。現實世界的情形確實如此：在美國，年度總收入低於兩萬五千美元的家庭平均會捐贈收入的百分之四點二，但每年賺超過十萬美元的家庭卻只捐出收入的百分之二點七。

們更努力賺錢，儘管杭士曼進行給予行為時或許沒打這種算盤。心理學者伊莉莎白・鄧恩（Elizabeth Dunn）、萊拉・愛克寧（Lara Aknin）和麥可・諾頓（Michael Norton）曾執行一項實驗，請受試者在早晨時評量自己的快樂指數，接著受試者得到意外之財——收到一個裝著二十美元的信封。他們必須在傍晚五點前把錢花掉，接著再評一次自己的快樂指數。猜猜看，把錢花在自己或別人身上的受試者，誰會比較快樂？

人多半以為把錢花在自己身上會比較快樂，但事實卻正好相反：若自己把錢花掉，快樂指數不會有所改變，但如果把錢花在別人身上，快樂指數卻會顯著提升。這就是利人利己的貢獻——我們可以選擇想幫助的人，自己的情緒也會受到鼓舞，這在經濟學稱為「捐贈的溫暖光芒」（warm glow of giving），在心理學則稱作「助人的快感」（helper's high）。晚近的神經科學研究已證實，給予行為能激化我們腦中與獎勵及意義感相關的部位，我們做有益他人的事情時，這些部位就會發送愉悅及使命感的訊號。

此外，這些好處不只有捐贈金錢才能得到，花時間志願服務也能得到益處。有一份研究分析兩千八百多位二十四歲以上美國人的資料，發現擔任義工與一年後的快樂程度、生活滿意度及自我評價都成正比，跟憂鬱症狀則成反比。此外，六十五歲以上的人如果從事志工工作，八年內的憂鬱指數會比較低。另外也有研究指出，擔任義工或樂於助人的長者確實壽命較長，且這份研究成果已將健康狀況及受他人幫助的程度納入計算。另外有一項實驗將一群成人分為兩組，一組替嬰兒按摩，另一組則接受按摩服務，接著在按摩後施測，發現替嬰兒按摩者的皮質醇和腎上腺素等壓力激素都比接受按摩者低，根據研究，給予讓我們更能感受生活的意義，使我們不再專注在自己的問題上，並給我們一種受人重視的感覺。學者羅伊・白邁斯特（Roy Baumeister）、凱瑟林・渥斯（Kathleen Vohs）和愛蜜麗・加賓斯基（Emily Garbinsky）便曾針對一次美國國民調查下結論表示：「給予者比索取者更容易感受到生活的意義。」

有大量證據指出，預期即將降臨的快樂能激勵人更努力工作，工作的時間、技巧及效能都會因此提升。快樂的人面臨辛苦及長時間的工作時比較不會覺得辛苦，而且更能樂在其中，此外也會替自己設定更高難度的目標，解決問題的思考速度及彈性皆佳，也較為宏觀。甚至有一份實驗發現，光是給內科醫師一小份糖果當禮物讓他們開心，這些醫生接下來的診斷竟然更快且更準確。整體平均而言，快樂的人收入較高，工作績效較好，決策能力較佳，談判能力較好，對所屬組織的付出也比較多，光是每位員工的快樂程度就會影響百分之十的個人績效表現。或許老杭士曼就因為情緒受給予行為提振，因此能工作得勤奮又有智慧，就這樣賺進一桶又一桶金。

將給予視為能量泉源的企業家可不只有杭士曼一個。維京集團富豪理查・布蘭森（Richard Branson）在二〇〇三年發起一個「大老會議」，旨在解決衝突、促進和平，邀請前南非總統納爾遜・曼德拉（Nelson Mandela）、前美國總統吉米・卡特（Jimmy Carter）、前聯合國秘書長科菲・安南（Kofi Annan）、前南非大主教戴斯蒙・屠圖（Desmond Tutu）等眾領袖齊聚一堂，研討如何減緩蘇丹、賽普勒斯及肯亞的紛亂情勢。

而在二〇〇四年，布蘭森更創立非營利組織「維京聯合基金」，宗旨是動員世人投注精力及資源對抗愛滋病和瘧疾等致命疾病、促進和平與正義、預防氣候變遷，以及在開發中國家提供工作機會及創業的微型貸款。二〇〇六年，布蘭森允諾將維京航空及鐵路服務未來十年的三十億美元盈餘全部捐贈出來，作為抑制全球暖化的基金。二〇〇七年，布蘭森更撥出兩千五百萬美元獎金，徵求能對抗氣候變遷的創新點子。一個人做出這一系列大動作，難不成是遭遇中年危機嗎？

事實上，布蘭森早在榮華富貴之前就是一位給予者。他年僅十七歲時，亦即在發行《學生》雜誌的一年後、創辦維京唱片的整整五年前，便創立了第一個慈善組織——「學生諮詢中心」（Student Advisory Centre），專為面臨困境的青年提供服務，他列出多項年輕人可能遭遇的問題，從意外懷孕到性病等等，然後說服醫生提供免費或折扣價的診療服務；多少個夜晚，他到凌晨三點仍在講電話安慰想輕生的求救者。布蘭森回首當年，指出他在職涯早期時，「之所以對賺錢有興趣，完全就只是想確保《學生》雜誌經營順遂，賺取足夠的資金維持『學生諮詢中心』。」直至今日，給予仍是布蘭森的精力泉源，他曾如此寫道：「讓我每天早上起床的力量，就是一股想改變世界的理想，我想守護我們在這個星球上的未來。這是我成功的原因嗎？至少這是我快樂的原因。」

上述的給予行為提振了情緒精力，讓我們了解利人利己的給予者為何有足夠的韌性避免倦怠：這類給予者在給予行為中累積了快樂及生命意義的能量，索取者和互利者難以累積這類能量，而無私奉獻者則耗盡這些能量，讓自己筋疲力竭，且經常淪落到成就金字塔底層。

利人利己者使用能充電而非耗電的方式進行給予，有所成就的機率便高得多。我與心理學者大衛．美爾（David Mayer）曾進行兩項研究，觀察在多個組織中從事不同職務的員工，我們發現利人利己型的員工對組織的給予遠比無私奉獻者、索取者和互利者都長久。此外，高度在意他人利益、形象正面的員工也被主管評為最有幫助、最能主導工作。

這聽來矛盾，因為利人利己的給予者關注自己的福祉、維持了良好情緒，竟能因此比無私奉獻者更有貢獻。在本章開頭，已故的諾貝爾經濟學獎得主赫伯特．西蒙那段發言也點出這個事實，確實，利人利己型的給予者看起來或許比無私奉獻者多在意自己一點，但他們較具韌性，不會倦怠，因此給予的路能走得更長遠。

CHAPTER 7

傻子變形記

—克服「腳踏墊效應」—

好人好事，無好下場。

——傳為美國眾議員、編輯暨劇作家 克萊兒・布思・魯斯所言

莉莉安・鮑爾是一位聰慧勤奮的主管，在頂尖的顧問公司任職。她自哈佛大學畢業後便被這家公司招募，後來離職攻讀ＭＢＡ學位，畢業後，這家顧問公司又努力把她找回來上班。鮑爾在眾人眼裡是閃亮的明日之星，成為合夥人指日可待，步調比同儕快上許多。然而後來卻開始有人批評鮑爾待人處事過於仁慈，後來，她升為合夥人的計畫便被延後六個月，甚至還收到直言建議，不能再這樣對客戶和同事有求必應。之後又過了整整一年，她依然做不到。

鮑爾一直努力發揮影響力且樂在其中，她曾花費數年時間協助一家非營利組織扶植女性創業，建立了微型貸款計畫，幫助低收入女性成立企業。例如期間曾有一位女性想貸款開髮廊，卻一連被兩家銀行拒絕，鮑爾便協助優化她的創業計畫及財務報表，最後兩家銀行都願意核發貸款，且提供很好的利率。而在顧問工作中，鮑爾也花費無數時間指導新進員工、給同事職涯建議，甚至幫資淺同事修改他們申請ＭＢＡ的備審資料。她說：「我真的想要幫助

別人。如果我花一小時可以讓別人節省十小時，或創造他們原本得不到的機會，我就樂意給予，付出我的那一個小時。」

鮑爾工作的能力和態度一流，但卻給予過頭，犧牲了自己的名聲和生產力。一位顧問公司的同事解釋：「她從來不會跟別人說『不』，總是慷慨付出自己的時間，成為別人心中容易操縱的濫好人，這真的影響到她成為合夥人的進度。」在一次績效評估的面談中，高層甚至叫她自私一點，說她缺乏顧問公司合夥人應有的堅定態度，花費太多時間拉拔身邊的人，又太幫客戶著想，面對客戶的要求經常妥協，還說「在一些關鍵時刻，例如應該給客戶堅定嚴厲的說法，或需要把客戶從錯誤的方向拉回來時，她都沒辦法推客戶一把，所以還跨不過成為合夥人的門檻。」對鮑爾而言，給予損害了她的職涯。

四位管理學教授黛安．伯杰倫（Diane Bergeron）、愛比．薛普（Abbie Shipp）、班．羅森（Ben Rosen）和史黛西．弗斯特（Stacie Furst）曾共同研究一家大型專業服務公司的三千六百多位顧問，而研究結果正印證了前述鮑爾的職涯經驗。學者調出公司紀錄，察看每位顧問每週協助新進員工、指導資淺同事及分享知識或專業的時間，量測所有的給予行為，如此每週追蹤顧問們的給予行為一年後，再調閱每位顧問的薪資、發展速度以及升遷紀錄等資料。

結果給予型顧問的上述三項指標表現都最差。給予者加薪的幅度小很多，發展和升遷也較慢，加薪幅度平均是百分之九，相較之下索取者和互利者則有百分之十點五到十一點五。升上管理職的給予者不到百分之六十五，而索取者和互利者則分別有百分之八十三和八十二，此外給予者即便升職，升遷速度也慢，平均得等上二十六個月，相較之下索取者和互利者則不到二十四個月。而鮑爾對這情形並不陌生，她說：「要說我做錯什麼，大概就是太慷慨，總是先想別人才想自己。」

而東邊數百哩外，在紐約市的德勤顧問諮詢公司，傑森．蓋勒也是一個可望快速晉升合夥人的員工。蓋勒初踏入顧問業時，德勤才剛開始使用電子郵件，公司內部沒有正式的知識管理流程，顧問會整理產業和客戶的資料，卻缺乏一套儲存及取用資訊的系統。於是蓋勒主動收集並共享資訊，一聽說有什麼案子便去向負責團隊詢問想法及資料。他總在床頭小桌上擺一疊文章，晚上睡前閱讀，一看到有趣的內容就整理歸檔，甚至還研究德勤競爭對手的動態。他說：「我就像書呆子一樣。」

傑森．蓋勒的腦袋和電腦硬碟成了德勤的知識管理系統，同事甚至替他的資訊系統取了名字，叫做「J網」，大家有問題或要查資料時就來向蓋勒求助，問他比自己查容易多了，而他總是願意分享腦中的知識及日漸龐大的資料庫。沒人請蓋勒創建J網，是他自己覺得該這麼做就去做了。

蓋勒從康乃爾大學畢業後一直在德勤工作，期間還攻讀哥倫比亞大學的MBA學位，而他對幾位前輩的提攜一直滿懷感激。若是互利者就會報恩，想辦法回報那幾位前輩，但蓋勒跟莉莉安．鮑爾一樣是給予型的人，他希望進一步把恩惠傳給別人。他說：「這變成我自然的處事原則，你看很多成功人士其實都是樂於助人的人。我也是自然而然養成助人習慣，因為別人替我創造了很多機會，現在我也努力替人創造機會。」一面對每位新進員工，蓋勒都表明他願意在各方面提供協助指導，而且這個承諾永遠有效。

在德勤顧問，員工成為合夥人平均要花十二到十五年，而蓋勒九年內就提前達成目標，三十歲便成為公司史上最年輕的合夥人，而現在他已是德勤人力資源顧問合夥人，所帶領的業務在全球及全美國都高居市場第一，而同事形容蓋勒依然「習慣不邀功、盡量拉拔同事」。如今蓋勒身為德勤全球及美國人力資源轉型業務的大主管，更將「J網」帶入新境界，大力推動德勤建立正式的知識管理流程及技術。一位分析師曾以半敬佩半驚訝的語氣指出：「雖然他（蓋勒）忙得不得了，卻還是定期跟底下的分析師開會，了解他們有沒有遭遇什麼問題是他能幫得上忙的。」一面對自己的成就，蓋勒並不願往自己臉上貼金，但經過幾番詢問，他終於承認「慷慨待人是他在公司成功的關鍵」。

莉莉安・鮑爾和傑森・蓋勒都是給予型人物，然而兩人的職涯發展卻截然不同，為何貢獻使鮑爾的職涯停滯，卻讓蓋勒一帆風順呢？

直覺的答案或許是性別歧視，但這並非關鍵因素，至少這裡沒有那種傳統的男女不平等現象。其實莉莉安・鮑爾掉進了給予者經常陷入的三大陷阱，許多給予者無論男女，與他人互動時常遇到三種問題：太信任、太有同理心、太膽怯。在本章中，我會帶你看看傑森・蓋勒這樣的成功給予者如何避開上述危機，以及像莉莉安這型的給予者該如何克服危機，關鍵就是少一點「無私奉獻」，多一點「利人利己」。給予者最糟的狀況就是成為別人的腳踏墊，而我將解釋利人利己的做法如何幫助給予者避開太信任他人的陷阱，秘訣就是保持高度彈性，隨時調整人際互動模式。最後我也將探討利人利己的給予法如何幫助給予者善用他們本來就具備的能力，避開同理心氾濫及過於膽怯的地雷。

● 真誠度篩選：多數時候相信多數人

在本書第一章，我們曾提到一位澳洲理財顧問，他叫彼得．歐迪特，曾發揮給予精神拜訪一位廢五金買賣商，後來獲得很好的回報。但許多年前，在彼得還沒學會利人利己比無私更重要時，他其實被幾個索取者占過便宜。彼得二十二歲初入社會時在一家競爭激烈的公司擔任理財顧問，當時他的職責是替這家主要服務退休客戶的公司發展保險業務，必須有積極作為，他週末也加班，做出六位數的年營收，但薪酬卻少得可憐，每週只領最低工資四百元。他在那家公司待了近三年，他說那是這輩子最慘的時光。彼得說：「我老闆很貪心，他從來不會肯定你做了什麼，只想著能從你身上挖到什麼。」曾有一位保戶感謝彼得的服務，送他一個漂亮的聖誕禮物籃，而他那位開賓士上班的有錢老闆看到禮物籃，竟立刻占為己有拿回家，他的說法是：「我是老闆，這是我的。」

彼得感覺在那裡工作快窒息，便決定離開公司自己接客戶，而單飛的第一年收入便成長三倍，但五年後，他又被另一個索取者揩油。一位始終表現友善的同事布萊德當時工作不順，便另謀了出路，隔週就要上工，而他臨行前請彼得幫一個忙：能不能提前兩天買下他的客戶，好讓他順利離職？彼得身為一個給予者，對布萊德滿懷信任，便一口答應了。他買下布萊德的客戶，開始經營客戶關係，努力解決他們的財務問題。

幾年後，彼得的客戶接二連三跑掉，奇怪的是這些人都是布萊德的老客戶。原來是布萊德又回來做理財顧問這行，並且打電話給他先前賣給彼得的老客戶，說他回來了，歡迎他們回去讓他服務。布萊德就這樣偷走彼得的客戶，一毛錢都沒付，讓彼得損失了大約一萬元的業績。

要是彼得一開始就認出布萊德是索取者，或許就不會淪落到這般田地，而許多給予者也因為這樣才淪為別人的腳踏墊：他們總是看到每個人最好的一面，因此秉持著錯誤的假設，認定身邊的人都值得信賴。曾有學者進行研究，調查美國人遭詐欺、詐騙及盜用身分的情形，結果發現給予者的受害機率比索取者高一倍，而且經常是因為過於相信人而被索取者欺騙，例如有一位給予者竟然好心到答應當朋友的車貸保證人，結果在接下來五年期間，那朋友用他的身分辦了三張信用卡，盜刷了兩千多美元。

想避免被拐騙利用，就必須學會分辨誰是真正的給予者，而誰又是索取者，或是冒牌給予者。成功的給予者應該學會能看出誰會操縱他們，才能學會自保。我們能一眼看出誰是索取者嗎？許多人以為好人壞人一看便知，但事實上第一眼印象通常不準。請眨個眼，看分明。

我並不是說我們的直覺總是錯誤。事實上，正如麥爾坎・葛拉威爾（Malcolm Gladwell）在《眨眼》（原名Blink）一書中提到的，許多直覺判斷其實神準得不可思議，我們經常一眼就能看出誰是充滿熱忱的老師、誰是外向的業務員或哪對男女其實是怨偶。然而說到分辨誰是發自內心給予，我們的確常常看走眼。

曾有經濟學者進行一項研究，找來一群哈佛學生，請他們預測好友和陌生人會做出給予或索取行為。被觀察的友人及陌生人各拿到五十枚代幣，每個代幣價值一毛到三毛不等，他們必須將代幣分成兩份，一份給自己，一份給觀察的哈佛學生，實驗結果發現哈佛學生猜朋友的付出程度時並沒有比較準。學者寫道：「受試學生都認為朋友對他們會比陌生人慷慨，確實沒錯，但他們卻沒預測到大方的朋友會比自私朋友分出更多代幣。」這是很重大的失誤，因為實驗發現給予型友人所貢獻的代幣遠比索取型友人多出許多。

我們想細查一個人偏好的人際互動模式時，很容易受到干擾誤導。例如我們常根據個性來判斷一個人是不是給予者，但一個人的個性其實會誤導人。過去半世紀以來，心理學者已發現有一種人格特質能將我們在人際互動中的形象一分為二，這種關鍵特質正是「討人喜歡」與否，而這就是彼得．歐迪特當年被布萊德騙的原因。討人喜歡的人就像布萊德，看起來配合度高、彬彬有禮，與人相處時重和諧，給人親切友善又熱情的感覺；不討人喜歡的人則競爭心態重，批判性比較強，個性強悍，敢面對衝突，給人一種凡事懷疑、愛挑戰的印象。[28]

我們受刻板印象影響，經常認為討人喜歡的人就是給予者，不討人喜歡的人就是索取者，若剛認識的朋友和藹親切，我們很自然會假定對方立意良善，而若對方表現得冷漠或尖銳，我們會認為這顯示他們不在乎我們的利益。[29]然而我們下這些判斷時，其實是太注重一個人態度行為的外殼，而忽略了裡頭的珍珠——或蚵仔肉。貢獻和索取行為取決於我們的動機和價值觀，是我們做出的選擇，與生性討不討喜無關。例如第一章裡拒絕大衛．霍尼克投資的連續創業家丹尼．夏德爾便解釋：「其實一個人親不親切跟自不自私無關，這兩種特質是獨立的，不是相反的。」因此若綜合考量外顯行為和內在意圖，得人緣的給予者和討人厭的索取者其實只是世界上四種人之中的兩種而已。

我們經常忘記其實世界上也有不得人緣的給予者：這種人外表看來無禮而嚴厲，但其實樂於給予自己的時間、專業和人脈。夏德爾舉例表示，像已故的網景前行銷長邁可．荷馬（Mike Homer）就是一例，「他看起來脾氣壞到極點，但其實一顆心像純金打造的一樣美，在緊要關頭永遠會把事情做對，而且忠誠得不得了。」曾是荷馬徒弟、目前擔任私募股權公司董事總經理的葛瑞格．桑茲（Greg Sands）也附和：「我們主要關心的是一個人是給予者或索取者，但其實有另一個軸，衡量的是一個人親不親切，言行舉止友不友善。荷馬是個帶刺的人，他想走某條路的時候，擋在路上的東西都會被他轟開；可是他其實很慷慨，樂於助人，他這兩種特質（指給予精神和不討喜的程度）都比別人強。」荷馬的另一位前員工也說他「看起來像索取者，因為他標準高，要求超多，但到最後你會發現他其實很關心

28 原註：有新研究指出，這些人格特質其實跟生理構造有很大關係。心理學者曾在一份研究中以問卷統計出「討人喜歡」和「不討人喜歡」的人，然後以MRI磁振造影技術掃描這些受試者的腦部構造，結果發現討人喜歡者腦中處理他人思緒、感覺及動機的區域較大，例如後扣帶迴皮質。而根據行為遺傳學，得人緣的特質至少有三分之一、甚至一半以上是先天遺傳，也就是取決於基因。換句話說，我們的個性討不討人喜歡，至少有一部分由「硬體」決定。

29 原註：以前心理學家也犯過一樣的錯，將無私利他的特質囊括在「討人喜歡」這個大項中。但晚近研究指出以下幾點事實：一、同情和禮貌這兩種「討人喜歡」的特徵之間毫無關聯。二、同情心其實與誠實謙遜較相關，與討人喜愛較無關。三、討人喜歡和給予精神不一定相關。而我在本書中主要著重針對貢獻、索取及互利行為的研究，但偶爾也會引述一些研究討人喜歡特質的論文，但這些論文描述的其實是給予行為，好比研究問卷會包含「我樂於助人」等明確的描述。

人，他可能今天因為我達不到期望就對我不客氣，但明天卻又協助我規劃職涯、幫我決定下一份工作該做什麼。」

另一種違背直覺的內外在組合則是「討人喜歡的索取者」，也就是冒牌給予者。這種得人緣的索取者就像安隆案的肯尼斯．雷伊一樣，給人感覺有如春風拂面，極具魅力，然而卻經常索取的比給予的多，而分辨這種冒牌的討喜索取者正是給予者該學的功夫，如此才能保護自己免遭利用。

給予者不一定都能善用自己的能力，但給予型的人確實比較擅長真誠度篩選（sincerity screening）。根據研究指出，普遍而言，給予者對人的判斷要比互利者和索取者來得準，因為給予者比較注意他人的行為舉止，也比較能了解別人的思緒和感覺，因此能找到更多看人的線索，例如能觀察一個人描述成就時是否常用單數第一人稱我、我自己，而不是我們、大家。給予者進行真誠度篩選時還有另一個強項，那就是他們習慣信任別人，因此更有機會見識各種行徑，他們有時會被索取者捅一刀，有時付出善意卻能得到等值甚至超值的回報。如此時日一久，給予者對每個人之間的差異就更敏感，不會落入「討喜」或「不討喜」的黑白二分法，而能敏銳分辨其中的各種灰色地帶。

但如果給予者未能善用這種微調優化的知識來分辨別人外顯行為和內在動機之間的差異，可能就會成為他人的腳踏墊；如果給予者總習慣先給予才提問，便無法做好真誠度篩選。例如莉莉安．鮑爾在顧問工作中常習慣騰出時間幫每一個開口求助的人，無論對象是誰，好比如果客戶要求她做額外的分析報告，即使嚴格說來那份分析與她的專案無關，她還是願意做，只為了讓客戶高興，或者資淺的分析師向她討教時，她也會立刻在行事曆裡安插時段，犧牲掉個人時間。

在德勤顧問公司，傑森．蓋勒則直覺採取一種類似真誠度篩選的做法。他一開始時總表達出樂意協助每位新同事的意願，但與每位同事頭幾次談話時，他便會仔細觀察對方是給予者或索取者。他說：「我不可能主動花時間協助各國各地這麼多辦公室裡的每一位同事，所以我會盡量去分辨哪些人真誠、哪些人不真誠。有些人在談話中展現出學習心，但有些人來找我卻是說：『我要怎麼樣才能升上高級顧問？』」他便會將後者視為索取者。「這些人會向我強調他們做了多少事，三十分鐘說了一堆他們想報告的事，目的就是讓我知道他們的貢獻，這種人問問題沒深度，很膚淺，我們的討論不深入，其實根本沒辦法讓他們學到什麼。」

而莉莉安．鮑爾在經年累月犧牲自己利益的情況之下，也逐漸學會分辨索取者。她說：「這種人只關心自己，能撈的好處撈完就往前走了。所以我開始用更有系統的方式幫助別人。」她開始留意是哪些人請求幫忙，以及他們如何對待她，並準備一些適當的拒絕理由，此外為了持續貢獻但增進效率，她也開始撰寫協助指南給專案經理和副合夥人，將自己的大量知識文件化，如此便可避免自己為索取者再三複述解決問題的方法。鮑爾說：「我發現給予其實可以更有策略。」[30]

30 原註：應受訪者要求，本章中幾位關鍵人物均予以匿名。

一旦給予者開始善用自己的能力進行「真誠度篩選」，分辨誰可能是索取者，就能在適當時刻有所防備。然而有時這種警覺心太晚發揮作用——給予者已對某索取者太過忠誠了。若給予者關心索取者的利益，困在這種人際關係之中，又該如何保護自己、逃開腳踏墊效應呢？

●寬容版「以牙還牙」：彈性給予者

彼得．歐迪特被布萊德偷走客戶和業績的幾年後，跟一位名叫李奇的事業夥伴合作。他倆開始合夥時，李奇表現得十分得人緣，熱忱又友善。然而正如一位同事回憶表示：「雖然李奇看上去是給予者，總是做出很支持的樣子，但他其實是索取者，彼得才是給予者，李奇一直在占彼得便宜。」李奇領的薪水極高，年薪超過三十萬元（折合約九百多萬台幣），但對公司業務幾乎沒貢獻，而他住在澳洲的黃金海岸，早晨在海灘度過，十點才晃進辦公室，又經常中午就上酒吧。彼得感嘆道：「我已經從布萊德身上看到索取者是什麼樣子，所以我發現李奇是更大尾的索取者，我那時候永遠有額外工作要做，而李奇則在搾乾公司的錢，他根本不關心員工跟我們給客戶的服務，公司的文化開始被他汙染。他在占我便宜，利用我對他的忠誠，畢竟我們是一起白手起家的老戰友。」

彼得一直沒吭聲，直到某個星期一，李奇宣布他在黃金海岸買下一棟數百萬元的房子，他還缺十萬，便直接從公司帳戶提領，而當天召開董事會議時，李奇甚至還早退，只為了上酒吧跟他的朋友碰面。這下子彼得終於忍無可忍了，他明白，他們再也不能信任李奇了，便向董事會保證他會讓李奇負責，然而這時他腦中還沒有具體計畫，並且覺得滿懷愧疚，很不舒坦。他們的一位同事說：「我感覺李奇就像一個大哥一樣，我知道處置他對我們來說都很難，而對彼得來說更不容易，因為他很有給予精神，他知道這樣李奇會有什麼下場，他想救他。」

彼得是同理心的受害者。同理心是一種強大的情緒，我們設身處地想像他人的苦難時便會受同理心影響，這是造就給予行為的推力，卻也是許多人易受傷害的原因。當年布萊德工作不順另謀出路後，彼得感受到他的痛苦，便毫不遲疑買下他的客戶。而現在彼得想像李奇被趕出公司後會是什麼感受，也替他感到難過，希望能保住他。

彼得這就是掉進了同理心陷阱。曾有一項典型的談判研究也觀察這種案例，在研究中，研究人員讓受試者兩人一組，協商購買電視等電器產品，而談判雙方有的素昧平生，有的則是男女朋友，兩人分別扮演買方和賣方。猜猜看，平均而言，是陌生組或男女朋友組可以得到較高的聯合利益？

我原本推論是男女朋友組，因為雙方彼此信任，應該可以分享資訊，找到最有利彼此的機會。

但事實上男女朋友組的表現比陌生組差多了，得到的聯合利益低很多。

研究人員在談判前問過受試情侶的感情深度，結果實驗發現越相愛的情侶協商結果便越糟。

男女朋友（尤其是深深相愛的情侶）之間的互動模式往往是無私奉獻，因此他們的預設立場就是以同理心理解伴侶的需求並隨即妥協，不顧自身利益。而這篇論文指出，這樣關切伴侶便導致一種「短路」效果，也就是「協商雙方不願花費精力探索兩全其美的解決方案，而是偏好省事但雙方滿意度較低的做法」，因此「以太過小心翼翼的方式處理問題」。研究人員觀察無私奉獻者進行談判時也看出相同情形，他們發現回答「我總是將他人利益放在自己之前」的受試者比較害怕破壞人際關係，因此會放棄部分價值，向對方妥協。

而彼得正像愛河中的情侶一樣，同理心氾濫，因此成為別人的腳踏墊。但後來彼得找到同理心之外的另一種方式，也符合他身為給予者與生俱來的能力：他決定不再想著李奇的情緒，而是推敲他的想法。結果他有了一針見血的發現：李奇工作時似乎喜歡面對新挑戰，因此應該訴諸李奇自己的利益才是。彼得便對李奇說：「我看得出來你現在做這些例行公事很沒勁，不如交給我吧？我歷練也夠了，可以扛下重擔。」李奇同意了，也表示他希望進行一些開創性的特別專案，替公司帶進新的營收。彼得支持他的決定，接下來便開始掌管董事會。

彼得施展這一計，靠的是理解李奇的思想，而非他的心情。哥倫比亞大學心理學者亞當・蓋林斯奇（Adam Galinsky）研究指出，如果我們在談判桌上同情對手，把重點放在對方的情緒和感覺上，就可能會有退讓太多的風險；但若我們以對方觀點思考，思考他們的想法和利益為何，就比較容易達成使對方滿意且自己也不受委屈的決議。若彼得繼續想著李奇的情緒，他永遠不可能找出解決方法，但他把焦點從李奇的感覺移到他的想法上，便得以了解索取者看事情的角度，並據以調整應對策略。

儘管彼得成功把李奇拉到一個對公司殺傷力比較低的位子，但他心裡還是想推李奇一把、助他成功，但同時他也知道李奇還有許多方法可以掠奪好處。彼得決定信任李奇，但必須評估確認，因此他讓李奇獨立進行特別專案，但要求他每九十天報告一次進度，為自己的工作成敗負責。彼得說：「我給他這個機會，讓他可以評估自己付出的價值，也讓我們看到。」六個月後，事實擺在眼前，李奇幾乎毫無貢獻，彼得執行正式分析，寫了一份董事會報告。他說：「最後證實李奇毫無貢獻，完全是他自己該負的責任，公司提出一份簡單的報表，列出他拿走多少、貢獻多少，事實就在眼前，他同意放手，我終於擺脫了他。」李奇選擇離開並賣掉自己的公司股份。

彼得不再是腳踏墊，他終於擺平一個索取者。後來彼得更發現李奇的自利程度遠超乎大家的想像：李奇以公司為擔保，欠了銀行一筆錢，彼得必須簽支票替李奇還債，因為李奇錢不夠。李奇在把董事總經理的職務交給彼得一年後離開公司，而他離開十五個月後，彼得的公司已然翻身，不僅有七位數的盈餘進帳，員工士氣也大振，離職率大減，且公司已在角逐年度最佳經銷商的位子。

成功的給予者一旦見識到「真誠度篩選」的好處，明白了外表討人喜歡的索取者很可能就是冒牌給予者，便能調整做法保護自己，而彼得的經歷讓我們看到給予者如何避免被傷害：秘訣就是遇到索取者時，自己就轉變成互利者。開始時以給予者的姿態與人相處絕對是睿智的，因為根據研究指出，信任感要培養很難，要摧毀卻很容易；然而若遇到的人顯然是索取者，理智的給予者就該調整人際互動模式，改採互利策略。彼得正是如此，他開始要求李奇回報，也就是對公司做出貢獻。彼得說：「現在我已經習慣不給索取者太多時間，更不會把我的時間花在索取者身上。」

曾有心理學者進行實驗，讓受試者分別與競爭型或配合型的夥伴共事，結果發現無論對象如何，索取者都會採取競爭態度，而給予者則會依據夥伴類型而調適，對方配合他們就配合，但如果對方展現競爭態度，給予者也會依樣畫葫蘆，以比較競爭的態度應對。這就是賽局理論中的以牙還牙（tit for tat）策略，也就是典型的互利做法，技巧是開始時先配合，直到對手開始競爭才改採競爭做法，一報還一報。這種互利形式十分有效，已經贏得許多賽局競賽。但哈佛大學的數學生物學者馬汀．諾瓦克（Martin Nowak）指出，這種以牙還牙策略有個「致命缺點」，那就是「對偶發事故不夠寬容」。

諾瓦克發現，更有利的做法是交替使用給予及互利模式。這種寬容的以牙還牙（generous tit for tat）策略就是「對方配合時就絕對配合，對方背叛時則偶爾寬恕」，也就是一開始採配合態度，一直合作下去，直到對手展開競爭為止，而對手競爭時，也不要每一次都報復，通常「寬容的以牙還牙」是當對方競爭時，三分之二的情況選擇與對方競爭，但三分之一的情況依然繼續配合對方。諾瓦克寫到：「寬容的以牙還牙策略可以輕鬆對付單純的互利策略，遭對方攻擊時也可自保。」寬容的以牙還牙在獎勵性質的給予行動和懲戒性質的索取行動間取得有效平衡，且不會過度嚴厲。這種策略是有風險，因為雖然寬容版以牙還牙可以鼓勵多數人成為給予者，卻讓索取者有「東山再起」的機會，讓他們可以在別人選擇付出時繼續掠奪。然而在當今這個人際關係及聲譽都開放透明的時代，索取者已經很難占給予者的便宜，正如諾瓦克所說的：「這種寬容策略已經稱霸許久了。」

寬容版以牙還牙是一種利人利己的策略。無私奉獻者往往會犯下總是相信他人的錯，而利人利己給予者則在一開始時信任，但藉由對手的言行及聲譽進行判斷，發現對方是索取者後，他們就會調整自己的互動模式。利人利己的給予者會偶爾從照後鏡中檢視自身利益，他們信任人，但會適度驗證。與索取者交手時改採互利模式是一種可以自保的策略，但睿智的做法或許是在三分之一的場合中重回給予模式，這樣能給索取者一點補救機會，彼得·歐迪特曾給李奇一次留下來表現的機會，原因就是如此，因為利人利己的給予者仍懷抱著樂觀的信仰，正如蘭迪·鮑許教授在《最後的演講》一書中寫到的：「撐久一點，人總是會帶給你驚喜。」

利人利己的寬容版以牙還牙策略效果絕佳，第一章林肯總統的「山普森」故事就是個很好的例子。當年林肯在伊利諾州參議員選戰中自我了斷，讓萊曼·特朗卜得以打敗詹姆斯·薛爾茲，而後來特朗卜卻試圖毀掉林肯的政治生涯，林肯的妻子瑪麗·陶德說特朗卜此舉是「自私的背叛行徑」，選擇與特朗卜妻子絕交；她們本來是密友，特朗卜結婚時瑪麗甚至還是伴娘。然而林肯卻樂於寬恕，他表達了自己對特朗卜的信心：「任誰要使你我為敵，必然徒勞無功。」但同時他也警告特朗卜別惹他：「我信任你，一如我信任至交好友的程度，然而我卻得一直抵擋其他人對我的建議。」而特朗卜知恩圖報，在下屆參議員選戰中大力替林肯拉票。

一八五九年，芝加哥市長約翰・溫特渥斯（John Wentworth）控訴諾曼・賈德（Norman Judd）背叛林肯，說他為自己的政治生涯支持特朗卜。林肯的妻子始終沒原諒賈德，但林肯卻大度看待賈德的決定，他告訴賈德：「你是投給特朗卜沒投我，但我說過一千次了，我並不覺得這樣對不起我。」林肯協助賈德處理與溫特渥斯之間的衝突，但之後便要求回報，他致信給賈德表示：「我這次若選不上伊利諾州參議員會大傷元氣，你豈能不發揮影響力幫我一把？」賈德確實回報了林肯：他隔週便在《芝加哥論壇報》上發表社論文章支持林肯，並確保芝加哥的共和黨大會順利召開，因為芝加哥是林肯的票倉，此外他還安排反對林肯的陣營坐在會場後面，將他們的影響力降到最低。雖然林肯的預設態度一直是貢獻，但他懂得偶爾發揮互利的價值，而這種寬容的以牙還牙策略確實替他帶來好處。桃莉絲・基恩斯・古德溫指出，林肯秘書的女兒曾說過，林肯對他人的觀點極其敏銳，「因此能神準預測對手使出的手段」，然後「反將一軍」。

在德勒顧問，傑森・蓋勒打從開始指導新進員工便採取了寬容的以牙還牙策略。第一次指導會議結束後，蓋勒便會大方表示：「如果這樣聊一聊對你有幫助，我可以每個月跟你開一次會。」若對方同意，蓋勒便在行事曆中建立每月重複的會議提醒，從不中斷。每月一次的會議除了有助蓋勒持續貢獻，也有另一項好處，那就是他能看清對方是不是索取者。「持續對話的部分價值在於你可以很快分辨誰是冒牌貨，因為好的對話和好的人際關係是環環相扣的，每隔半年假裝一次很容易，但定期開會就很難再裝下去，這也是我鼓勵同事預訂這些會議的部分原因，因為這可以幫助我在發揮影響力時看清對方真不真誠。」

若蓋勒看出哪位同事是索取者，他仍會持續給予，只是做法會變得謹慎。「面對索取者，我不會減少幫忙，但我幫忙的方式會改變，我還是會傾聽，會參與，但不會再有熱烈互動，我指導和訓練的力道就小了。並不是我刻意避開他們不幫忙，而是我們本來就會把時間投資在最有報酬的地方——對雙方最有報酬的地方。」

而莉莉安．鮑爾原本並不會看互動對象是哪種人而調整她投資的精力，她採行「真誠度篩選」前原本對每個人一樣慷慨，但後來她幫了一位家庭友人後，做法便徹底改變。那位朋友說希望進一流顧問公司工作，請鮑爾幫忙，鮑爾當然一貫她的慷慨作風，共花了超過五十個小時在晚間及週末訓練這位朋友的應徵技巧，還在自己公司及競爭公司替她牽人脈，最後這位朋友被鮑爾的公司和另一家競爭公司錄取，而且決定選擇鮑爾的公司。然而儘管鮑爾和同事花費大量時間精力讓這位朋友進了公司，這人卻要求調職到另一個國家的辦公室，直接違反了他們公司的招募原則。鮑爾顯然被一個看似討人喜歡的索取者拐了，她說：「她跟我們討論時幾乎都在講她自己的利益，描述決定的時候很明顯只關心自己，顯然她選擇照顧自己。」鮑爾有了這次被占便宜的經驗，後來面對索取者便警戒許多。「在那次事件後，我對她的感覺完全不一樣了，我不願再對她慷慨大方。」

鮑爾開始在協助指導索取者時善用真誠度篩選和寬容版以牙還牙策略，免除成為腳踏墊的風險，然而她還沒學會反對客戶、適時拒絕，因此在客戶眼中依然是濫好人。她說：「我還是會答應客戶大部分要求，不知道怎麼把事情推掉。」給予者該如何展現出堅定的一面？

● 堅定替他人爭取權益

兩性的能力生來並駕齊驅，然而男人賺的錢卻多得多。卡內基美隆大學的經濟學者琳達．鮑柏克（Linda Babcock）盯著數據驚愕不已：已經是二十一世紀了，然而在她學校的MBA畢業生中，男性的薪資所得卻比女性高出百分之七點六。卡內基美隆大學是全球頂尖的工業學院，出產過十八位諾貝爾獎得主，其中經濟學獎便有七位，而卡內基美隆的MBA學生有極扎實的量化訓練，商學院提供的學位包括計算金融、數量經濟學、軟體工程等，且有超過百分之四十的MBA學生畢業後都進入金融業。而在這樣量化的環境中，上述的薪資數據顯示女性在職場上依然面臨「玻璃天花板」效應。[31] 根據鮑柏克的計算，在為期三十五年的職涯中，此種差距將造成每位職場女性平均損失超過一百萬美元。

但原來這種性別差距並非玻璃天花板所導致。兩性剛開始談薪水時，企業提出的數字其實相差不多，但最後談定的薪資數字卻有很大差距。而鮑柏克進一步研究，發現男性和女性的抬價意願差別很大，有超過一半（百分之五十七）的男性會向資方協商要求更高的薪水，女性卻只有百分之七會開口，換言之，願意爭取高薪的男性是女性的八倍多。而開口協商的人（多數為男性）最後平均談到百分之七點四的薪資漲幅，差不多就是上述兩性薪資差距的原因。

兩性對於談判的意願不只侷限在卡內基美隆MBA的量化世界中，例如鮑柏克曾與同仁執行另一項研究，徵求一批受試者玩四回合的Boggle拼字遊戲，並答應會給他們三到十美元不等的報酬，但遊戲結束後，研究人員裝出索取者的態度，只給了最低金額三元，並問受試者：「給你三塊錢夠嗎？」結果這回也一樣，開口要更多錢的男性是女性的八倍之多。接下來研究團隊又進行了同樣的實驗，但這回他們直接遞給受試者三塊錢，沒再問他們是否接受，結果女性受試者沒人表示異議，但男性受試者仍有百分之十三主動要求更多酬勞。此外，研究人員對另一組受試者支付三元酬勞，並表示：「金額還可以協調。」結果超過一半（百分之五十九）的男性都把握機會抬價，而女性開口談價的比例只有百分之十七。整體而言，男性開口多要錢的機率是女性的八點三倍，在上述三種情況下，女性都任人擺布，讓索取者牽著鼻子走。而研究指出，女性之所以談判態度較不堅定，其中一個原因是她們不願違背「女人天性溫暖慷慨」的社會期待。[32]

31 譯註：玻璃天花板（glass ceiling）指的是組織中存在一道無形障礙，限制女性、少數族裔等特定群體升遷至高級管理階層的機會。

32 原註：這又帶到一個更大的問題：所以女性比男性容易成為給予者嗎？西北大學心理學者艾麗斯．伊格利（Alice Eagly）和同仁曾以系統化方式分析數百份給予行為的研究，如協助、共享、安撫、指導、救援、替他人辯護等相關研究，結果觀察男女的給予行為，發現兩性成為給予者的機率其實一樣高，只是給予的方式不同。例如在較親近的關係中，女性多半付出得比男性多，平均而言，女性捐贈器官給親屬、協助同事、指導下屬等的機率都比較高，女醫師提供病患的情緒支持也比男醫師多；但另一方面，面對陌生人時，男性成為給予者的機率則比較高，平均而言，男性較可能在緊急事件中伸出援手，或犧牲自己的生命救陌生人。

但在談判桌上受人擺弄的人不只有女性，腳踏墊效應可能籠罩在男女給予者頭上。許多實驗都顯示，給予者無論男女，往往都願意做出較大讓步達成協議，只為了讓對方滿意，即使原本可以談到更好的條件也不要緊。印第安那州聖母大學的提摩西・賈吉（Timothy Judge）曾主導一系列研究，找來將近四千個美國人填寫問卷，分析他們是不是給予者，評測他們幫助、關懷及信任他人的程度，結果其中給予者的所得平均比其他人低了百分之十四，每年損失的收入近七千美元。研究人員以性別分析數據時，發現男性給予者承受的收入損失是女性給予者的三倍：女性給予者的收入平均比其他女性低百分之五點四七，少了一千八百二十八美元，而男性給予者的收入卻平均比其他男性低百分之十八點三一，足足少了九千七百七十二美元。在前面談柔軟溝通的章節中，我們已經知道給予者通常較謙遜，不習慣把話說得斬釘截鐵，而有些控制變因的實驗已發現，在零和狀況下，給予者經常不願捍衛自己的利益：給予者談薪水所提的數字通常比互利者和索取者低，而且最後往往接受比他們預期低的價碼，而其中又以個性討人喜歡的給予者不願把話說開，最容易蒙受損失，讓荷包縮水。[33]

某位任職專業服務公司的男性也深受腳踏墊效應之苦，我們姑且給他個假名叫賽米爾・簡恩吧。賽米爾大學時以全屆第一名的優異成績畢業，之後在他服務企業的美國東北部分區也是前百分之十績優員工，而且花費許多時間協助同事、指導資淺員工。但賽米爾雖然工作績效好，卻發現在其他公司工作的朋友比他升得快，收入也比他多，而他自己從未要求加薪或升職，好幾次眼睜睜看著表現不如他的同事自信滿滿要求加薪或升遷，就這樣升到比他高的位子。他說：「是我自己不夠主動要求，因為我不想讓別人覺得不舒服，也不想撈過頭。」

薩米爾在印度長大，自小就是個好好先生，家人經常拿他開玩笑。薩米爾的父親出身貧苦，養成凡事討價還價的精明個性，得以讓全家人擠進中產階級。薩米爾在家庭庇蔭下長大，受到保護，一直沒有需要自己強出頭的時候。薩米爾的妻子強悍精明，很看不慣他這種溫順的個性，兩人初交往時，有回薩米爾正準備簽約租下一間公寓，妻子還插手替他講價，最後替他砍了一年六百美元的房租，薩米爾感到很佩服，但也自慚形穢，而從那之後，夫妻倆無論花錢買什麼，薩米爾都讓妻子負責殺價，因為他認為自己太好欺負。他坦承道：「老實說，這件事讓我自卑很久了。」

33 原註：雖然許多證據指出給予者不夠堅定是造成收入低的一大原因，然而其實還有第二個影響因子，那就是給予者常選擇收入較低的工作：他們願意少賺點錢，做更能發揮影響力的事。近來有學者複製給予者收入低的研究，但將職業納入計算，結果發現如此一來給予者和其他人的收入差距便縮小了——這代表給予者收入之所以低，確實是因為他們比較願意選擇低薪工作。康乃爾經濟學者羅伯特・法蘭克（Robert Frank）研究發現，職業社會責任最高的員工平均年收入比職業社會責任中等的人低了大約百分之三十，比起職業社會責任最低的人更低了百分之四十四，此外民營企業員工的年收入比公家機關員工高出百分之二十一，而公家機關人員又比非營利組織的職員高了百分之三十二。那猜猜看，誰最可能做政府機關和非營利組織的工作？沒錯，正是給予者。法蘭克曾做過一項有意思的研究，請主修經濟的學生考慮兩種組織的同一份職務，而兩個組織一個有顯著的給予價值觀，另一個則比較……沒這麼無私。結果發現學生選擇在美國癌症協會當廣告文案時，願意接受比在駱駝牌香菸當廣告文案低百分之五十的薪水，而選擇在美術館當會計時，願意接受比在石化公司當會計低百分之十七的薪水，在和平隊（Peace Corps）當招聘人員時，也願意接受比在艾克森美孚石油當招聘人員低百分之十七的薪水，而選擇在山巒協會（Sierra Club）當律師時，也願意接受比在美國步槍協會當律師低百分之三十三的薪水。此外有意思的是，男性比女性不願犧牲薪水。當然，這實驗是否能反映出受試者在真實生活中的選擇或許有待商榷，但我敢打賭無私奉獻者比利人利己型的給予者更願意犧牲薪資。

薩米爾離開那家專業服務公司後拿了個MBA學位，順利進入一家財星五百大醫療器材公司，這是他夢寐以求的工作。他對新東家給的薪資福利並非全然滿意，但他一如往常，不願開口爭取。「我不知道該怎麼談，我很喜歡我的老闆，不想讓他覺得不舒服。」而讓薩米爾更屈居劣勢的另一個原因是，當時正逢經濟不景氣，所以同期求職的人也都沒跟公司談薪水。

但這次卻發生了不一樣的事。兩、三個月後，薩米爾成功談了薪水，整體薪資福利增加了七萬多美元。薩米爾經歷了一場「傻子變形記」，從原本的腳踏墊角色轉變為堅定成功的談判者。他說：「我老婆嚇傻了，她稱讚我這次談判很有毅力又成功，對我來說，老婆覺得我是談判高手這件事才是最大的勝利。」是什麼讓薩米爾準備好開口談判呢？

琳達．鮑柏克率領團隊做過一項精妙絕倫的實驗，正好可以回答這個問題。鮑柏克針對一百七十六位在公營或民營組織工作的高級主管進行研究，從執行長、營運長、總裁、總經理到董事長都有。研究人員在實驗開始時告訴所有受試者相同的資訊：請他們想像自己是一位任職軟體公司的員工，目前獲得升職機會，要跟公司談薪資福利。結果男性受試者談到的平均薪酬是十四萬六千美元，女性受試者則是十四萬一千美元，也就是男主管比女主管多拿到百分之三。然而鮑柏克和同仁只用一句話，就讓女主管談到平均十六萬七千元的薪水，比男主管還高出百分之十四。

研究人員只是請這些女主管扮演另一個角色：不是談薪水的本人，而是她們提攜的員工，因此這些女主管現在是替別人爭取權益。有趣的是，她們不會因此設定更高的目標，但卻會努力談到心中理想的數字，協商結果自然變好。而在另一份類似研究中，學者愛米麗・艾瑪納杜拉（Emily Amanatullah）和麥克・莫禮斯（Michael Morris）也請男性和女性受試者針對一份吸引人的工作協商薪資條件，其中有一半的人要想像是在替自己談判，另一半人則想像自己推薦朋友來應徵，現在是替朋友談薪資福利。這項實驗結果也差不多，所有受試者無論性別、無論是替自己或友人談薪水，一開始心裡想的數字都差不多。

然而受試者的談判表現卻大相逕庭。男性受試者無論替自己或替他人談，一開始要求的數字平均都是四萬九千美元，然而女性卻不一樣，她們替自己談薪水時，實際開口提出的數字是四萬兩千元——整整比男性低了百分之十六點七。

但這個差額在女性替朋友談薪水時就消失了，女性一旦變成替別人爭取權益，表現就能夠像男性一樣好，也會從四萬九千美元開始談。艾瑪納杜拉和莫禮斯在另一項實驗中邀請資深主管來進行協商，最後也得到相同的實驗結果：男性主管無論替誰談薪水都開口要求差不多的金額，但女性主管替別人談判時表現卻好得多。此外，范德堡大學教授布魯斯・巴瑞（Bruce Barry）和瑞伊・弗萊德曼（Ray Friedman）也在研究中發現，若進行短期、單一議題的協商，給予者的表現通常不如索取者，因為他們通常比較願意退讓；然而若給予者能為自己設定，並且堅守高目標，他們的劣勢就消失了——因為給予者替別人發聲時更能勇於爭取。

再說到薩米爾的傻子變形記，其中的關鍵正是替別人爭取權益。薩米爾當年在前東家不敢開口談判時，心裡想的是自己的利益，但來到這家財星五百大的醫技公司時，他的心態改變了：他現在是替家人爭取利益。薩米爾只須對自己負責的時候會任人擺布，但給予者的天性卻也讓他不想辜負別人。薩米爾說：「我把這種心態當成對抗自己的心理武器，用這個想法激勵自己，方法就是想像自己是中間人，要替家人爭取權益；我身為一個給予者，太積極替自己說話會內疚，但只要想著『家人要靠我，這樣等於在傷害家人』，談判時就不會有罪惡感。」

薩米爾把自己想成中間人，必須代表家人發聲，便下定決心開口要求加薪及學費補助，而這也是利人利己的策略，一方面他做了符合給予者天性的事：捍衛他人利益，另一方面他維護的是自己的家人，家人的利益等於是他自己的利益。然而同時，薩米爾並未像索取者一樣獅子大開口，而是在家人和公司的利益間取得平衡。他表示：「我的價值觀不會接受做出不對或不公平的事，我不會大敲一筆，但我會堅持談到我覺得合理、公道的條件。」

薩米爾剛開始找新老闆談薪酬時，要求加薪及讓他報銷ＭＢＡ學費，他要求的幅度其實符合其他公司願意給的待遇，但老闆從人資部門帶回的消息卻令他失望：這兩個條件公司都沒辦法答應。當時薩米爾心裡便有了退讓的衝動，他想對老闆表現出給予者的精神，同時也擔心多要錢會影響老闆的考績或手上可運用的預算。然而薩米爾還背著大筆學生貸款，他感覺自己最應該負責的對象是家人，因此他又要求了一次，說服老闆替他向人資部門要求加薪及到職的簽約獎金，後來他終於獲得加薪五千美元，簽約獎金也上調五千元，而當時公司答應給的一萬美元簽約獎金已經過期，薩米爾也開口要求這筆獎金，最後也要到了。薩米爾的主管說他最多只能爭取到這樣。

薩米爾第一年就多爭取到兩萬美元薪酬，當然底薪增加，連帶分到的股利也更多，然而公司還是沒讓他報銷MBA學費，因此他決心找另一個方式來照顧家中經濟。他碩班最後一學期時有不少空閒時間，便要求公司讓他做兼職顧問工作，結果公司同意付他每小時一百三十五美元的薪資，等於讓他在幾個月內又多出五萬美元的收入。薩米爾正式簽約接下這家公司的工作，而此時他已經多拿到七萬多元的薪資福利。薩米爾說：「這次我之所以可以堅持爭取，很大一部分是因為我把自己當成中間人。如果現在我不堅持，下次升遷的時候會發生什麼事？我會變成一個有三個小孩但任人擺布的人。想著自己在替別人爭取權益讓我可以堅持下去，讓我更有種。」

儘管薩米爾藉由替家人爭取權益而成功談判，但他依然擔心這些做法會影響他日後在公司的聲譽以及和老闆的關係。然而，協商過程結束後，老闆卻表達了一個讓薩米爾驚訝不已的想法。薩米爾說：「結果老闆決定錄用我的一個原因竟然就是因為我勇於爭取，我不任人擺布，他很欣賞這點。」給予者（尤其是性情討人喜歡的給予者）經常以為堅定作風會使人反感，然而薩米爾不僅在談判後獲得敬重，老闆還因此對他的談判能力留下深刻印象。最早人力資源部門拒絕薩米爾的要求時，薩米爾說明了他家人的狀況：「我只是希望可以不用擔心付不出房租，我有一家子要養，還有貸款要還，你們有沒有辦法讓我的生活好過一點呢？」薩米爾以家人立場發聲，而不是從自己的角度說話，便維持了給予者的形象，顯示出他願意替他人爭取權益，如此就發送正面訊息，讓大家知道他代表公司權益時將會如何堅持不懈。

鮑柏克和研究同仁將這種做法稱為關係描述（relational account），也就是在提出要求時展現自己是在維護他人利益，而非為了一己之私。鮑柏克和哈娜．萊利．鮑爾思（Hannah Riley Bowles）寫到，女性要求加薪時會有風險，因為許多人認為女性應該「重視、關懷他人，樂於給予而非索取」才是。而除了女性特別擔心過於堅定有可能不符性別規範，其實男女給予者都害怕堅持己見會違背自己的人際互動原則，一旦要求太多，就覺得自己沒有給予精神，好像成了索取者。但其實給予者替他人爭取權益時，就算堅持自己的要求，其實也是堅守保護及增進他人利益的價值觀——給予者可以把談判奠基在對他人的關懷上。給予者使用「關係描述」，不但能把自己想成是替他人倡議的中間人，更能向外界呈現自己替他人努力發聲的形象，這是一種強而有力的做法，能維持身為給予者的自我形象及社會形象。

而莉莉安．鮑爾後來決心不再對客戶逆來順受，用的也是這套想法，她指出：「我想對人好，也想培養客戶對我的信任，但不代表我要讓他們牽著鼻子走。」面對客戶提出超過專案範圍的要求時，鮑爾的拒絕策略是結合替人發聲和關係描述。首先她會先站在替人發聲的立場，把自己想成中間人，正在替自己部門的顧問說話。她解釋：「給予者會想保護人，而我在跟客戶協商時，會感覺自己必須對團隊負責，這樣我就更能堅守底線。」接著鮑爾便開始向客戶表達她的這份責任。「客戶提出不合理要求時，我會說明這樣我的團隊會很累，工作時間會拉得很長，會非常辛苦。客戶都知道我其實是願意讓步的人，所以我堅持的時候也就越有效果，因為他們會知道我不是無故拒絕。」

● 拒當濫好人

莉莉安．鮑爾的成長讓我很有共鳴。我大一時開始替Let's Go旅遊書賣廣告，這是一個完全由哈佛學生編寫發行的旅遊書系，定位為省錢旅遊的聖經，競爭對手是孤獨星球（Lonely Planet）、弗羅默（Frommer's）、里奇．史蒂夫斯（Rick Steves'）等省錢旅客必看的旅行書。我第一天上班時，主管遞給我一份客戶名單說：「這些人去年在Let's Go的書裡投了大約三十萬美元的廣告，你就打給他們，說服他們再投就對了。」她語畢便轉身離去。

我意識到沒人會訓練我，不禁驚慌起來。我沒有產品知識，沒有相關經歷，而且當時沒到過北美洲以外的地方，我才十八歲，根本不夠分量到大型跨國企業向什麼資深副總裁拉廣告。[34]

我鼓起勇氣撥電話給一位Let's Go的長期廣告客戶，他名叫史蒂芬，是一家旅行社的老闆。他開口的那一秒我就發現他顯然滿腔怒火。他咆哮道：「一開始我看到除了廣告之外，書裡也寫到我的旅行社，我還很高興咧，結果後來才看到上面附的聯絡資訊是舊的，所以我

34 原註：後來我才知道，當年主管之所以錄用我，純粹是因為前任員工上班三週就離職，她急著找新人，而職缺開了二十二天，我是唯一應徵的人。

付了好幾百美元就是為了讓你們的讀者找到我，結果書裡卻放了舊的地址和電郵地址。」我用溫和的語氣解釋公司的廣告和編輯分屬兩個獨立部門，我可以確保他的廣告正確，卻沒辦法干涉書本身的內容。但史蒂芬才不管，他要求我們減免廣告費來彌補編務疏失，還威脅如果我不答應，他就不會再買廣告。我能感受他的失望，便答應替他打九折，但這違反了Let's Go的政策，我的合約寫得清清楚楚，除了媒體資料列出的優惠，嚴禁給客戶其他折扣。而這還只是一連串錯誤的開始。

在聯絡了幾十家廣告客戶後，我又答應了三筆優惠，而且拉到的客戶少得可憐，結果後來我得知Let's Go的客戶續約率只有百分之五，心裡嘔氣不已。除了沒帶進什麼業績，有位客戶要求退他前一年的廣告費時，我竟然還屈服了，成為公司史上第一位把入帳的錢送還給客戶的員工。在對客戶展現同理心、盡量滿足他們需求的過程中，我為了幫助他們犧牲了自己，更犧牲了公司，我表現得一敗塗地，已經準備好要離職。

而在那之前，我其實已經有許多給予者的經驗。我十四歲時矢志成為跳板跳水選手，也就是決心學會躍入半空中，翻筋斗、扭轉身軀，然後以優雅的姿態遁入水中，不激起水花。先別提我其實跳不好、翻不好也扭不好，而且我又怕嘗試新動作，肢體非常不靈活，隊員還叫我「科學怪人」。有天練習時，教練還帶來一座節拍器，希望能幫助我計時，但努力數小時之後，他宣布我是個沒有節奏感的人。

而接下來四年，我每天練習六小時，最後終於成為傑出選手，兩度進入州決賽，兩度獲得美國奧運少年組選手資格，並獲選為全美代表選手。後來我加入哈佛跳水校隊，參加美國大學體育協會競賽，但在過程中犧牲了自己的成就，因為我在生平最關鍵賽事的前幾個月自願訓練兩位競爭對手。我教他們新的跳水技巧，評點他們的姿勢，教他們壓水花的秘訣，還教他們收尾時消失在水面下的訣竅。

而他們對我的回報就是在州冠軍賽時以幾分之差打敗我。

而在Let's Go，我又一次犧牲自己造福他人。我幫客戶省錢，卻成了個濫好人，讓公司業績退步，並犧牲自己的佣金。但第二週時我在公司認識了一位新上任的協理，而她的職缺是因為我前面那位離職員工帶進廣告收入才開成的，她有了這份工作，得以支付學校學費。這正是我需要的靈感：我意識到同事必須仰賴我。我當時是學生，沒有老婆小孩，但我可以想像自己成為中間人，替許多大學生爭取利益，他們都希望能找到工作支付學費，同時累積有意義的工作經驗。我在替自己謀求利益時或許任人予取予求，但如果是替其他學生爭取利益，我就會勇於保護他們。

後來與一位殺價毫不留情的法國飯店業者展開激烈交涉前，我先想著廣告業績可以讓公司開更多職缺，而這就給了我決心，讓我堅持自己的立場。此外我還使用了關係描述：如果我給他折扣，那其他客戶的廣告費也都要打折才公平，我有責任公正對待每位客戶。最後這位客戶付了全額。幾個月後，我已經創下公司紀錄，帶進六十多萬美元的業績，幾乎是前任員工的兩倍，而且其中超過二十三萬美元都來自陌生電訪開發出來的新客戶，此外我還賣出公司史上最大一筆廣告案，總裁在一場筵席上公開誇我是這家公司「有史以來數一數二優秀的廣告專員」。我在十九歲時升為廣告業務總監，掌管一百多萬美元的預算，身負招聘、培訓員工及帶動部門士氣的職責。

我升遷不久後，網路產業就泡沫化了，在廣告季開始前，我們有十幾二十家客戶已經倒閉，而前十大客戶中更有六家告知他們的廣告預算被砍，沒辦法再續約，總之Let's Go共損失二十二家忠實客戶，預算也比前一年少了百分之四十三。最沉重的一擊來自我們最大的客戶，那是一家學生旅行社，正是先前簽下破紀錄廣告案的客戶。他們的副總裁麥可打電話來說：「打來跟你說這件事很不好意思，因為我們很喜歡你們的產品，也很重視跟你們的關係。」麥可深吸一口氣後繼續說：「但是我們預算吃緊，最近旅遊市場也不景氣，我根本不知道今年還有沒有辦法打廣告。我們要請你們給我們一個大折扣，再考慮要不要買。」

我心裡想著麥可公司帶來的營收會影響我們公司的許多職缺，所以便抱著為別人爭取權益的心態積極遊說，我告訴麥可，競爭對手都在撤廣告，所以這正是脫穎而出的良機——還有什麼時候比不景氣的時候更適合投資？麥可說他問過老闆之後再跟我聯絡。但隔週麥可來電告訴我一個壞消息：他老闆說，除非我們以三折的價格提供與前一年一模一樣的廣告方案，他們才會繼續買廣告。如此一來，他們的廣告費從原本的將近十二萬美元下砍到不滿四萬元。

接著在弄清楚我們能給多少折扣的期間，有次我去訓練別人跳水，坐在泳池畔，我突然頓悟，我發現跳水和Let's Go的業務有很大的不同。個人運動是零和競賽，幫競爭對手贏就代表我會輸，但商場上卻可以有雙贏局面，成就客戶的利益不一定得犧牲自己。我開始思考麥可的利益，想到他或許會喜歡放在店頭免費發送的產品。我聽同事說過，我們的出版合約載明，Let's Go可以販售或授權二十頁以下的書籍內容，因此我決定讓麥可贊助一項全新產品——二十頁的Let's Go旅遊手冊，他可以致贈客戶，客戶會喜歡免費的旅遊秘笈，說不定會因此待在店裡更久，或更常回店，而且如此一來這筆費用就不是廣告預算，而是通路預算，麥可或許願意考慮。我繼續從麥可的利益出發，又想到如果麥可的旅行社可以獨家贊助手冊，對他們一定更有價值，這樣手冊裡便不會出現其他公司的廣告。最後我們簽下這樁雙贏的獨家贊助案，麥可投入超過十四萬美元的預算，我再次創下公司史上賣出最高額廣告案的紀錄。

雖然替人爭取權益和關係描述這兩個方法讓我得以在零和談判中表現堅定，但設身處地轉換觀點才是我得以把餅做大、成功談出雙贏局面的原因。最後在一片網路泡沫化的浪潮中，我們用這種模式吸引一半以上的續約客戶加碼廣告投資，整個團隊帶進超過五十五萬美元的利潤，得以擴編人員和進行新的行銷計畫。此外，我花了幾個月時間向拖款客戶催收廣告費，成為公司近年來唯一一個收齊百分之百應收帳款的經理，沒有任何一筆呆帳。我進入公司董事會，還得到年度最佳經理獎，領導精神、奉獻及商業敏銳度都獲得肯定。我在Let's Go學到的一切深深烙在腦海中，我決心把接下來的職涯用來教導其他給予者，告訴大家克服腳踏墊效應的秘訣。

這幾年來，學者已經知道成功的談判者通常採用利人利己的策略，荷蘭心理學者卡思登·德杜魯（Carsten De Dreu）曾分析二十八份研究發現，最優秀的談判者並不是索取者，也不是無私奉獻者。索取者一心掠奪價值，把協商視為非贏即輸的零和競賽，不信任對方，因此積極討價還價，不會設法了解對手的利益，因此忽略創造價值的機會。而無私奉獻者則讓步太多，往往犧牲自己造福對手。最成功的談判者其實是利人利己的給予者，他們既在意自己也在意對方的利益，會找機會造福他人同時成就自己，因此比起索取者和無私奉獻者，他們更能深入思考，用心找出雙贏的解決之道。利人利己的給予者不像無私奉獻者直接將好處拱手讓人，他們會先創造出更多好處再分享給別人，整塊餅做得夠大，他們放進自己口袋的部分也變多了——他們給予得多，同時收穫也多。

這種「把餅做大」的觀念正是莉莉安・鮑爾的職涯轉捩點。雖然她已學會拒絕客戶，也不再花太多時間指導及協助索取者，但她仍不願放棄幫助給予型及互利型的人。一些看起來不像索取者的資淺同事需要幫助時，她依然選擇無私奉獻，付出太多時間，犧牲了自己的行程和需求。

傑森・蓋勒則採用比較利人利己的做法：他找到一種可以擴大貢獻量的方法，讓自己可以貢獻，卻不會花費太多時間。蓋勒的秘訣就是邀其他人分擔，創造機會使更多人成為給予者，自己便不會負擔過重。蓋勒身為資深主管，每當有初級分析師請求他協助時，他就會建議共進午餐，然後邀幾位新進主管加入，這樣這些新主管能跟他說到話之餘，也能一起指導初級分析師。蓋勒說：「這種方式很好，可以讓他們有機會指導資淺同事。」換言之，蓋勒不是自己費力貢獻，而是為初級分析師找來許多導師，貢獻的人多，匯集的知識和建議也更豐碩。

鮑爾被批評人太好之後，就改而採取了類似蓋勒的做法：她不再一對一指導，而改用團體指導。

現在我會自問：「我真的是唯一能幫這個忙的人嗎？」我會盡量想，除了自己以外，一定還有可以利用的其他資源，我開始安排大家互相幫忙。現在我對指導的人直言不諱，我會告知他們：「別人幫過我，你也要這樣幫別人。你得到別人的好心幫忙，就要把心意傳下去，這是應該的。」

鮑爾決定不再獨自扛下貢獻的重擔，她把餅做大，在貢獻時發揮更廣的影響力，也節省了自己的時間。她說：「如果你的公司是一般狀況，裡面同時有給予者、索取者和互利者，你可以用很多方法來強化公司的給予傾向、壓抑索取傾向，並讓互利者變成給予者，這樣你會得到能量和滿足感，這過程讓人上癮。」

成功的給予者不認為自己注定被人欺，他們知道自己的每個選擇都會影響他們在競爭局勢中的成果，危險的並非給予行為本身，而是在各種不同的人際互動及關係中僵守同一種人際互動模式。套心理學者布萊恩·李托的說法，就算我們的本性是樂於貢獻，但我們成功與否取決於是否能培養出互利的第二天性。雖然許多成功的給予者一開始的預設態度也是相信他人立意良善，但他們會小心翼翼檢視環境，偵測可能的索取者，永遠做好準備，他們並非感覺索取者的情緒，而是分析索取者的思緒，然後從無條件奉獻轉變為適當的寬容版以牙還牙策略，而一旦想要讓步時，也會想想自己對於心裡重視的人有義務，如此就能堅守立場。

對莉莉安·鮑爾來說，上述策略的改變讓她經歷一場「傻子變形記」，她逐漸學會運用與生俱來的優勢替他人爭取權益、細察他人動機，並調整自己的做法，投資在那些她最能發揮影響力的人身上，並鼓勵他們貢獻。這些效果累加之後，她從任人擺布的腳踏墊變成一位有成就的給予者。莉莉安·鮑爾的慷慨大方一開始拖累她晉升公司合夥人的步調，但後來卻也讓她借力使力、平步青雲——她是她的顧問公司裡第一批成為合夥人的員工。

CHAPTER 8

改變索取者

─看足球隊、指紋和姓名發揮奇效─

無論人如何自私，本性中仍有些原則使其關注他人的命運，視他人福祉為必需，儘管與己無關，卻能因此心喜。

——經濟學之父 亞當・斯密

一九九三年時，一個名叫克雷格・紐馬克（Craig Newmark）的人離開服務十七年的ＩＢＭ，到舊金山的嘉信理財任職資訊安全工作。他孤家寡人來到灣區，想豐富自己的社交生活，於是在一九九五年初，他開始寄電子郵件給朋友，分享鄰近地區的藝術及科技相關活動。而在口耳相傳之下，大家開始擴展郵件內容，除了活動外，徵才、房屋及各種待售物品的訊息也都出現在信裡，到六月，寄信名單增加到兩百四十人，已經不適合用直接發信的方式，克雷格便改用電子郵件自動化分散系統（listserv）。到一九九六年，網站誕生了，網站名就叫「克雷格列表」（Craigslist），而截至二〇一一年底，克雷格列表在全球已進駐七百多個地區，光是美國每個月的網站流量就高達五千萬人次，是全美前十大受歡迎網站，在全球也是訪客人次排名前四十的網站。

克雷格列表之所以成功，憑藉的是人的互利天性，這個網站讓交易過程變得便捷，買賣雙方以實在的價格公平交易商品及服務。以本質而言，克雷格列表讓人在直接交易的過程中交換價值，創造出互利者最喜歡的施受平衡狀態。紐馬克亦曾寫道：「我們秉持的不是利他精神，從某種角度而言，我們很像跳蚤市場。」

能不能有個類似系統秉持的不是互利原則，而是給予精神呢？

二〇〇三年，一個土生土長的俄亥俄州人德隆．畢爾（Deron Beal）決心試試。當時畢爾和克雷格．紐馬克一樣，也剛搬到人生地不熟的新城市，因此他彙整了一個好友電子郵件列表，他採用克雷格列表的精神，目標是創造出人人都能加入的地方網路交換社群，替想脫手物品和想得到東西的人牽線，然而畢爾訂下一條跟克雷格列表的精神天差地別的規矩：不允許金錢買賣或以物易物。這個網站名叫「免費循環網」（Freecycle），上面的物品都必須是免費贈送。畢爾最早替亞利桑那州土桑市的一家「上升」（Rise）非營利組織籌備一項回收計畫，許多地方商家開始捐贈狀況良好但無法回收的物品給畢爾，例如電腦、辦公桌等，畢爾希望能把這些物件捐給需要的人，花了無數個鐘頭打電話給各大慈善機構，進展卻很慢，而當時他自己也有一張床想脫手，但二手商店卻不收。「免費循環網」的點子就在這時浮現，畢爾想到若能建立線上社群，以更有效率的方式替捐贈方和接受方牽線，上述兩種問題都能迎刃而解。

畢爾先寄了一封電子郵件給大約四十位朋友宣傳這個「免費循環網」，但第一批成員開始張貼他們想捐贈的物品時，有人送的東西實在令畢爾始料未及。一位女性捐了一瓶用過的染髮劑，保存期限只剩幾個小時。她寫著：「要盡快用完，誰想把頭髮染深，擇期不如撞日吧。」還有一位德州的先生捐了個比較好的東西——釣具，但上面綁著釣魚線，這位先生說他只送釣具被偷的人。他說：「三十四年前，我還是個小孩的時候，偷了別人的釣具箱，現在我沒辦法找到那個人彌補當年的過錯，所以這是我能夠想到的方法。」看來有些人在這套系統中找到互利者可以鑽的漏洞，還有人想送垃圾，免費循環網似乎注定失敗。

但畢爾深信「一個人的垃圾可能是另一個人眼中的寶」，而且確實有不少人把其實可以在克雷格列表上販售的好物在免費循環網上捐贈，例如有人捐過狀態良好、價值超過兩百美元的相機，也有人捐過好的電腦、平板電視、幼兒汽車安全座椅、鋼琴、吸塵器、運動設備等等。免費循環網在二〇〇三年五月創立時會員數不過三十人，但一年後早就以驚人速度成長，遍布全球三百六十個城市，共有超過十萬名會員，到了二〇〇五年三月，免費循環網的會員已有一百萬人，足足成長十倍。

不久前，社會科學學者羅布．衛勒（Robb Willer）、法蘭克．弗林（Frank Flynn）和桑妮雅．查克（Sonya Zak）決定研究大眾參加這類物品交流系統的動機，希望解開一道社會科學學者爭辯不休的問題。許多學者認為像克雷格列表這類直接交換是交換資源的最佳方式，系統中的人可以兩兩交易價值，如此能善用多數人都是互利者的常態。但也有些專家預期，像免費循環網這類系統將蓬勃發展，成員贈送物品給一個人，然後接受另一個人送的物品，也就是並非跟同一人交換價值。這些學者認為雖然這類大眾互惠系統必須仰賴給予者才能成功，而且難免遭索取者利用，但其實效率也可能像直接互利一樣好。

比較直覺的解釋是這兩種系統會吸引不同的人，或許互利者和索取者愛用克雷格列表，而給予者則會聚到自由循環網。[35]例如德隆．畢爾就說：「如果大家都是索取者，就不可能有自由循環網存在了。」然而羅布．衛勒的研究團隊卻發現原因不僅於此。

自由循環網之所以能成長茁壯，一部分是因為吸引了原本就有給予精神的人，然而這個網絡其實做了更了不起的事——自由循環網其實鼓勵互利者和索取者樂於給予。衛勒的研究團隊為了解自由循環網如何運作，便從克雷格列表和自由循環網隨機挑出會員，針對這兩個交換組織在全美國數十個站台的一千多個會員進行調查，以一系列問題問這些人希望自己儘可能獲得最多好處或是貢獻他人，藉以評測這些人的人際互動模式。調查結果發現，這些使用者中的給予者平均在自由循環網捐贈二十一項物品，然而就連喜歡索取勝過給予的人也平均捐出超過九樣物品。

有趣的是，大家一開始加入自由循環網的原因常是想索取而非給予。畢爾說：「很多人對自由循環網的印象都是可以拿到免費的東西，一般人加入時通常心裡想的是：『我可以免費拿好康。』但接著就會有典範轉移，例如我們曾湧進一批不好過、需要幫忙的新手父母，他們拿到嬰兒車、汽車安全座椅、嬰兒床和兒童餐椅，後來他們沒到克雷格列表上把東西賣掉，而是拿回來這裡捐。」

大家抱著索取的初衷加入組織，後來卻開始給予，為什麼呢？

這問題的答案正是給予者避免淪落到成就金字塔底層的秘訣。當給予者在面對個別對象時，明智的自保做法就是進行「真誠度篩選」，以及在遇到索取者時改用寬容版以牙還牙策略；然而在團體情境中，給予者可以用另一種方式來避免遭到利用，那就是讓團體中的每個人都一起來給予。傑森·蓋勒和莉莉安·鮑爾早已看出這個策略，他們都請自己提攜的同事協助指導更資淺的同仁，將給予傳下去。本書前面提過一位獲《財星》選為人脈王的矽谷貢獻家亞當·雷夫金，他在人脈網絡中做的也是相同的事。雷夫金邀請受他恩惠的人來協助他人脈網絡中的其他成員，給予的行為標準便這麼產生了。我在第一章也提過，其實很少有人在生活各場域都使用單一種人際互動模式，若一個組織發展出給予的行為標準，組織成員便會維護這套行為標準，即便他們在其他場域中比較像索取者或互利者，在這裡依然會樂於貢獻。這就降低了給予的風險——人人都給予，餅做大了，給予者就不會老是付出卻一無所獲。

能讓成員都樂於給予的組織，究竟有何獨到之處？在本章結尾，我將介紹一個極有效的活動，全球許多一流企業及商學院都已經採用這個活動來鼓勵給予者，同時促進索取者和互利者的給予行為。但在那之前，我們要先一窺自由循環網改變互利者及索取者的原因，這樣就能深入了解個人和組織可以用什麼方法來鼓勵給予行為。而首先，我們要了解進行給予行為的理由。

35 原註：克雷格列表其實也有免費贈送物品的版面，但受歡迎程度遠不如買賣的頁面。

●利他精神的爭辯

近四十年來，兩位世界一流的心理學家為了一個問題爭辯不休：人給予時究竟秉持著純粹的利他精神，或是說穿了仍帶著自利動機？這兩位學者不是從哲學角度爭辯，而是採用更尖銳的武器——心理實驗。

支持人有純粹利他精神的是丹尼爾・巴特森（C. Daniel Batson），他認為我們對身處困境當中的人感同身受時，便會產生真正無私的給予行為，對方越需要幫助，或我們對他們的情感越深，所引發的同理心就越強烈，而當我們對一個人有同理心時，就會貫注自己的能量及注意力來幫助對方，並不是因為能得到良好的自我感覺，而是因為我們真的關懷對方。巴特森認為，雖然有些人的同理心比別人多也比別人深，但幾乎所有人都具備同理心，就算是再不討喜的索取者也一樣。亞當・斯密也曾在幾百年前說過：「見人受苦時，人的情緒隨之而生……絕不僅止於美德或人道之人，縱使這類人最有所感，然惡棍或法外狂徒亦有情也。」

而唱反調的則是羅伯特・席爾迪尼（Robert Cialdini），他提出世上並沒有純粹的利他精神，他認為人類經常展現慷慨、奉獻和關愛，這些行為並非源於無私利他的精神。席爾迪尼認為，他人受苦時我們也會感到受苦，而這就是我們伸出援手的動機。席爾迪尼對巴特森的論點提出的第一個質疑是，同理心使我們伸出援手時，我們的終極目標並不是造福對方，根據他的說法，我們見到別人身處困境時，會感到痛苦、悲傷且歉疚，而伸出援手能讓我們減輕這些負面感受。席爾迪尼蒐集大量研究資料，指出人面對困境之人會感到憂慮、愧疚或悲傷時，就會選擇伸出援手。

而巴特森反駁，他說有時人幫忙是為了消除自己的負面感受沒錯，但這只是其中一個可能性，且產生負面感受後不一定就會伸出援手，我們憂慮、難過或歉疚時，終極目標就是要消除這些負面感受，而有時我們選擇的策略是伸出援手，但許多時候我們也可以用其他方式來消除負面情緒，好比轉移注意力或直接逃離該情境。巴特森想出一個絕妙方式，可以分辨我們為何會秉持同理心幫助他人，究竟是因為我們想減輕他人或是自己的折磨；如果我們其實是想減輕自己的折磨，應該會選擇能讓我們心裡最好過的方法，而如果我們是想減輕他人的折磨，那就算伸出援手的代價高昂，且還有其他改善情緒的管道，我們也還是會選擇助人。

巴特森的團隊進行實驗，提供受試者選擇機會：受試者可以選擇觀看一名女性接受電擊，或是退出實驗，如此自己便不必承受心理折磨。結果不出所料，有百分之七十五的人都選擇離開。然而一旦受試者對該名女性產生了同情心，便只會有百分之十四的人選擇離開，其餘百分之八十六的人都選擇留下，並自願替該名女性承受電擊。而在選擇留下，並伸出援手的人當中，同理心最深的人願意承受的電擊次數會是其他人的四倍之多。巴特森的研究團隊進行超過六次實驗都得到類似結果，亦即人在可以逃離負面感受的情況下，只要有同理心，便依然願意留下幫忙，並付出自己的時間及苦痛做為代價。巴特森根據這個證據做出結論，指出消除負面情緒並非人類伸出援手的唯一原因，他還分析了多達八十五篇研究來輔佐這個論點。

但席爾迪尼是本時代卓越的社會思潮大家，他還不滿意。他指出同理心確實使人伸出援手，人一旦產生關懷及同情，當然會犧牲自己造福他人，但他認為這並非全然無私的情操。席爾迪尼指出，我們對身陷困境的人感同身受時就會形成情緒依戀，與對方產生合一（oneness）的感受，將受苦的人融入我們的自我感受之中，在對方身上看見自己，而這就是我們助人的原因——我們幫的其實是自己。這裡又可以引用亞當・斯密說過的話：「透過想像力，我們得以設身處地，想像是自己經歷此般磨難，彷彿進入對方身心，在某程度上成為對方，領會其知覺，甚至感其所感。」

席爾迪尼和同仁執行的眾多實驗都支持這個論點。同理心造成合一感受，也就是人己交疊（self-other overlap）的現象，因而產生樂於助人的意念。但巴特森的研究團隊又駁斥：這正是利他精神——若我們對他人的同理心達到願意將自我意識與他人結合，即表示我們對他人的關懷程度與對自己一樣多，不再將自身利益置於他人之前，這種助人行為就是利他的表現。

辯論至此陷入僵局。

兩個陣營皆同意同理心會造成助人行為，雙方也都認同「合一」的感受是促成助人行為的一大主因，然而兩派學者最根本的差異在於：一方認為合一的感受是自私的，另一方卻認為這是利他精神的體現。我則認為其實兩者之間可以有中間地帶，也就是德隆・畢爾已經發現的一件事。畢爾創辦自由循環網的動機不只一個，他除了希望二手物品可以讓需要的人再利用，免除淪落垃圾掩埋場的命運之外，其實也有自利的動機。畢爾推動回收計畫時，有一整倉庫的舊物，那些物品他自己沒用處，也無法回收，而他老闆希望清空倉庫，此外，他也希望自己家裡那張舊床墊能脫手，他朋友都不想要，而床墊太大，不便丟棄，必須借卡車把床載到垃圾掩埋場，還得支付清理費，因此畢爾發現，送給自由循環網上的人或許簡便經濟得多。

許多索取者和互利者剛開始上自由循環網捐贈的動機也是如此，如果有不想要或無法在克雷格列表上販售的物品，捐掉是很有效率的脫手方式。但不久後，畢爾就從自身經驗了解到，原先秉持自利動機捐贈物品的人，其實會開始關懷自己幫助的人。後來有人要來拿畢爾的床墊時，他喜不自勝。他說：「我原本覺得是我可以把床墊脫手，所以我是得到好處的人，但後來對方來到家門前，跟我說謝謝，我卻覺得很開心，所以捐床不是完全自私自利——因為我真的幫到了人，也因此感到喜悅。這件事讓我開心得不得了，導致我後來又陸續捐出其他東西。」

而我經過十年研究，現在已經可以下結論：畢爾的故事並非例外，而是常態。合一的感受利人也利己，許多時候我們之所以給予，都是秉持著對別人有利也對自己有利的複合動機，而索取者和互利者尤其容易因為某些事對人對己都有利而做出給予行為。一如法蘭斯．德瓦爾（Frans de Waal）也曾在《同理心的年代》（原名The Age of Empathy）一書中寫道：「硬是分成自私或不自私也許根本聚焦錯誤，為何要把自我從他者抽離，或把他者從自我抽離呢？或許自我與他者的合一正是我們合作天性背後的奧秘。」

例如想想維基百科，這是網友志願免費撰寫的網路百科全書，如今已有超過三百萬志工參與編寫，且其中有十萬多位都是長期志工。而當這些義工被問起參與編纂的原因時，幾乎少有人回答是因為想拓展人脈、傳播名聲、排遣寂寞、感覺自己有價值或被需要等自私動機，但這些志工強調的原因也不只有幫助他人的利他價值而已。參與撰寫維基百科的志工在生活中其他領域並不一定是給予者，但他們卻貢獻許多時間詳加概述並交互參照維基百科的條目，為什麼？根據一項調查，維基志工主要秉持兩大動機，一是好玩，二是他們認為資訊應該免費流通。在許多義工眼中，撰寫維基百科利人又利己：既提供個人樂趣，又能造福他人。

畢爾認為自由循環網成長快速的一項關鍵正是其利人利己的架構。捐出我們不再需要的物品，同時又能造福他人，這樣的「禮物經濟」其實跟亞當．雷夫金的「五分鐘法則」有異曲同工之妙——都是個人花費低成本就能讓他人獲得極大好處。自由循環網的網站宗旨值得注意，因為正強調了會員可以同時利人及利己的兩種好處：「在全球各地推動贈禮運動，減少廢棄物、善用珍貴資源，同時減輕垃圾掩埋場負擔，並從廣大社群獲得好處。」

自由循環網社群除了擁有利人利己的架構之外，還有另一項主要特色激勵大家開始貢獻，而我們可以用另一個故事來說明這個關鍵。一位法籍顧問多年來費盡心思，只為贏得一家潛在客戶的信任，而最後他意識到社群意識的力量，終於水到渠成。

● 從敵人到盟友

二〇〇八年全球金融危機時，一家法國公司也身陷泥淖，這家公司我姑且取個假名叫「法新」吧。法新的企業總部位於法國中部的一個小型城市，此地有一支廣受支持的足球隊，而法新創辦人把總部設在此地，便是希望喚起這座城市的往日榮光。然而這裡的人口逐年減少，公司獲利有減無增，便開始考慮將公司搬遷到較大的城市。法新高層決定留住總部，但必須進行大幅度的組織重整，而為了尋求外部協助，財務長邀請諸多顧問公司提案，表示法新願意與任何一家提出最佳提案的顧問公司合作，只有一個例外——有家顧問公司法新無法信任，因為這家顧問公司長年替法新的主要競爭對手服務，法新高層擔心公司內幕資訊會不慎外流，甚至遭索取者竊取。

故事主角就是這家被質疑顧問公司的客戶合夥人，我姑且叫他菲利普。菲利普知道法新高層對他們有戒心，但依然想贏得這個案子，他的公司過去向法新提案多次，總是遭到拒絕，顧問一次又一次解釋他們公司有嚴格的保密政策，但法新高層從不買帳，最後公司顧問終於認定向法新提案是浪費時間。然而菲利普真的有興趣想把法新扶起來，因此便率領團隊準備法新組織重整的提案。接著他們坐下來腦力激盪：如何能向法新證明我們真的可靠？

菲利普他們是最後一家向法新提案的顧問公司，開會當天，菲利普帶著五位顧問同仁抵達法新總公司，被專人護送進入一間大會議室，十位法新主管坐在裡頭正對他們。菲利普的團隊做了簡報，但法新主管依舊不為所動。其中一位主管說：「我們滿喜歡你們的提案，但是沒辦法信任你們，我們為什麼要跟你們建立關係呢？我們怎麼知道你們真的會把我們的利益擺第一？」菲利普重申了他們顧問公司的保密政策和信譽原則，強調他們公司面對客戶時絕對秉持最高標準，這樣才能維繫公司的聲譽，然而法新的高層主管依然聽不進去。

菲利普能訴諸邏輯的論點全都用盡了，他只好搬出最後的彈藥。他把手伸進公事包，拉出一條他們城市知名足球隊的藍圍巾。菲利普披上這條家鄉的榮譽象徵，再一次向法新的人懇求：「這麼多年來，我們一直想說服你們，希望你們可以信任我們的保密政策，既然用說的沒用，那我們要用不一樣的方法來證明我們的用心。」接著菲利普的五位團隊成員也都圍上球隊圍巾。

法新主管見到這個景象驚訝極了。他們問，如果案子給他們，誰會是負責人，菲利普走上前說：「就是我，我們會在八月假期時就開始做這個案子，我可以承諾這點，因為我家就在你們公司旁邊。」

幾個鐘頭後，菲利普的公司拿下這個案子。

法新高層先前並不知道菲利普自己就出身此地，菲利普說明：「他們需要組織重整，對他們公司和員工來說，一個真心關懷這個城市和這裡居民的人會是加分，我和他們算是有了共同的立足點。」

共同立足點正是引發給予行為的一大拉力。英國心理學家曾招募曼徹斯特聯隊（Manchester United）的足球迷參與一項實驗，這些球迷從一棟建築走到另一棟建築時，看到一個跑步的人在草坡上滑倒，他跌倒在地，手摸著腳踝，痛苦地叫喊。猜猜看，受試的球迷會上前幫忙嗎？

要看跌跤的人穿什麼衣服。若那人穿著素色T恤，受試者上前幫忙的機率只有百分之三十三；如果那人穿著曼聯T恤，受試者幫忙的機率就躍升為百分之九十二。耶魯大學心理學者傑克·杜維迪歐（Jack Dovidio）形容這是「啟動共同身分認同」的過程，亦即一旦人與人之間有共同身分，彼此間的貢獻便具有利人也利己的特質，換句話說，若我們幫助隸屬同一個團體的人，便等於是在幫助自己，因為我們讓自己所屬的團體更好。[36]

而這個「共同身分認同」正是自由循環網成長飛快的要素，也是網站上的捐贈比接受多很多的原因。柏克萊教授羅布·衛勒率領研究團隊比較克雷格列表和自由循環網的會員，分析兩個團體的成員認同感和凝聚力。認同感指的是團體成員將克雷格列表或自由循環網視為自我形象的重要部分，認為其反映出自己的核心價值觀；而凝聚力指的是他們對克雷格列表或自由循環網的歸屬感。猜猜看，是克雷格列表還是自由循環網的成員有比較強的認同感和

36 原註：而當實驗中的跑者穿著敵隊利物浦隊的T恤時，受試的曼聯球迷幫忙的機率下滑為百分之三十，這點出一個問題：我們有沒有可能對敵人伸出援手？在安排那場策劃的意外之前，研究人員先請受試球迷寫下自己為何支持曼聯、已經支持曼聯多久、看曼聯球賽的頻率，以及看到曼聯輸球或贏球時有什麼感覺，因此這些受試者當時對自己的定位是「曼聯球迷」，導致後來絕大多數都不願意幫忙敵手。然而研究團隊其實藏了一手好戲，因為在另一組實驗中，研究人員請受試者寫的不是自己支持曼聯的原因，而是他們為何喜歡足球、足球在他們心中的意義，以及他們與其他球隊的球迷有什麼共通之處。而這回同樣看見跑步的人扭傷腳踝，若對方穿著曼聯T恤，受試球迷上前協助的機率還是比較高，達到百分之八十，若對方穿著素色T恤，受試者幫忙的機率只有百分之二十二，然而若對方穿著利物浦隊T恤，受試者上前幫忙的機率竟也高達百分之七十。換言之，當我們把敵隊球迷視為足球同好而非宿敵時，就比較能認同他們。有時我們無法認同他人，是因為我們用太特定太狹隘的觀點看自己或對方，但只要以宏觀的角度找出人己間共同的立足點，就容易找到共通點。

凝聚力？

答案取決於團體成員從網站上獲得多少。在克雷格列表和自由循環網上沒得到或買到多少東西的使用者，其認同感和凝聚力都差不多，對兩個網站的情感和凝聚力都一樣。但如果比較獲贈或購買許多物品的使用者，就能發現天壤之別——在同是重度使用者的情況下，自由循環網用戶的認同感和凝聚力比克雷格列表強烈許多，甚至將貢獻傾向的差異納入計算後依然如此，換句話說，無論用戶本身是不是給予者，重度使用者對自由循環網的歸屬感遠勝克雷格列表。在這個社群中，他們給予的遠比得到的多，並不是公平互利，為何成員反而更有認同感和凝聚力呢？

衛勒的研究團隊提出兩大理由指出：大眾給予系統及直接互利系統中的接受，是截然不同的體驗。首先，第一個差異是交流條件不同：直接互利系統中的交流是經濟交易，克雷格列表的會員在網站上買東西時，心裡都知道賣家通常都希望將自己的獲利最大化，不甚在意買家的利益。反之，在大眾給予系統中，「賣家」其實沒從受贈方獲得什麼具體回饋，自由循環網的會員不需要什麼附加條件就能獲得餽贈。而根據衛勒的研究團隊指出，這「代表給予者的動機是從收受方的利益出發，而非關照自身利益」，如此便「表現出他們對接收方的關懷，而不只關注物品本身的工具價值」。因此贈禮和經濟交易相比，其實承載了高度價值。

第二點差異則是利益來源不同。若你在克雷格列表上以划算的價格買到一樣商品，你或許會歸功於自己殺價功夫了得，或者是賣家的人比較好（或比較呆），但總之你是跟單一對象交換價值，而不是克雷格列表這個社群給了你什麼。衛勒的研究團隊寫道：「直接交流系統的成員較不易認同團體，因為他們比較難發展出隸屬於一個團體的情感經驗。」反觀在大眾貢獻機制中，免費禮物的來源是社群，因為有效的大眾給予系統應該會有以下這種結構的交流循環：某甲送東西給某乙，某乙再送東西給某丙。自由循環網的會員獲得不同人的多項贈禮後，便會將自己得到的好處歸功於整個社群，而不是他們交流的單一對象。

上述兩項因素皆有助自由循環網培養會員的歸屬感，用戶不是自己花錢向某人購買商品，而是感覺這個團體餽贈了禮物，如此衍生出感激和善意，就會開始認同這個社群，認為自己是自由循環網的一員。而人一旦產生認同感，就願意免費贈送物品給同為網絡一分子的人，如此培養出會員對整個網站社群的給予意願，他們便願意在看到別人需要幫助時捐出自己不需要的東西。把沒用的物品捐出去，索取者會覺得自己沒損失什麼，卻仍遵循給予的行為標準，因此將來有需要時就可以獲得免費好康；而互利者則因為無法回報幫助他們的人，因此把恩惠傳下去成了最佳解，尤其他們幫助的是跟自己很像的人，例如捐贈育嬰用品的父母就是這種心態，把不需要的物品捐給處境類似的家長，就能維持心中互惠、公平交流的原則。

人在認同一個共同社群之後，就會願意給予給同屬社群的成員，但並非所有個人或團體都能造就這種認同感。自由循環網的社群還有另一個促成認同感的關鍵，而亞當・雷夫金也曉得這個秘訣。

●尋找「最佳獨特性」

我初識亞當・雷夫金時，曾問他認識的人當中最有意思的人是誰，而他回答：「我很喜歡一個叫亞當・雷夫金（Adam Rifkin）的人。」

他不是在說自己。亞當・雷夫金是真的跟一個同名同姓的人發展出深厚關係。這位亞當・雷夫金在好萊塢擔任編劇、導演、製作人和演員，參與的電影包括《搖滾新世代》、《太空超人》等等。為避免混淆，在下文中我就叫他「好萊塢亞當」，然後把另一位可愛分身叫「熊貓亞當」。

一九九二年時，好萊塢亞當才開始闖江湖不久，這時熊貓亞當正搬到洛杉磯攻讀加州理工學院的博士學位，而偶爾會有想找好萊塢亞當的人誤撥電話給熊貓亞當，熊貓亞當想要聯絡好萊塢亞當解決這個問題，便把自己的電話號碼放上網路，而接下來的三年便沒人再打錯電話了。到了一九九六年，好萊塢亞當來到紐約，一個朋友讓他看了熊貓亞當的網站。好萊塢亞當說：「那時我對網路一竅不通，覺得這個人做的事真了不起，其實我也接過幾通要找他的電話，所以我馬上打電話給他。」

當時是東岸的早晨，西岸才剛天亮，刺耳的電話聲吵醒了睡夢中的熊貓亞當。

熊貓亞當（昏沉貌）：「喂？」

好萊塢亞當：「亞當・雷夫金嗎？我是亞當・雷夫金。」

熊貓亞當：「我已經等你的電話等一輩子了。」

表面看來，這兩人沒有任何共通點。據他們所知，他倆並沒有血緣關係；熊貓是紐約人，好萊塢是芝加哥人；熊貓是軟體工程師，好萊塢是電影人。然而兩人實際碰面後卻感覺一拍即合。「好萊塢亞當是個很有意思的傢伙，他在好萊塢的職涯跟我在矽谷的職涯其實有很多雷同的地方，超乎我的想像。後來只要有人請我介紹好萊塢的人脈，我幾乎第一個就找他，好萊塢亞當幫我認識的人牽了超多人脈。不少好萊塢人都自戀又自我中心，但好萊塢亞當個性好又善良得不得了。他跟我的待人處事哲學挺像的。」

好萊塢亞當也說：「熊貓亞當是個好人啊，我們的幽默感很像，我們總是彼此幫助，不會計較，不會多想，可以幫就幫。」熊貓亞當還曾經幫好萊塢亞當跟推特牽線，當時好萊塢亞當替Showtime頻道製作電視節目《看》（原名Look），熊貓亞當便邀他到北加州的YouTube和推特試映。這兩位亞當・雷夫金為何對彼此這麼有認同感？

如果你覺得這是同名效應，研究數據顯示你答對了——至少答對了一部分。紐約州立大學水牛城分校的心理學者貝瑞特・佩爾罕（Brett Pelham）研究發現，我們似乎偏好能使我們想到自己的人、地點和事物，而既然名字和身分認同緊密相連，因此我們很可能青睞一些跟自己名字有關的人事物。為了證明這點，佩爾罕和研究同仁執行了令人難以置信的爭議實驗。

研究團隊共進行五個研究，結果發現人有相對高的機率會住在地名跟自己名字相像的地方。好比在其中一份研究中，研究人員針對全美前四十大城市，找出前三個字母跟城市名相同的前一百個人名，接著比對名字在不同年齡層中的常見程度，最後得出傑克、費立浦和維吉尼雅、米爾德麗德這兩組對照的名字，因為這兩組名字在一九〇〇到一九五〇年間一樣常見。而分析結果指出，跟名叫費立浦的人相比，名叫傑克（Jack）的人住在傑克遜維爾（Jacksonville）的機率高達四倍，但叫這兩個名字的人數其實一樣多，而費立浦（Phillip）顯然都到費城（Philadelphia）去了，住在費城的費立浦比傑克多。而且這些人並非在這些地方出生才取了這些名字，而是他們有很高的機率會遷居到跟自己名字像的地方。（例如名叫喬治亞的人搬到喬治亞州的機率就是一般人的兩倍。）而生涯選擇也有類似現象：好比一九九〇年時，美國最常見男子名第四十名是丹尼斯（Dennis），而第三十九名是傑瑞（Jerry），第四十一名是華特（Walter）。

而當年全美國名叫傑瑞的牙醫有兩百七十位，

名叫華特的牙醫有兩百五十七位。

那名叫丹尼斯的牙醫有幾位呢？

若依統計概念，名叫丹尼斯的牙醫應該在兩百五十七到兩百七十位之間。

但實際上名叫丹尼斯的牙醫卻多達四百八十二位。

如果你名叫丹尼斯，那麼比起名字同樣普遍的眾傑瑞和眾華特，你成為牙醫的機率幾乎是他們的兩倍（因為牙醫dentist的拼法與Dennis相近）。其他研究還指出，姓洛耶爾（Lawyer）的人當律師（lawyer）比當醫生的比例高百分之四十四，而姓達克特（Doctor）的情況則恰恰相反，他們成為醫生（doctor）的機率比成為律師高了百分之三十八。此外，會使我們聯想到自己的產品和人也有同樣的吸引力。佩爾罕和同仁發現，消費者挑選巧克力、餅乾和茶類產品時往往偏愛含有自己姓名字母的品牌，而考慮約會對象時也喜歡名字縮寫跟自己很像的人，儘管受試者大多堅持這與對方的吸引力無關。另外研究還證實，相像程度會影響我們決定協助的對象。學者杰夫・賈拉克（Jeff Galak）、黛柏拉・史莫（Deborah Small）和安德魯・史蒂芬（Andrew Stephen）研究了奇瓦微型貸款慈善網（Kiva.org）的借貸情形，這個網站讓使用者借出二十五美元以上的貸款幫助開發中國家的居民終結貧困、開創自己的事業，而研究團隊分析借給超過兩萬三千人的二十八萬九千多筆貸款資料，發現使用者比較容易借貸給姓名首字母或職業與自己相同的人。[37]

37 原註：上述研究其實有其他詮釋空間。例如華頓商學院教授尤里・西蒙遜（Uri Simonsohn）便曾仔細檢驗這些資料，而他認為雖然姓名相似度確實可能影響我們的選擇，但現有的研究多半有偏誤因素，好比名叫丹尼斯的人不只當上牙醫的比例高，其實他們當律師的比例也比較高。不過這依然無法解釋，為何學者在隨機處理及控制變因的實驗中仍發現受試者會選擇幫助名字跟自己相像的人、購買產品縮寫跟自己名字一樣的商品，以及偏好名字縮寫跟自己一樣的對象——而且也無法說明為何晚近研究都指出姓名會影響一個人成功的機率。心理學家發現平均而言，名字開頭是A或B的人的學業成績及進入一流法學院的機率都比名字開頭是C或D的人高，此外職棒選手若名字開頭是K（即英文中「三振」的標記），被三振的機率便比其他球員高百分之九；而有一種猜測的說法是，若負面結果令人聯想到自己，就比較容易接受。其他研究結果也支持這個假說，例如根據統計，名字開頭是D的運動員、醫生及律師平均比其他人更早死（die），而如果職棒球員的名字縮寫有正面意涵，例如是A.C.E.（一流、發球得分）、J.O.Y.（喜悅）或W.O.W.（哇）等，則平均壽命比名字縮寫為負面意涵的球員整整長了十三年，好比跟名字縮寫是B.U.M.（屁股、遊民）、P.I.G.（豬）或D.U.D.（廢物）等的人相比。此外學者分析一九六九到一九九五年間的加州居民資料，發現與名字縮寫較中性的人相較，名字縮寫為正面意涵的女性平均壽命長了三點四年，男性更是長了四點五年，而名字有負面意涵的男性平均壽命則短別人二點八年。此假說認為姓名縮寫會影響我們照顧自己的方式，而跟這個說法吻合的是，名字縮寫較正向的人發生意外和自殺的機率確實較低，有負面名字縮寫的人則恰恰相反。

看來我們確實會受到跟自己相像的人事物吸引：大家遇到跟自己某方面相像的人往往會更熱情、友善並敞開胸懷，而我們提到的兩位亞當．雷夫金之所以相見歡也是如此，他們剛開始是因為表面的相似而一見如故，而好的開始讓他們後來能發現兩人真正相像的地方而發展出深遠關係，並開始互相幫助。

但這兩位亞當．雷夫金的特殊聯繫不只是因為他們名字一樣。為了解釋這背後的理由，請想像你跟一個大學生一起參與一項研究，研究人員採了你們的指紋，假稱是要研究指紋是否能揭露人格特質。你和那位大學生填完人格特質問卷，你準備離開，但那位學生突然從後背包抽出一份報告說：「我修了一門英文課，要找一個不認識的人評論我的文章，你可不可以幫我讀這份八頁的文章，然後寫一頁的意見說明你覺得我的論點有沒有說服力。明天這個時候就要交了。」請問你會幫她嗎？

其實你是對照組，這是心理學者傑瑞．柏爾格（Jerry Burger）的一項研究，實驗中有百分之四十八的受試者選擇幫忙。然而另一批受試者參與實驗時，研究人員告訴他們，這位要求幫忙的大學生與他們有某個共通點——他們填完問卷後，研究人員看了指紋評量單，然後說：「真有意思，你們兩個都有E型指紋。」

如果是你，你選擇幫忙的機率會變高嗎？

解答：要看兩人是怎麼個相像法。在這項實驗中，研究人員告訴其中一半受試者E型指紋非常普遍，約有百分之八十的人都有這種特徵，但對另一半受試者，研究人員則說這種指紋非常罕見，僅百分之二的人擁有這項特徵。

結果當兩人相像的特徵十分常見時，受試者伸出援手的比例是百分之五十五，沒比對照組高出多少；但當相像的特徵很罕見時，卻有高達百分之八十二的受試者選擇幫助對方。因此並非所有共通點都可以鼓勵人貢獻，必須是特殊的共通點才行。在佩爾罕的研究中，名字相似度會影響人選擇居住的地點、從事的職涯和結婚的對象，但罕見的名字都比常見的名字有效。若有人、地點或產品和我們之間有特殊的共通處，我們就會產生好感，而兩位亞當・雷夫金初次相識時便是這樣產生連結的，因為亞當・雷夫金是很少見的名字，這項特殊的共通點讓他們更受對方吸引。確實，佩爾罕的研究也指出，一個人的名字越特殊，對於跟自己名字一樣的地名就會產生越強的認同感。

心理學者梅若琳・布魯爾（Marilynn Brewer）為了解釋特殊共通點為何有如此強大的力量，發展出一套影響理論：一方面，人類希望能合群，因此我們會努力培養與其他人的關係、凝聚力、參與社群、建立歸屬感、融入感及與他人的親和關係；然而另一方面，人又希望自己鶴立雞群，因此我們會尋找自己的唯一性、差異性和個別性。而在人際世界中，這兩種動機經常彼此衝突，我們越隸屬一個團體，失去唯一性的危機就越大，而越是想劃分自己和他人，就越可能喪失歸屬感。

如何解決這種矛盾呢？答案就是同時追求異與同，而布魯爾稱之為最佳獨特（optimal distinctiveness）原則，亦即人會尋找能融入他人又能獨樹一格的方式。常見的最佳獨特策略就是加入特別的團體，與一群人有共同的興趣、身分、目標、價值觀、技能、人格特質或經驗，能讓我們產生連結及歸屬感，而同時這樣的團體與其他團體截然不同，又給了我們獨一無二的感覺。研究顯示擁有特殊共通點的個體或群體較容易使人認同，一個團體、價值觀、興趣、技能或經驗越是罕見，就越可能讓人產生緊密連結，此外研究也指出，人在最佳獨特團體中會比較快樂，因為能同時享有融入感及獨特感，這樣的團體讓我們引以為榮，而且最有凝聚力，最受我們珍惜。

以守護環境為號召的自由循環網一開始便提供了這樣的最佳獨特感，他們的目標跟多數回收活動都不同，他們並非將舊素材重製成新品，而是讓會員將無法重製的物品捐贈給需要的人，使這些物品不會成為垃圾。這個共同目標便替自由循環網社群創造出一個共享的認同感，在不同的意識形態間建立起關聯性。自由循環網最早在土桑市的第一批志工便形形色色，有一位熱中於環境永續發展的自由派民主黨員，有一位對廢棄物深惡痛絕的保守派共和黨員，還有一位主張人民不仰賴政府力量、有權自由行事的自由意志主義者，而隨著時間過去，自由循環網的會員增加且日益多元，每個社群都讓參與者有足夠的自由以符合自己利益的方式貢獻，例如一個紐約的地方團體便會申請封閉一個街區，來舉辦自由循環網的贈送活動。

自由循環網讓會員有認同感，同時讓他們可以展現獨特自我，因此得以推動一個大眾互惠的給予系統——你做出貢獻，協助社群成員，而且知道社群成員將來也願意為你付出。然而衛勒的研究團隊發現一項關鍵：這類系統的前提是「交流的益處必須達到臨界點」，才能「對團體產生正面情感，進而激勵後續的給予行為」。換言之，大眾給予系統必須先讓人獲得足夠好處，讓人感覺受到幫助，認同感才會隨之而生。而在自由循環網，這個條件無疑成立，畢竟如果會員中的給予者一直被存心找免錢好康的索取者利用，這個網站也就不會成功了，但自由循環網究竟如何讓貢獻量到達臨界點並避免占便宜的行徑呢？

●「超人」副作用和省電秘訣

自由循環網創立時，最早的成員當中有一位九十八歲的老先生，他專門蒐集零件修理腳踏車，然後把修好的車送給地方上的孩子。德隆．畢爾憶當年時表示，他是一位「了不起的楷模」，土桑市的居民都很認同這位芳鄰，他們看見他付出，他成為他們這個特殊社群的一員，眾人便感覺自己必須效法他。紐約大學心理學者強納森．海德特（Jonathan Haidt）稱之為提升（elevation），也就是受他人給予行為感動而產生的溫暖感受，這種作用有「替心靈按下『重置按鈕』的效果，能清除憤世嫉俗的感覺，將其轉換為……道德激勵的感受」。海德特和心理學者莎拉．艾爾高（Sara Algoe）寫道：「我們會（暫時）變得較不自私，也希望將這種意念化為行動。」

但這位長者之所以能成為提升人心的典範，並不僅是因為他和其他人有共同的身分認同。心理學者萊夫．尼爾森（Leif Nelson）和麥可．諾頓（Michael Norton）做過一個實驗，他們隨機指派受試者列出超級英雄或超人的十項特色，隨後邀請受試者擔任社區服務的志工，結果當初描述超級英雄的人願意當志工的機率幾乎是描寫超人那組的兩倍。此外三個月後，尼爾森和諾頓邀請兩組受試者參加志工服務正式開始前的會議，結果描寫超級英雄那組出席的機率是描寫超人那組的五倍。換句話說，三個月前想過超級英雄的特質便能激勵給予行為，而想著超人卻會不想給予。為什麼？

原來當人想著超級英雄的共通點時，他們會列出許多令人嚮往但自己也可能擁有的特質，例如在這個實驗中，受試者便描寫超級英雄樂於助人、有責任感，受試者也希望自己具備這些給予者的價值觀，因此會願意當義工。然而當人想著超人這個特定角色時，腦海中浮現的是各種常人達不到的目標，就像超人電視影集宣傳的：「速度比子彈還快，力氣比火車還大，一跳便躍過重重高樓。」凡人根本不可能這麼強、這麼英勇，所以何必麻煩呢？

而在自由循環網上，給予者的標準並非遙不可及，成員見到九十八歲的老先生修腳踏車送孩子時，會覺得自己也能做出類似的事，而看到別人捐贈衣服或舊電器等物品時，也會覺得效法並不難。自由循環網上充滿尋常的給予行為，讓其他人也能輕鬆做出小小貢獻。確實如此，席爾迪尼也在研究中發現，慈善募款的訊息只要多加一句「一分錢也能助人」，就能讓人捐更多錢，而且有趣的是，這句話大致上會讓捐款的人增加，而不是降低每筆捐款的金額。鼓勵小額捐款號召的是索取者，因為連幾分錢也不捐會顯得難為情，而真正的給予者則不會因為看到上述訊息就減少自己的捐款額。

雖然多數人加入自由循環網是想免費拿好康，但這不代表他們在網站上只一味索取。人加入新團體時會觀察團體的行為準則規範，而自由循環網的新成員見到跟他們差不多的人都在做小額貢獻，自然就會照著做。自由循環網將給予行為透明化，有助大家看見行為準則。

這個發現讓人獲益良多，尤其可見度高的給予行為可影響人的人際互動模式，了解這點更是好處多多。我們之所以在許多生活場域中習慣索取而非貢獻，其實是因為我們無法知悉別人的行為模式。在自由循環網創立的幾個月前，席爾迪尼正好率領幾位心理學者進行研究，調查八百多名加州居民消耗能源的情形。研究人員列出以下幾項節電的理由，讓受試者回答重要程度：

可省錢

可保護環境

有益社會

許多人都在節電

結果這些加州居民普遍回答主因是想保護環境，而有益社會排第二，省錢排第三，別人做所以我也做的選項則是最後一名。席爾迪尼的研究團隊想了解大家的答案是否符合真實情況，便設計了一項實驗，研究人員在加州聖馬克斯拜訪當地近四百戶居民，隨機提供他們一個門把掛牌，而其實掛牌共有四種設計，內容分別如下：

省電就是省錢**：加州州立大學聖馬克斯分校的學者研究發現，夏天時以電扇取代空調，每月最多可省下五十四美元的電費。**

調，每月最多可減少排放兩百六十二磅的溫室氣體。

省電就是保護環境：**加州州立大學聖馬克斯分校的學者研究發現，夏天時以電扇取代空調，每月可節約百分之二十九的用電量。**

請為後代子孫節電：**加州州立大學聖馬克斯分校的學者研究發現，夏天時以電扇取代空調，每月可節約百分之二十九的用電量。**

與左鄰右舍**一起節電：加州州立大學聖馬克斯分校的學者最近針對貴社區住戶調查發現，有百分之七十七的聖馬克斯居民夏天時常以電扇取代空調。**

席爾迪尼的研究團隊在不曉得每戶拿到哪款掛牌的情況下拜訪這些居民，詢問他們掛牌內容的激勵效果如何，結果拿到「與左鄰右舍一起節電」的居民所回報的激勵程度最低，他們向研究者表達的節電意願比拿到保護環境掛牌者低百分之十八，比拿到替後代子孫著想掛牌者低百分之十三，也比拿到省錢掛牌的人低了百分之六。

然而席爾迪尼的研究團隊調閱居民的電費帳單，檢視他們的實際用電情形，卻發現令人驚訝的結果：居民回報的激勵程度並不正確。在實驗的兩個月期間，拿到與左鄰右舍一起節電掛牌的居民其實省下最多電，平均而言，與其他三個掛牌相比，這個掛牌省下百分之五到百分之九的每日用電度數，而其他三個掛牌則都沒發揮效果。最能讓這些居民節電的動力，就是得知他人也在節電。

但或許用電戶中的索取者仍不改用電方式，是原本就在省電的居民更積極節電，因此貢獻了省電量。席爾迪尼的團隊想知道，讓原本用電量大的居民得知鄰居在努力節電，這樣能不能鼓勵他們加入節電行列，因此研究人員又進行另一項實驗，針對近三百戶加州居民，而這次發送的門把掛牌上標示著過去一兩週內每戶人家與其他類似人家的用電量比較表，如此居民看了掛牌就知道自己的用電量比鄰居少（給予行為）或多（索取行為）。

接下來的幾週，用電戶中的索取者明顯開始節約能源，每天平均節省了一點二二度。換言之，一旦索取者發現自己消耗的能源比地方平均多，確實會開始努力節電，朝平均值邁進。[38]然而這個做法只在鄰里間比較時才有用。席爾迪尼的研究團隊解釋：

關鍵是跟誰比——是跟所有加州居民比、跟市民比，還是跟社區居民比。結果證實，共通性越高的人影響力越強，一個團體跟居民關係越密切、越相像，社會規範的力量也就越強大：受試者參考與自己最相像的人（亦即同社區居民）的時候，決策受影響的程度最強烈。

Opower電力公司受到這項實驗啟發，便寄了用電報表給六十萬個用電戶，並隨機讓大

38 原註：諷刺的是，這些比較用電量的資訊對於原本較省電的用電給予者卻有反效果。省電的用電戶一旦看到自己的用電量比一般人少，便感覺自己有權多用一些，結果這些人的每日用電量反而增加零點八九度。但研究團隊卻找到一個方法來避開這個副作用——他們在節省用電的訊息旁畫了個笑臉圖案，這個表示讚許的標記便讓用電戶中的給予者願意繼續節約用電。

約一半的用電戶得知他們與鄰居的用電量比較情形。結果一樣，看了這份用電報表後，用電戶中的索取者（也就是原本用電很兇的人）平均省下最多電量。

結果整體而言，居民一旦看過自己與地方常態的比較，節電表現就會大幅進步，寄送這份報表的節電效果差不多跟電費上漲百分之二十八的效果一樣。

人之所以習慣索取，常是因為我們沒有意識到自己偏離常態，而在這種情況下，通常了解常態便足以激勵我們轉而貢獻，這招對互利者尤其有效。自由循環網有個厲害之處在於成員不斷接觸常態，因為每個成員捐贈物品的訊息都透明公開，人人都知道其他人貢獻的頻率，就會更願意效法。自由循環網以地方社群為單位，因此成員見證的給予行為都來自鄰近居民，這樣等於能讓他們比較自己和地方常態，如此無論成員原本是給予者、索取者或互利者，都不會想違反社群成員樹立的標準，因此就會向榜樣學習。

根據雅虎的統計，在所有跟環保相關的關鍵字之中，自由循環網的搜尋量排名第三，只輸給全球暖化和回收。截至二〇一二年夏季，自由循環網已進入超過一百一十個國家，擁有九百多萬名會員，平均每週增加八千個新會員。仍有不少人是懷抱著索取者的心態加入，存心盡量挖好康，然而在每個自由循環網的社群中，獲得一群地方居民的幫助、看見這些模範持續著小小的給予行為，仍使得共同身分逐漸成形，讓許多會員漸漸成為給予者。如今自由循環網的九百萬個成員每天捐出超過三萬件物品，重量加起來將近一千公噸，若將過去一年的捐贈物疊起來，高度將達聖母峰的十四倍。查爾斯·達爾文（Charles Darwin）曾寫過，若一個部落中有許多給予者，「隨時願意幫助他人及犧牲小我完成大我，這種部落便能打敗多數部落，而這就是物競天擇的道理」。

我看見自由循環網的蓬勃發展，便開始思索起來，想知道其中的原則能否適用於日常生活中，好比沒有環保訴求的組織裡。想在企業或學校中建立並維繫這樣一套給予系統，需要什麼要素呢？

● 互惠圈

我加入華頓這個全球歷史最悠久的大學商學院不久後，決定在課堂上進行一個貢獻實驗。我宣布進行一個叫「互惠圈」的活動，這個活動由密西根大學社會學者韋恩．貝克（Wayne Baker）和妻子雪若（Cheryl）在修邁思研發。在這個活動中，每位學生都向全班提出一項要求，無論是職涯中或個人生活中有意義的心願都可以，好比尋求工作職缺、旅遊秘訣等，而其他同學則運用自己的知識、資源及人脈來實現這些心願。

幾分鐘後我便面對眼前一排學生，有些帶著質疑態度，也有些流露緊張情緒。一名學生表明這個活動不可能成功，因為華頓商學院裡沒有給予者，有給予精神的人會去攻讀醫學或社會工作，不會來學商；另一個學生則坦言他想找顧問業的工作，希望有歷練豐富的同儕給他建議，但他知道不可能，因為這些人也想搶這些工作。

緊接著全班學生便滿心質疑，看著同學開始運用人脈彼此協助。一個名叫艾力克斯的大三生說他很喜歡遊樂園，來讀華頓的目的是希望未來有一天能掌管六旗集團（Six

Flags），但他不太曉得該如何開始——有沒有人可以幫他牽起遊樂園產業的線？一個名叫安德魯的同學舉手表示他稍稍認識六旗的前執行長。安德魯硬著頭皮努力牽線，幾週後，那位前執行長真的給了艾力克斯珍貴的職涯建議。另外有個名叫蜜雪兒的大四生說她有一位朋友因為疾病，身體沒有發育完全，沒有合身的衣物可穿，另一名大四生潔西卡表示自己有位舅舅在時尚產業，她聯絡舅舅請他幫忙，而三個月後，訂製衣物便翩然抵達蜜雪兒朋友的家門口。

韋恩・貝克在許多企業主導過這項「互惠圈」活動，從通用汽車（General Motors）到必治妥（Bristol-Myers Squibb）製藥公司等都有，他經常邀請各產業中敵對公司的領導人和主管，讓他們齊聚一堂，提出各自的要求，然後彼此幫助。例如某次活動中，一位製藥公司主管表示他即將請一家外部廠商合成一種ＰＣＳ生物鹼，費用高達五萬美元，他想知道有沒有人能找到比較便宜的廠商，結果當天的互惠圈裡正好有一位成員的實驗室最近有餘裕，能免費幫忙。

互惠圈可以提供參與者影響深遠的經驗。例如西圖集團（CH2M HILL）的集團總裁巴德・艾賀恩（Bud Ahearn）便指出他公司的高層主管「都強烈推薦這個活動，不僅帶來每年數以十萬計的美元價值，更重要的是能促進我們『一輩子』的生命品質。」貝克請這些主管估計參加這兩個半小時活動後所省下的美元價值及時間，而有一回參與的成員是某建築工程顧問公司的三十名員工，他們估算該場「互惠圈」活動替他們省下超過二十五萬美元的價值及五十天的時間，還有另一場參與者為跨國製藥公司的十五位員工，他們估算互惠圈替他們省下九萬多美元及六十七小時的時間。

而以我個人而言，我在ＩＢＭ、花旗、雅詩蘭黛、ＵＰＳ、諾華藥廠、波音等企業帶過許多領導人、主管和職員進行過「互惠圈」活動，而完成的心願許多都讓我驚豔不已，例如有人因此拿下夢寐以求的谷歌職缺，有人找到指點迷津的導師，也有人替一個孩子拿到最愛的職業美式足球球員簽名紀念品。然而在這一切發生之前，許多參與者也像我在華頓的學生一樣，會質疑其他人究竟會不會伸出援手，而每次我都會反問他們是否低估了同儕的給予精神。

學者法蘭克．弗林和凡妮莎．邦斯（Vanessa Bohns）曾進行一項實驗，請受試者在紐約市找陌生人填問卷，受試者預估陌生人願意填答的機率大概只有四分之一，然而他們實際到外面請人填問卷時卻有二分之一的人樂意幫忙。另一份在紐約市進行的研究則請受試者向陌生人借手機，受試者預期只有三成的人會答應，但實際上的成功率卻有百分之四十八；而請受試者說自己迷路，請路人帶他們走到附近的健身房時，受試者預估只有百分之十四的成功率，但實際上伸出援手的人卻有百分之四十三；另外，請受試者募集數萬元慈善捐款時，他們預估必須找到兩百一十位捐款人才可能達成目標，且預計每筆捐款不會超過五十美元，但實際上他們才向不到一半的人數募款便達成目標——受試者平均找了一百二十二位募款人，每筆捐款超過六十美元。

為什麼我們會低估人群中的給予者數量？弗林和邦斯指出，我們預測他人反應時經常把焦點放在他們答應的代價，而忽略了他們拒絕的代價，事實上眼前有小忙卻不幫會令人不舒服，也會引發歉疚和尷尬的感覺。此外也有心理學研究提出另一個解釋，這個原因同樣有力，而且根深柢固存在於美國文化中，正是這個原因讓人覺得周遭的給予者不多。

答案是職場和校園經常設計成零和的環境，往往強制排名、以曲線轉換法評分，讓團體成員不得不在一場又一場你輸我贏的競賽中相互競爭，在這樣的情況下，我們自然會假定同儕多半是索取者，因此少有人願意貢獻。如此一來，實際的給予量少了，大家便以為有意願給予的人不多，而時日一久，給予行為總是罕見，懷有給予精神的人便會開始覺得自己是少數族群。

如此一來，即便有人真的付出，他們也會害怕自己違背常態，跟社會格格不入，因此便會把自己的給予行為偽裝在純然自利的動機之下。早在一八三五年，法國社會哲學家阿勒克西・德托克維爾（Alexis de Tocqueville）便在造訪美國後撰文表示，美國人「熱愛以自利原則解釋生活各層面」，他看到美國人「彼此幫助」，也「無償將自己的時間及財富貢獻給國家」，然而他發現「美國人至今仍不願承認」這些舉動背後的動機純粹是希望幫助他人。德托克維爾寫道：「我認為他們這樣對自己並不公平。」一百五十年後，普林斯頓大學的社會學者羅博特・瓦思諾（Robert Wuthnow）也進行一項相關研究，邀請許多從事助人職業的美國人接受訪談，從心臟科醫師到從事救難工作的人都有。他問受訪者行善的理由，但受訪者列出的都是自利因素，好比「我喜歡我的同事」或「這樣可以到戶外透透氣」，他們不願承認自己是打從骨子裡樂於助人、好心、慷慨、關懷且同情他人。瓦思諾寫道：「我們的社會規範不允許我們表現出太多慈善心，……我們看到表現得太有愛心的人，還會說他們是

『太悲天憫人』、『太博愛』。」

而我自己的經驗是許多企業和大學都能發現這種情形：很多人其實有給予精神，卻選擇壓抑或偽裝，因為他們以為同儕都不是給予者。心理學者大衛・克瑞屈（David Krech）和理查・庫奇費歐德（Richard Crutchfield）在多年前便曾提出解釋，指出這種現象造就了「沒人這樣想，但人人以為別人這樣想」的狀況。再看看二〇一一年哈佛大學一新生的調查結果：這些新鮮人普遍指出同情心是他們具備的一項主要特質，但並非哈佛大學注重的價值。若一個團體或企業中，許多人都懷抱給予精神，卻以為別人並非如此，組織常態便可能偏離貢獻原則。心理學家貝瑞・史瓦茲（Barry Schwartz）便曾寫道：「想法會造成深遠影響，徒為意識形態的偽想法亦然。想法之所以發揮效果，是因為人有時會依意識形態而行，在無心情況下形塑了環境，使現實往意識形態的方向發展。」若大家都以為別人不是給予者，便可能展現出遏止給予行為的言行舉止，導致誤會化為現實。

而將給予行為結構化的「互惠圈」目的正是阻止誤會成為現實。這個流程的第一步就是鼓勵人開口求助，因為研究顯示，工作場域中多數給予行為都是回應他人的直接求助。曾有研究請一群主管描述他們付出及接受協助的情形，結果在所有協助行為中，有百分之九十都是因為受助方主動求援。儘管如此，我們真的有需求時往往不願開口求援，我們通常會感到尷尬，不希望自己顯得無能或無助，而且也不想麻煩人。就像華頓商學院的一位系主任說的：「學生都說這叫『裝威』──他們會有壓力，需要時時刻刻表現出成功的樣子，不能有半點缺陷，開了口就弱掉了。」

而在互惠圈中，人人都得輪流求助，因此開口就沒什麼好丟臉的了。每位成員提出明白且明確的要求，等於是提供潛在給予者清楚的方向，明白該如何有效貢獻。互惠圈和自由循環網一樣，也需要有頭幾位給予者成為眾人效法的模範，但每個互惠圈中都可能有許多互利者，也會有一些偏向索取者的心態，而一個大眾給予系統若要像自由循環網一樣永續成功，團體中的互利者和索取者就必須加入給予的行列，否則最後給予者就會落得努力幫助他人而自己卻沒有收穫的下場，形成被利用或倦怠的風險。那互利者和索取者會回應嗎？

因為參與互惠圈的人通常會提出有意義的請求，所以許多互利者會受同理心驅策。我曾聽一個位高權重的執行長以顫抖的語氣懇求大家提供建議和人脈，幫助他對抗一種罕見癌症，當時會議室裡簡直湧動著同情情緒。一位金融服務高級主管後來坦言：「我很驚訝自己竟然那麼想幫他。我的工作讓我變得非常任務導向和金錢導向，我沒意料到自己會這麼關心別人，特別又是素昧平生的人，但我是真的關心他的需求，也希望可以盡我所能貢獻，幫助他解決這個問題。」

而就算互利者無法產生同理心，他們仍能有所付出。互惠圈中很難存在絕對公平的互利行為，因為你伸出援手的對象不太可能剛好也幫到你，因此最簡單的互利做法就是跟其他成員貢獻得一樣多。互惠圈就像「熊貓」亞當．雷夫金的人脈網，只不過是迷你版，在這個人脈網絡中，每個成員都要幫五分鐘的小忙。而為了確保所有要求都能實現，每位參與者都必須貢獻多次，甚至協助沒幫他們的人。透過這樣「施比受多」的做法，參與者提高了每位成員實現要求的機率，而這就像熊貓亞當在自己人脈網絡中建立的規範：把恩惠傳下去。

那麼索取者呢？許多參與者都擔心索取者會藉機讓別人幫忙而不回饋。我和韋恩·貝克為了檢驗是否有這種風險，曾找來一百多位受試者，調查他們的給予或索取特質，然後讓這些人進行互惠圈活動，並計算每個人貢獻的次數。結果不出所料，給予者的貢獻明顯多於索取者，每個給予者平均幫了四次忙。

但驚奇的是，其實索取者也很大方，每人平均幫了三次忙。因此儘管索取者重視權力成就甚於助人，但他們在互惠圈中的給予仍達到索取的三倍。互惠圈營造出一種環境，能鼓勵索取者發揮給予精神，而其中關鍵就是讓給予行為公開化。索取者知道在公開情況下，他們慷慨分享自己的知識、資源和人脈便能獲得聲譽優勢，而不給予則會顯得吝嗇自私，且輪到自己提出要求時也不會有人願意幫忙。正如杜克大學行為經濟學者丹·艾瑞利（Dan Ariely）和兩位同仁在研究中所寫的：「大家多半認為利他就是『好』，而貪婪和自私就是不好，因此貢獻是證明自己人很好的方法。」

研究指出，給予者往往無論公開或私底下都樂於付出，但索取者在公開的情況下比較願意貢獻。曾有實驗請受試者一起腦力激盪，結果在別人看得到的情況下，索取者提出大量想法，但別人看不到時，索取者就鮮少付出。也有其他研究發現，索取者其實只在別人看得到的時候「愛地球」：他們在私下購物時偏好奢侈商品而非環保產品，但在公開狀態中購物時卻會選擇環保產品，希望以愛護環境的形象獲得尊敬。而我在華頓學生身上也觀察出類似趨勢，我每個禮拜上課時都會邀幾位學生提出他們的要求，然後讓全班參與協助，而某堂十一月上午的課共有五位學生請求幫忙，結果我很詫異某位學生竟然幫了四位同學，而根據這位學生自己的描述，他其實是個索取者，可見一旦給予與否會影響他在同儕間的聲譽，他便決心貢獻了。「互惠圈」將大家的給予公開，因此讓偏好各種人際互動模式的人都有機會做利人利己的事——大家做好事的同時還能掙面子。

●改變身分認同和人際互動模式

這又點出一個根本的問題：自由循環網和互惠圈這類大眾給予系統究竟只是讓索取者更會演戲，或是真的能讓他們成為給予者呢？我認為其實重要的不是背後的動機，而是表現出來的行為；如果索取者做的事確實造福別人，那麼就算他們沒秉持著無私或利人利己的精神，而是懷抱著自私的動機，但他們依然有其貢獻，依然維繫了給予的交流原則。

話是這麼說，但如果我們完全不管動機，索取者就很可能在沒人注意時減少給予。曾有中國學者研究三百多位有升遷機會的銀行櫃員，這些櫃員的主管評比櫃員的給予行為，好比協助工作量大的同事、自願扛下份外工作等，接著主管根據這些紀錄，選出其中七十位櫃員升職。

而接下來三個月中，這些主管認為他們提拔的櫃員有超過二分之一都令人失望。這七十位升職的櫃員中，有三十三位是貨真價實的給予者，升遷後依然持續貢獻，然而另外三十七個櫃員的貢獻量卻大幅下滑。這些員工正是冒牌給予者：因為在升遷前三個月，他們知道主管在觀察記錄，便刻意助人，但升職後，他們的平均貢獻量便下滑百分之二十三。

讓人樂於給予的動力究竟是什麼？哈佛學生認為同情心很重要，卻誤以為其他人並不重視，而哈佛大學主任湯瑪斯．丁曼（Thomas Dingman）了解這情形後決定有所回應。因此哈佛大學創校四百年來，大一新生第一次獲邀簽署一份服務社會的誓約，誓約結論如下：「我們進入哈佛，決心維護哈佛既有價值，使哈佛之門和哈佛園成為眾人共存共榮之地，令善行與學習並進。」

丁曼相信公開宣誓的力量，因此除了邀請學生簽下誓約之外，為鼓勵學生實踐誓言，他還更進一步，研擬要把學生的簽名裱框掛在宿舍走廊上。反對聲浪隨即席捲而來，其中聲音最大的是資訊工程教授暨前哈佛學院院長哈利．路易士（Harry Lewis），他在自己的網誌上回應：「呼籲學生發揮善心完全合理，我同意這個校園太少見到個人發揮善行……然而以哈佛名義『邀請』學生宣誓行善有失妥當，無疑是開了駭人的先例。」

路易士的看法對嗎？

紐約大學心理學者彼得．高維查（Peter Gollwitzer）曾主導一系列研究發現，如果人公開表明自己正進行一項與認同感有關的活動，則他們實際上實踐的機率其實比默默實行的人要來得低；這是因為人將自己想認同的事公開後，無須實際行動便已經得到這個身分認同。換言之，簽署善行誓約的哈佛學生不需要實際給予就可以樹立給予者的形象。

丁曼隨即放棄陳列學生簽名的想法。但即便如此，根據研究指出，即便是私下簽署善行誓約也可能有反效果。幾位西北大學心理學者曾進行一項實驗，隨機指派受試者使用一些詞彙描述自己，有的是偏給予精神的詞彙，例如關懷、大方、善良，有的則是中性詞彙，好比書、鑰匙、屋子等等。受試者書寫完後，會填答另一張問卷，接著研究人員便會問他們願不願意自行選擇喜歡的慈善機構捐款，結果先前使用給予者詞彙書寫自己的人所捐的錢平均比使用中性詞彙的人少了二點五倍，因為他們會想著：「我是很有給予精神的人，所以這次不捐沒關係。」而哈佛的善行誓約也可能對學生造成類似效果，學生簽了誓約就像已經取得給予者的資格，心理上彷彿取得了豁免權，可以少給予一點——或是多索取一些。

我們設法影響他人時，也經常採取類似哈佛誓約的做法，第一步就是想改變對方的心態，期望他們的實際行為朝相同方向邁進，好像讓人簽署宣言保證他們會變成給予者，對方相信貢獻很重要，就會真的樂於貢獻；然而心理學者明查暗訪後得到大量成果指出，這個推論其實反了，換個方向，影響力才會更強——先改變對方的行為，態度往往會跟著調整。因此想把索取者變成給予者，經常必須先說服他們開始付出，這樣時日一久，搭配對的環境，他們就會漸漸認為自己是給予者。

但這個現象並未發生在前面提到中國的銀行櫃員身上，他們幫忙同事整整三個月，但升遷後依然忘了貢獻。過去三十五年來，巴特森和研究同仁研究發現，如果人能替自己的給予行為找到外部理由，好比有利升遷，就不會覺得自己是真正的給予者，但如果能一而再再而三透過個人選擇持續給予，便可將給予行為內化，開始認同這種精神。某些人歷經認知失調（cognitive dissonance）的過程後便能成為給予者：我自願決定貢獻，行為已經發生，所以為了知行合一、不當個偽君子，我只好決定自己就是樂於付出；也有些人觀察自己的行為後，才將給予精神內化，如果改寫作家愛德華．摩根．福斯特（E. M. Forster）的名言來形容就是：「我若沒先看到自己做的事，怎會曉得自己是怎樣的人？」[39]

而許多剖析志願工作的研究也支持上述觀點。不少研究顯示，即便某些人是因為對自己職涯有利才加入志工組織，但只要服務的時間越長、給予的時間越多，志願工作對他們身分認同的影響就會越深遠。而一旦如此，他們開始跟受助對象產生共同的身分認同，便這樣成為真正的給予者。學者也在企業內觀察到類似狀況：人一旦自願決定在自己工作範疇外幫助同事和客戶，便會開始認為自己對組織有責任。[40]

像自由循環網和互惠圈這類大眾給予系統，其巧妙之處是鼓勵貢獻之餘也讓成員自由選擇，這些團體雖然極強調給予的行為準則，但每位參與者卻能自行決定給予的內容和對象。我在華頓的班上舉辦互惠圈活動時，每個學生分別以自己的方式貢獻給自己選擇的對象，所有人逐漸形塑出一種獨特的共同身分認同。一個學生說：「這群人在華頓裡獨一無二，我們彼此關懷。」雖然這些學生其實競逐同一批顧問公司及投資銀行的工作，但他們卻開始協助彼此準備面試、分享求職秘訣及建議，甚至在課程結束後，還有一些學生決定繼續彼此幫助

39 譯註：作家福斯特原來的說法是：「我若沒先看到自己說的話，怎會曉得自己有怎樣的想法？」

40 原註：有趣的是，雖然無論偏好哪一種人際互動模式的人都可以將給予精神內化，但給予者和索取者之間仍有些許差異。我曾與珍·達頓（Jane Dutton）和伯蘭特·瑞索（Brent Rosso）共同研究一家名列財星五百大的零售企業，發現員工幫助同事時較能感覺自己是樂於助人、慷慨關懷的人。真正的給予者便依循這個模式——自願助人且再三重複，最後便培養出給予者的身分認同；然而索取者即便培養出這種給予者的身分認同，也不會把這種給予精神帶到其他角色或組織中，例如索取者可能在自由循環網上大力貢獻，但到另一個組織時就回到原有的索取姿態，一直到他們又將新組織的身分認同內化為止。而就像我們前面提過的，一個組織越能提供最佳獨特感，其成員身分認同的速度也就越快。

下去，便自己開了個校友群組寄信清單，而一個學生指出：「就因為我們這個群體特別強調貢獻和互相幫忙的好處，所以跟其他團體比起來，我向校友會任何一位成員請求幫助時都比較自在，勇於開口，也能獲得更多幫助。」

期末時，原本在學期之初質疑華頓沒有給予者的那位同學悄悄走過來對我說：「不知不覺，這個班上的同學變得打從內心樂於給予，這門課給了我們另一個層次的收穫。」

CHAPTER 9

給予本色

有人一施小惠便巴望對方報恩；有人暗記在心，卻仍視為放債；然亦有人不屑此風，這等人好比葡萄藤，結了果實而不求回報……助人後……便往前關照他事去了……此方為吾人模範。

——羅馬皇帝 馬可·奧理略·安東尼·奧古斯都

多年前一個高大身軀曾叱吒體壇，這人名叫戴瑞克·索倫森，身高六呎餘，體重九十多公斤，是個強悍的狠角色，令敵手聞風喪膽，他率領校隊打進全美大學冠軍賽，隨後成為職業選手。後來他受傷，職業生涯提早結束，卻仍有許多一流隊伍搶著要他接下合約談判的工作，他便開始鎮日周旋於球員和經紀人之間，竭力打造世界一流的球隊。

戴瑞克為了精進談判技巧，還到一所頂尖的商學院上談判課，得以在每堂課上以各種身分談判協商，好比扮演製藥公司高級主管，準備買下一家製藥工廠，或是扮演跟木工師傅起嚴重爭執的公寓建商。開始上課不久，戴瑞克在某堂課的模擬談判中扮演買房地產的投資客時，便以一流的索取者姿態，成功說服房仲以完全違背客戶利益的低價跟他成交。

接著在一個寒徹骨的冬夜，戴瑞克在課堂上扮演一個漁民，跟其他三位競爭的漁民談判。他們面臨的情況是過度撈捕導致漁產資源枯竭，因此四人得商討如何處理眼前的兩難。其中一個人建議大家將總漁獲量均分成四等份，另一個人則建議應該以真正公平的方式分配，而非齊頭式的均分，因為四個人的漁撈作業量有大有小，所以應該每人減少百分之五十的漁獲量才公平。大家都同意這是合理的解決之道，協商到此結束，接著就是每位談判者自己決定是否遵循約定以及要捕多少漁獲了。

有兩個談判者說到做到，各自減少百分之五十的漁獲量，另一人則展現給予精神，減少了百分之六十五的漁獲量，眼看所有人已經準備好要保育他們的漁獲資源，然而戴瑞克卻決定不減少撈捕。他儘可能搜刮，撈捕量不減反增，大大削弱了其他三位創業家的競爭力。在談判會議之前，戴瑞克的營收居四人之末，但獅子大開口之後，他的收益比四人中的給予者高出百分之七十，也比另外兩位漁民高出百分之三十一。後來被同儕質疑時，他回答：「我的目的就是贏得談判，然後除掉對手。」

幾個月後，戴瑞克的職涯一飛沖天，他接下一支職業隊伍的工作，而且打響了強勢談判人的稱號，後來他們選出的黃金陣容拿下世界冠軍，而戴瑞克正是大功臣。戴瑞克在職業隊裡晉升飛快，獲選為這項運動的百大人物之一——這時他才三十多歲。

戴瑞克剛成為職業隊的專業談判人時，職責是掌管預算、尋找潛力新秀，並跟經紀人協商合約內容，努力簽下新球員及留住現有球員，而在資源有限的情況下，戴瑞克最有利的策略便是以索取者的姿態談判。他開始尋找別人沒發現的黑馬，結果在小聯盟挖到一塊璞玉。

他跟那位球員的經紀人坐下來談判合約細節，而他的手法不出所料，他開出遠低於行情的價碼。經紀人非常洩氣，因為幾位能力相近的球員都拿到更高的數字，他說戴瑞克想唬他，要求抬價，但戴瑞克並不理會，一步也不肯退。最後球員經紀人屈服，同意了戴瑞克的合約內容，戴瑞克贏了談判，替球隊省下數千美元。

但當晚戴瑞克回家後，心裡卻忐忑不安。他形容：「我在談話過程中就感覺得出對方很不滿，他提到幾個能力差不多的球員，但那時候談得如火如荼，我沒什麼聽進去。那經紀人離開的時候感覺很不是滋味。」戴瑞克決心彌補，希望跟那位經紀人的交易有個好收尾，因此他撕了合約，接受經紀人原本提出的數字，多給了那球員好幾千元。

戴瑞克這麼做明智嗎？他不僅讓球隊多花錢，而且開了先例，或許將不利未來的談判。此外這筆交易原本已經談妥，價碼雖低，經紀人自己也同意了，戴瑞克達成自己的目標後卻走回頭路，怎麼看都不明智。

然而這個決定其實比表面上聰明多了。范德堡大學學者布魯斯．巴瑞和瑞伊．弗萊德曼曾在談判研究中直覺推論敏銳的談判者應該比較容易勝出，因為他們能取得並分析較多資訊，可以留意多重議題，最後找出潛藏的解決方案。巴瑞和弗萊德曼曾進行一項研究，量測近百位ＭＢＡ學生的ＧＭＡＴ（研究所管理科入學測驗）成績，這是商管學校申請入學時普遍採用的考試，可評估學生的計量、語文及分析能力。研究團隊取得學生的這些智力資料後，便讓學生兩人為一組進行談判，一方扮演一家新購物中心的開發商，另一方則代表可能進駐的主力商店發言，兩位學生協商結束後會交出最終決議，由兩位專家評估雙方分別談到的價值。

結果不出所料，當每組的兩個成員都很聰明時，談判所得的總增益最高，而巴瑞和弗萊德曼進一步細看每組雙方各自的獲益，預估越是聰明的談判者，為自己爭取的收益應該越好——實際結果卻非如此，談判人越睿智，竟是讓對手獲得越高的收益。

巴瑞和弗萊德曼寫道：「似乎越是聰敏的談判者，越能了解對手真正的利益，因此能在自己犧牲不多的情況下給對方較好的交易。」換句話說，越是聰穎的人，越能幫助對手成功，而戴瑞克願意給那位小聯盟球員經紀人較高的價碼，做的正是這樣的事。這是一種利人利己的貢獻方法，他自己犧牲不多，但卻為經紀人和球員帶來很大好處，因為幾千美元在球隊眼中只是小錢，對那位球員卻有很大的差別。

但戴瑞克為何改走給予者的路線呢？原來他在與那位球員經紀談判的不久前，了解了一件對他而言很重要的事——他的名聲。那期談判課程結束前，班上投票選出幾項談判獎得主，而無論是最佳合作獎、最佳創意獎、最佳道德獎，戴瑞克都連一票也沒得到，只有一個獎沒掛零，而且這個獎他還獲得了最高票——他在「冷血無情王」這個獎項獲得壓倒性的勝利。

但戴瑞克當週還有一件更沒齒難忘的事，那就是他成了商學院史上唯一被別班同學選為「冷血無情王」的學生。他修課期間，商學院開了另一堂談判課，那班學生從未與戴瑞克在談判桌上交鋒過，甚至許多人從未見過他本人，但他的聲名卻遠播到讓別班同學都把票投給他。

其實戴瑞克的談判作風在索取者的世界裡稀鬆平常，而他因為出身是職業選手，一路走來的心得就是如果自己不盡量掠奪最大價值，就很可能任人宰割。他說：「球隊其實是球員的敵人，球隊總是想把錢從我口袋挖走，所以談判在我眼中就是戰鬥的過程，絕對是一方贏、一方輸，所以我一定要儘可能掠奪。」但被同儕冠上冷血無情王的頭銜——甚至給素不相識的人這樣的印象，他不得不反思自己在談判桌上的互動模式。戴瑞克說：「我極力索取，帶來短期的好處，但卻付出長期的代價，因為一個同事因此跟我交惡，我的名聲也壞了。」但戴瑞克說，後來與那名球員經紀談判，他撕掉合約，付經紀人更高價時，「我得到對方的善意，那經紀人非常感激，後來那個球員變成自由球員的時候，經紀人還打電話告知我。現在回想起來，我很慶幸那時候反悔，不只逆轉我們的關係，也幫了球隊一把。可能冷血無情王變得成熟了吧。」

但事實上，我想戴瑞克的轉變不該用「成熟」來形容，成熟指的是成長進步，但戴瑞克其實只是回到從前遵循多年的核心價值，回到他坐上談判桌前的舊日模樣。戴瑞克在習慣以索取者的作風談判之前，其實從前在同儕心中是個慷慨熱心、有求必應的人，他花費無數時間指點想進入運動管理領域的同仁，也輔導許多把他當成榜樣的年輕運動員，而在成長過程中，他無論參加哪支運動隊伍幾乎都當上隊長，從小學、中學到大學都是如此，甚至第一次進入職業隊後也以新人之姿當上隊長——許多隊友年紀長他一倍，但大家都敬重他置團隊利益於個人之上的精神。

因此戴瑞克在談判桌上的蛻變並不是學習嶄新的思維，而是在新的領域中培養出信心和勇氣來展現他舊有的價值觀。我認為多數在職場上以互利者自居的人也都面對相同的議題，而我希望其他像戴瑞克一樣的人不須在獲頒「冷血無情王」大獎後才開始學習在職場上守護他人利益。而近年來戴瑞克經常做的貢獻，就是跟敵隊分享球員資訊，儘管他們是零和的競爭對手，但戴瑞克仍不吝和敵隊討論一些曾待過他隊上的球員，幫助他們選球員。他說：「在場上，我希望把敵隊打得落花流水，但下了場，我隨時願意伸出援手。」

如今戴瑞克打造出一支冠軍職業隊伍，而他認為自己成功的關鍵便是從索取轉為貢獻，儘管如此，他仍擔心被核心人脈以外的人看出他的貢獻特質。其實戴瑞克．索倫森是個假名，因為他在分享自己的經歷前便要求我隱藏他的真實身分。他解釋：「我不希望外面的人知道我會多付錢給球員。」

許多給予者在成功之餘仍有類似憂慮，但這問題其實並非無解。舉雪莉安．卜立思為例吧，我們在第一章提過這個人，她是一家金融服務公司的高級主管，個性強項就是善心和同情，原本她一直隱匿這些特質，我問她的故事時，她也像德瑞克一樣要求匿名分享。但六個月後，她改變了心意。她告訴我：「我私底下弄了一個活動，鼓勵有給予精神的人『坦白身分』；其實給予為我的個人生活和職涯帶來很多好處，可以說出這種精神是一種解脫，現在我已經不怕了。」

雪莉安的態度為何有了一百八十度的轉變？她剛發現自己的給予精神時，滿腦子只想到這種特質的風險：大家內心期望的她，是個強硬、結果導向的人，樂於付出的性格只會被斥為軟弱。然而雪莉安開始仔細觀察公司裡的人，這才驚覺她在職場上仰慕的楷模都是給予型人物，突然間，她的參考架構改變了：她赫然發現給予者不一定是墊背，高踞枝頭的給予者其實為數驚人。我們站在地面上仰望成功人士時，不一定會注意到這件事，整體而言，因為有成就的索取者言辭強悍、善於邀功，我們的目光往往聚焦在他們身上，但如果你開始留意自己工作場域中的人際互動模式，我敢打包票你會發現許多給予者其實也取得了你渴盼的成就。

我個人景仰的成功人士多半是給予者，而我感覺我有責任把他們教給我的一課傳遞給更多人。我剛到華頓商學院時，扛下的職責是教給這群世上最擅長分析的人更上一層樓的領導、管理及談判能力，我便決定從介紹人際互動模式開始，因此我問了他們一個問題，也就是這本書的開場白：會淪落到成就金字塔底層的是哪種人呢？

學生的判決結果幾乎異口同聲：是給予者吧。我又問最有成就的會是哪類人，這時學生均分成兩派，一派認為是互利者，一派認為是索取者。我便決定把這套在他們聽來簡直是異端邪說的理論教給他們，我說，你們太小看給予者的成就了，對，很多失敗的人是持續奉獻不求回報的人沒錯，但其實懷抱著同樣的給予精神，只要微調一下，就能登上成功巔峰；把焦點和精神放在造福他人，成就便隨之而來。我知道要說服學生相信這套法則不容易，因此我決定實際證明。

而這本書就是證據。

雖然我們許多人其實都樂於貢獻，但我們經常不願在職場上展現給予精神；然而如今團隊合作、服務業及社群媒體日漸興盛，為給予者打開了一道又一道的門，有助給予者經營人脈及聲譽，這些都能加速並延展給予者的成就。我們已舉出各種實例證明給予者在各行各業都能魚躍龍門，無論在工程界、醫界或業務圈均是如此。也別忘了彼得．歐迪特，就是前面提過的那位澳洲理財顧問，他專程開車登門拜訪一個貧窮的廢五金回收工人，替他調整理財計畫，結果最後那位客戶其實是經營廢五金的大老闆，手頭十分闊綽，後來讓彼得的公司賺了大錢——而故事還沒完。

彼得後來知道這位廢五金商人事業忙碌，忙得沒時間放假，他便一直希望能幫忙。幾個月後，另一位在汽車美容公司擔任經理的客戶告訴彼得她工作得很不快樂，彼得便向廢五金買賣商推薦她，廢五金買賣商也正好需要她的專才，而且原來這位女士的家距離廢五金場只有五分鐘車程；她三週後就到職，而那位客戶也得以帶妻子去度假，這是他多年來第一次得閒。彼得說：「兩位客戶都很高興，很感激我會用心想到他們的生活，而不只是他們的投資。我給予得越多，也就越來越成功，但我認為能幫到人的成就才是真成就，這才是最好的獎勵。」

給予者所認定的「成功」定義獨一無二。索取者眼中的成功是高人一等，互利者眼中的成功是在個人成就和他人權益之間取得平衡，而給予者多半像彼得一樣，認為所謂的成功就是取得個人成就之餘，也能為他人帶來正面影響。各種組織若想嚴守給予者的成功定義，則對員工的招募、評估、獎勵及拔擢制度都必須從根本調整，不再把焦點放在職員個別的生產力上，而是看個人能對團體發揮的漣漪效應，若我們能拓展對成功的既有看法，在個人成就之外也考量對他人的貢獻，大家或許就更樂於在職場上發揮給予者的本色，而如果成功意味著必須造福他人，索取者和互利者或許也會更願意尋找利己利人的做法，同時為自己和團體謀福利。

本書中每位傑出給予者的故事說穿了，其實談的都是個人成就和集體成就之間的關聯。創業家亞當．雷夫金之所以能建立人脈網，結交許多有力人士，憑藉的就是幫助他遇到的每一個人，以及創立成功的企業，協助數以千計的同行找工作、精進技能及開設優質公司。創投家大衛．霍尼克之所以能投資錢景看俏的公司並樹立好名聲，也是因為他幫助有志的創業家做出更好的創投提案及取得資金。而喜劇編劇喬治．梅爾之所以拿下數座艾美獎，獲得好萊塢最幽默編劇的名氣，也是因為他替《塑膠小士兵》的團隊開了職涯大門，以及努力提升《辛普森家庭》團隊的工作效率。

在校園裡，我們認識了獲得無數教學獎的西傑．史坎德，他拉拔年輕學子，慧眼識潛能，鼓勵學生發揮潛力；還有另一位老師康芮．凱勒涵，她懂得維繫貢獻能量的訣竅，創辦幫助弱勢學生升大學的非營利組織，獲得全國性的教學獎。在醫療圈，我們看到真心替病患服務的基爾代爾．愛斯科杜和南希．菲歐普絲登上公司的業績寶座；在顧問業，我們看見傑森．蓋勒和莉莉安．鮑爾早早升上合夥人，正是因為他們樂於指導扶持同事，培育起後進的專業知識；在政治界，我們看見林肯當上美國總統，且成為全球史上的卓越領袖，而造就這一切的起點正是他當年不吝將政壇要職讓給對手。

在我看來，卓越的給予者最大的魅力就是這點：他們爬上成就金字塔頂端，卻不把其他人踩在腳下，而是將立足點拓寬，造福自己，也造福身邊所有人。索取者的功成名就是零和賽局，然而給予者卻能在他們的世界裡發揮一加一大於二的綜效。

我掌握這些知識後，也發現許多人走往更有策略的互利路線，他們出手助人為的是建立人脈和聲譽，替自己的成就鋪路。這種以索取為最終目標、工具性的給予真的能帶來成功嗎？我在本書開始時提過，長期而言，這種做法不會奏效。

真正的給予和機巧的互利之間有一道細微界線，能否消弭端看我們如何定義人際互動模式，要看我們以行為本身、背後動機或者是結合兩者來判斷。這是很深的哲學問題，對於如何衡量策略互利者有各種觀點，每種似乎都有道理。某方面而言，就算這類互利者動機可議，他們的助人行為往往造福他人，確實提升了該人際系統中的總給予量；但另一方面，參考肯尼斯．雷伊的例子，我們便可清楚知道，一個人的行動往往會洩漏其動機，若我們給予的接收方和見證的人開始質疑我們是否秉持著自利的動機，他們便不太可能產生感激或提升的反應。策略性的互利者並非真誠助人，而是著眼於個人私利，最後或許會自食其果：其他互利者可能會有所保留，不願出手相助，或是散播負面聲譽資訊，甚至找機會擺這些索取者一道。

為避免淪落這種下場，想朝互利方向努力的索取者應該找到自己真心喜愛的給予方式，為自己真正關心的人付出，如此一來，秉持互利價值觀的人即便給予後無法獲得直接回報，也能真心以給予者的心態付出，這時所展現的動機便是真誠純粹的了。最後，在重複再三的選擇造福他人之後，上述的策略互利者或許就會培養出給予者的身分認同，循序漸進，由人際互惠模式的另一端朝給予者邁進。

我們醒著的時間有很大一部分投注給工作，這代表職場上的作為對我們的人格特質有深遠影響，若我們只把給予精神留在私領域，職業生涯將有多少缺憾？如果我們能一點一滴朝給予者的典範邁進，或許就能讓醒著的時光增添卓越不凡的成就，為生命鋪築意義，造就持久深遠的影響力。

致謝

我想寫這本書的念頭或許最早由我外公外婆保羅和佛羅倫斯・巴瑞克植入我心，兩老奉獻不倦，總是投注大把時間精力幫助他人，從不要求回報。而我從小到大之所以對心理學好奇、對工作生活品質有興趣，則是我父母親馬克和蘇珊的功勞。我也想感謝跳水教練愛瑞克・貝斯特，他讓我了解人的成就跟心理學大有關係，讓我有機會在培育他人的過程中見識到給予的力量，並且鼓勵我追尋這個結合心理學和寫作的職涯。而我能成功走上這條職涯則要感謝布萊恩・李托，他的智慧和慷慨改變了我的一生，他是我心中的完人典範，因為他的智識之淵博、教學之殷切、學術魅力之深遠，才讓我想成為教授。我開始學習組織心理學後，珍・達頓、蘇・艾許福、艾倫・蘭格和瑞克・卜萊斯的指導讓我獲益匪淺，其中我尤其感謝珍，因為她不吝給予指點批評，讓我思考得更深入，同時也鼓勵我拓展視野，做出真正影響深遠的研究。

有人說寫書所耗費的精力可比擬一支軍隊，我寫這本書也不例外，我背後確實有一支給予者大隊，因為有他們協助，本書內容才能更添神采。首先領軍的是墨井的理查・派恩，他集所有作者希望經紀人具備的特質於一身，天賦卓絕，能慧眼看出人和想法的潛力，此外極具專業和熱忱，能將對的想法和人連結起來，讓文字使這個世界更加美好。他幫我找到對大眾發聲的親和口氣、支持我寫這個主題，也對書中內容提出許多洞見，還協助尋找我們周遭成功的給予者。理查對這本書和我的生活都有不可磨滅的影響力。

本書的另一位創意推手是我了不起的編輯凱文．達登，他一路協助，而最重要的是他向我提起喬治．梅爾這個人，讓我意識到給予者的獨到之處正是與旁人分享成就，而這也是凱文從自身經驗中得到的心得，因為他自己就是這樣拉拔他遇見的每位作者。凱文給我許多犀利深刻的意見，強化我行文的結構及論點，也將書中的故事和研究潤飾得更添趣味，此外也是因為有他激勵，我才決定重寫其中三章。凱文除了讓本書中每字每句更添風采，也教導了我寫作之道。

我開始考慮寫這本書時有不少同仁給了我明智建議，其中我尤其想感謝珍妮佛．愛克、泰瑞莎．艾麥拜爾、丹．艾瑞利、蘇珊．坎恩、諾亞．葛斯坦、貝瑞．史瓦茲、馬爾帝．賽力格曼、李察．薛爾和鮑柏．撒登，另外還有丹．平克，他不僅給予意見，還幫我想出書名。我決定寫這本書的想法是在跟傑弗利．札斯洛討論後產生，而下定決心是在與賈斯汀．柏格聊過之後；因為有柏格的眼界和專業，這本書的風格和內容才能大大改善。

感謝以下這些朋友閱讀定稿前的內容，提供了珍貴意見：安．唐恩、凱薩琳．狄恩、佳比．法爾卡斯、艾力克斯．費許曼、阿萊莎．吉爾科夫、凱兒西．希爾布里屈、凱蒂．伊米歐司嘉、曼希．詹恩、瓦倫帝諾．金、菲爾．勒凡、派崔絲．林、尼克．羅巴里歐、蜜雪兒・呂、莎拉・盧江、琳西・米勒、思達芮・彭、安德魯・羅博茲、丹妮兒・羅德、蘇如奇・斯里坎斯、喬・泰能特、瑞恩・維蘭努瓦、蓋伊・維能、貝琪・沃爾德、泰瑞莎・王、凱瑟琳・魏和湯米・尹。此外還有許多人介紹了書中的故事及受訪者，由衷感謝以下這些人的居中牽線：卡麥隆・安德森、丹恩・巴恩斯、瑞妮・貝爾、傑西・貝盧地、葛芮絲・陳、克里斯・柯洛西、安潔拉・達克吳爾斯、比爾・費斯、茱麗葉・賈歐帝、湯姆・傑瑞帝、麗雅・海姆森、戴維・海克曼、黛拉・克睿哲、亞當・拉辛斯基、羅倫絲・拉美爾、麥特・馬隆、凱得・麥西、戴夫・馬查、克里斯・麥爾斯、梅瑞狄絲・麥爾斯、珍・歐爾旺、鮑柏・波斯特、喬恩・雷夫金德、蓋文・瑞吉爾、克萊兒・羅博森卡夫特、史考特・羅斯納、塔爾・班夏哈、芭碧・席歐登、邁特・史蒂文斯、布蘭登・斯圖特、麥克・巫錫姆、傑瑞・溫得、艾美・睿思紐斯基、喬治・曾，還有幾位瑞黎製作的匿名好心朋友。

我也由衷感謝許多人接受我的訪談，不吝分享他們的智慧、知識及經歷，還有許多讓我在書中引言的朋友，感謝您們：安托萬・安德魯斯、彼得・愛維斯、伯尼・班克斯、科琳・巴瑞特、瑪高・伯根、鮑勃・布魯克斯、拉諾・柏克哈諾瓦、吉姆・卡納萊斯、維吉妮雅・卡尼諾、鮑柏・卡波斯、布萊恩・朱、鮑伯・寇蘭、麥特・康提、馬力歐・迪特拉帕尼、阿圖爾・杜貝、妮可・杜普瑞、馬克・埃利奧特、席拉・埃爾沃西、馬克・法隆、邁克・范伯格、克麗斯蒂・福拉那岡、邁克・法沙瑟加、安娜・高提爾、傑若米・吉雷、凱希・古巴尼赫、蜜雪兒・蓋爾斯麥當諾、克里斯登・霍頓、畢克・霍爾、湯姆・吉瑞、黛安和保羅・瓊斯夫婦、瑞克・瓊斯、梅拉妮・卡茨曼、科林・凱爾頓、理查德・萊克、賴瑞・拉弗瑞、埃瑞克．利普頓、特蕾莎．羅思、尼克．藍普、丹．里昂斯、塞爾吉歐．瑪吉斯崔、蘇珊．馬修斯、提姆．麥康奈爾、大衛．麥克莫倫、黛比．麥克魏尼、瑞克．米勒、羅伊．聶夫、蘭迪．尼爾森、斯科特．奧尼爾、珍娜．奧斯本、查爾斯．朋錫、鮑柏．波斯特、賴瑞．鮑威爾、凱特．李奇、曼弗雷得．瑞奇、喬恩．雷夫金德、賴瑞．羅勃特、克萊兒．桑得森、瑞蓓卡．舒德爾、榮恩．斯科塔札克、畢爾．雪曼、史考特．雪曼、約翰．西蒙、馬林．史皮爾賓、大衛．史都華、克雷格．史塔克、蘇珊．撒特爾、派特．史維尼、魏維克．提瓦瑞、維琪．杜立芙、艾西莉．瓦倫坦、湯尼．韋爾斯、馬修．韋爾金斯、葉爾．尤藍姆、喬全．采茲和法蒂瑪．佐查杜。

瑞秋．卡本特和愛瑞卡．康納利為本書宣傳提供許多創新點子，並召開一場收穫豐碩的動腦會議，在此也感謝參與會議的愛麗森．布魯費許巴赫、柔伊．愛普斯坦、史恩．葛雷芬、愛德瑞雅．侯、凱瑟琳．豪威爾、伊恩．馬提涅斯、史考特．麥克納帝、安妮．梅爾和貝琪．沃德。

此外我也要感謝以下這些朋友記錄了一週的給予日誌：喬許．伯南　、查爾斯．伯恩本、亞當．孔彭、奇南．科頓、班．弗蘭司瓦、珍．李、賈許．立浦曼、查禮．梅瑟、菲爾．聶福、瑪麗．派提特、麥特．伯森、凱莉．蘿賓斯、克立斯．斯爾均特、卡拉．雪密、夏琳．蘇和妮娜．瓦爾吉斯。

我還想感謝許多朋友、同仁、學生和家人一起構思本書的架構和內容，謝謝您們：山姆．艾柏查格、大衛．愛德爾曼、鮑柏．愛得勒、賽巴斯汀．阿逵拉、坦納．艾爾蒙、麥克．艾爾度夫、丹．貝克、藍吉爾．巴爾波沙、多明尼可．巴西爾、蒂巴．伯特、比爾．波若夫、安德魯．布羅斯基、愛妮塔．布塔尼、李維斯．鍾、康斯坦帝諾．庫地法瑞斯、寇蒂．戴薛爾普、凱瑟琳．德卡斯、艾力克斯．愛得曼司、梅帝．艾爾哈喬、馬克．愛略特、傑瑞得．英格伯各、達芙娜．艾隆、賈琪．福雷許曼、米雪兒．蓋斯特、克麗斯汀．吉爾尤丁、逵賀姆．吉瑟曼、洛斯．葛雷瑟、麥特．葛瑞熙、布瑞特．賴維瑞．葛瑞哥卡、丹．葛魯伯、雪依娜．哈金姆、豪爾德．海夫納、葛瑞格．韓納西、大衛．霍夫曼、維多利亞．霍侃普、瑞克．霍爾根、約翰．許、大衛．杰夫、雅曼達．傑福森、尼傑麥．凱吉丹、艾莉．季伊、約納珊．卡爾莫、杰夫．其德曼、阿努．柯利、梅莉莎．卡明、班．庫茲席納、愛明．拉克哈尼、徹斯特．利、亞曼達．李伯拉托爾、妮可．林、琳希．馬修斯．派得利諾、艾美．馬朱諾、蘿倫．米勒、查克．米勒、約瑟芬．瑪吉洛、洛倫．馬洛尼伊格內修斯、大衛．莫茲、布萊恩．尼米諾夫、瑟萊絲特．吳、丹．歐佩迪沙諾、麥特．波森、喬吉斯．波沃羅斯基、德瑞克．普瑞司頓、維亞斯．羅曼楠、大衛．萊得、大為．羅伯茲、傑瑞米．羅斯納、胡安．帕布洛．薩達利亞加、弗蘭西絲．珊多、克麗斯汀．施密特、瑪格特．李．施摩拉克、史考特．索南申、阿瑞．薛伊得、柯爾特．史密斯、麥克．托密納、帕爾莫．楚森、強納森．塔格曼、艾瑞克．圖拉、麥可．范．佩爾特、傑米．瓦歷斯、邁克．吳爾福、拉尼．雅達夫、蘿倫．雅菲、安德魯．亞侃德和艾西莉．玉崎。

最後，我還要感謝這些年來許多至親好友的鼓勵，謝謝我的妹妹崔西、祖父母傑伊和瑪麗安・格蘭特、岳父岳母亞德莉安和尼爾・史維特，以及我「影響力研究室」的成員。而我之所以能寫成這本書，最要感謝的人就是我的妻子愛麗森，她花了無數個小時幫我腦力激盪、閱讀、討論、搜尋資料，我無法用言語表達她的愛之於我有多大的意義，我寫作時總想著她樹立的典範，愛麗森是家中的頭號給予者，是我的楷模。最後也想告訴我們的女兒喬安娜和伊蓮娜，她們是我生活中喜樂和意義的泉源，我以她們為榮，也希望這本書的原則有朝一日能成為下一代眼中的成功新法則。

行動計畫

若你有興趣將本書的原則運用在工作或生活中，在此我整理出一套實際可行的計畫供你採用，其中許多做法都參考高成就給予者的策略和習慣，而且每個計畫都附上相應的資源及工具，方便你評估、安排及延伸這些給予行動。這些計畫之中，某些有助增加你日常行為中的貢獻行動，有些則協助你修改給予習慣、尋找身邊的給予者，或是鼓勵他人加入貢獻的行列。

● 行動一：測量你的給予商數 (Giver Quotient)

我們經常處在回饋真空的狀態，無法獲悉自己的行動究竟對他人有什麼影響，因此我設計了一系列的免費線上工具，幫助你了解自己的影響力及評估自我意識：請造訪www.giveandtake.com網站，接受免費測驗，測測你的給予商數。除了自己填寫問卷外，也可以邀請認識的人評量你的人際互惠模式，之後你就會收到資料，了解你在別人眼中貢獻、索取和互利的情形。

● 行動二：搭起互惠圈

試想一下，如果你所屬組織中的成員每週花二十分鐘時間聚在一起，讓每個人提出要求並互相協助，將能帶來多少價值，建立起怎樣的貢獻常態？想知道該如何在組織中展開「互惠圈」活動，可造訪雪若和韋恩・貝克的企業網站「修邁思」（www.humaxnetworks.com），上面提供一套為個人及團體設計的社群工具，有引導進行實體互惠圈活動的教材，也有一個「漣漪效應」（Rippleffect）工具，可用來進行線上互惠圈活動。通常一個互惠圈的人數為十五到三十人，每位成員輪流向所有人提出要求，其他成員則出力相助，運用自己的知識、資源和人脈達成要求者的心願。此外還有一家新創公司Favo.rs（http://favo.rs）創建了一個線上市集，你可加入，在市集中提出要求，也幫助達成他人的要求。

● 行動三：幫助他人或自己改造出有利給予的工作型態

許多人經常面對不符合自己興趣或技能的工作內容，而協助他人做有趣、有意義、有助成長的工作其實是絕佳的給予行為。二〇一一年時，某大型跨國零售企業的一位副總裁傑伊（Jay）發出電子郵件，向所有員工宣布一項最高機密計畫，表示細節只能在一對一會議中透露，且只會告知部分關鍵資訊。員工單獨前來開會時，傑伊才揭開這項機密計畫：

他問員工是否有什麼想做的事是其他同事也會感興趣的，他詢問每個人的興趣嗜好，問他們希望在公司多花時間做什麼事。最後他讓員工在公司展開各自的計畫，只有三項規定：第一，想做的事必須至少有另一個同事有興趣；第二，花費很少或無花費；第三，想做的人必須主動發起。

接下來一年中，傑伊不時追蹤大家的機密任務進行得如何，結果大約有三分之二的員工都開始設法將心願化為真實，而大約一半的員工已經正式展開計畫，其中傑伊最喜歡的計畫是讀書會，加入的同仁挑選自己喜歡且與工作有關的書，然後彼此討論。傑伊深思道：「其實在我問他們之前，大家本來就可以做這些事，但以我的身分問同事這些問題，他們就能確定現在自己有權利追求自己的興趣，這樣等於在他們心裡播下種子，而有些同事最後真的實現了計畫。」這些種子在許多員工手中開花結果，甚至傑伊自己也不例外——他在二〇一二年時升上公司一個重要事業部的人力資源副總裁，旗下帶領四萬五千多個員工。

傑伊在秘密計畫中鼓勵員工進行的正是「工作改造」。工作改造的概念最早由耶魯大學和密西根大學的管理學教授艾美·瑞斯尼斯基（Amy Wrzesniewski）和珍·達頓提出，指的是創新工作內容，自行發揮創意增添並客製化自己的職責，讓工作更貼近個人興趣及價值觀。許多人不免擔心員工將把工作內容改造得無法對企業有貢獻，而為了解決這個問題，我、艾美和賈斯汀·柏格與珍妮佛·柯寇斯基和布萊恩·韋爾搭檔，他們兩位在谷歌領導一個「人與創新實驗室」。我們針對谷歌的美國和歐洲辦公室進行研究，隨機挑選從事業務、財務、營運、會計、行銷及人力資源工作的員工，邀他們參加改造工作的工作坊。員工在活動中繪製一張示意圖，呈現出他們希望如何調整自己的工作，改造出一份理想但依然實際可行的職務內容，符合他們的興趣和價值觀。

過了六週，主管和同事的評比顯示，這些工作坊成員的快樂程度和效率都大幅提升。許多谷歌員工都找到方法花更多時間做他們認為較有趣或有意義的事，有些把較不喜歡的工作下放，也有員工調整工作內容，納入他們想培養的新知及技能。整體而言，谷歌員工對工作的滿意度上升，也更有動力提升工作績效，有些職員的進步甚至持續六個月之久。「工作改造」適用於各種人際互動模式的人，無論給予者、索取者和互利者都因此表現得更出色。其中給予者將工作改造視為擴大影響力的良機，因此他們會想辦法給予更多價值給同事及公司，好比指導資淺同事、替客戶創造更優質的產品、改善新進員工的訓練等等；互利者則對有機會從事有意義、有趣的工作懷抱謝意，因此以努力工作來回報；就連索取者也會意識到為了讓職涯更上一層樓，自己必須優化工作內容，要能造福公司和自己才行。

為了協助員工改造工作，賈斯汀、艾美和珍設計了一個工具，稱為「工作改造計畫」，我們在谷歌工作坊便利用這套工具，流程是先繪製一幅「使用前示意圖」，描繪自己目前時間精力的分配情形，接著再設計一幅「使用後示意圖」，描述自己希望把工作調整成怎樣的型態。活動手冊可在www.jobcrafting.org線上訂購，可個人單獨完成，也可團體進行，協助朋友或同事完成有意義的改造工作計畫。

● 行動四：啟動愛的機器

不少組織中的給予者默默給予而無人聞問，為解決這個問題，有些組織會推行同儕肯定計畫，獎勵領導者及管理者較難發現的給予行為。美世諮詢公司（Mercer）的一份調查指出，二〇〇一年時約有百分之二十五的大型企業推行同儕肯定計畫，而二〇〇六年時已增長到百分之三十五，其中包含谷歌、西南航空、Zappos網路鞋店等知名企業。

而有個迷人的同儕肯定工具叫「愛的機器」（Love Machine），由虛擬世界遊戲「第二人生」（Second Life）背後推手林登實驗室（Linden Lab）開發。許多科技公司的員工並不會貢獻時間或知識給同事，而是盡量保護自己手上的時間及重要資訊，因此「愛的機器」的用途就是扭轉此趨勢，讓獲得同仁幫助的員工能發送「愛的訊息」給對方。這些訊息大家都看得到，因此能提升地位及聲譽，獎勵並肯定給予行為。曾在林登實驗室擔任主管的內幕人士克里斯．柯羅西（Chris Colosi）表示，這「可以讓科技宅宅產生競爭心理，搶著幫助別人」，這個工具「讓大家意識到原本常被忽略的工作，例如得到最多『愛的訊息』的常是我們的行政庶務等後勤員工。只要一個組織裡有一定比例的索取者，我們就必須思考如何設計獎勵機制，而用『愛的訊息』來獎勵同仁做職務以外的事，我認為這是很好的點子。」

如果你想讓你的組織試用，可上新創公司「愛的機器」的網站www.lovemachineinc.com找這個叫「傳愛」（SendLove）的數位工具，肯定計畫的時間長度可自訂，而使用這套工具，組織成員可互傳肯定給予行為的短訊，且大家都能看到訊息內容。

● 行動五：奉行五分鐘法則

若你參加「一〇六哩」聚會（www.meetup.com/106miles），就能親見「熊貓」亞當・雷夫金本人，他是最懂得善用五分鐘法則的大師。而其實你也可以學習這位熊貓大師，適時問身邊的人是否需要協助，並在只需少少給予的前提下提供幫助。雷夫金最愛的給予方式有兩個，那就是提供實在的意見及介紹人脈。舉個例子，以下就是一個學習居中牽線的簡單練習：瀏覽你的名片簿、LinkedIn和臉書人脈，看看能不能找到兩兩一組具有特殊共通點的朋友，然後每週挑一組人，寫封電子郵件替他們牽個線。另外，雷夫金也推薦大家重新聯絡自己的休眠人脈，不是請求幫忙，而是找機會幫助對方：每個月找一位多年未聯絡的朋友，看看對方現在在做什麼，問他們需不需要幫忙。此外，你也可以造訪大衛・霍尼克的「創投網誌」（www.ventureblog.com），學習他的貢獻做法。

● 行動六：練習柔軟溝通，但也捍衛他人權益

想熟悉並精通柔軟溝通法，必須先調整習慣，請習慣從「說」變成「聽」，從宣傳自己轉變為尋求建議，從大力倡議改為虛心詢問。舉個例子，德勤顧問諮詢公司的前執行長暨現任資深合夥人吉姆·奎格利便展開自己的柔軟溝通法練習，定下了開會時發言不超過百分之二十的目標。他告訴我：「我的一個目的就是傾聽，很多時候問對問題比一味開口說話的影響力更大，我說話時沒辦法學到什麼，但傾聽時卻能從中學習。」奎格利從盡量答變成盡量問之後，發現自己更能了解大家的需求。他說：「對很多人來說，這不是天生的能力，但這是一個習慣，我們可以自己培養出來。」想進一步了解柔軟溝通的力量，可造訪蘇珊·坎恩及珍妮芙·凱威樂的網誌，分別是www.thepowerofintroverts.com和www.theintrovertedleaderblog.com。

在練習柔軟溝通的同時，別忘了也在柔軟溝通之餘，替他人或自己爭取權益時也應維持堅定。加薪網（GetRaised）是一個免費的線上資源，提供許多談加薪的秘訣建議，而共同創辦人瓦拉爾特指出，在原本薪水過低的條件下，使用者的平均加薪幅度為六千七百二十六美元，而其中男性成功談成加薪的比例約為二分之一，女性則為四分之三。（getraised.com）

● 行動七：加入給予團體

想找到其他給予者，不妨加入「自由循環網」社群，可以捐贈物品，也看看其他人需要什麼（www.freecycle.org）。還有一個啟發人心的給予社群叫「服務空間」（Service Space），這個網站由尼朋·梅塔創立，推動各種奉行贈送主義（Giftivism）的計畫。「服務空間」的總部設在加州柏克萊，目前會員數已達四十餘萬，每年發送的電子郵件超過五千萬封，但至今依然遵循「零員工、零募款、零包袱」的三大原則。尼朋創建這個讓大眾提升給予商數的平台，網站有三大功能，分別是「禮物經濟」專案、有啟發性的內容，以及義工與非營利服務。舉例來說，網站上有個名為「因果廚房」（Karma Kitchen）的禮物經濟計畫，旗下所有餐館的菜單上都沒有價目，你用餐拿到的帳單會標示著零元，上頭只有幾行字：「您享用的餐點由前面一位貴賓招待，為了讓這份心意延續下去，我們敬邀您也招待下一位客人。」另一個「助人」（HelpOthers.org）禮物經濟計畫則蒐集各式各樣的善行，這個計畫鼓勵使用者匿名助人，然後留下一張笑臉卡片，鼓勵受助者把愛傳下去。

例如尼朋說了個故事，提到一位任職於財星五百大企業的女性到販賣機買了飲料後，又投了一些硬幣，然後留下字條：「陌生人請你喝飲料。把愛傳下去！」接著她又買甜甜圈請大家，沒留名字，只留下一張笑臉卡片。尼朋笑著說：「有個人注意到這些事，就發信給整棟大樓的人說：『我已經努力找這些人很久了，我猜應該是二樓或三樓的人。』就這樣，大家都開始留心別人的善行，還有一些人也加入行善行列。」「服務空間」網販售笑臉卡片，義賣所得用來捐助非營利活動，此外也提供每週電子報訂閱，網頁上也有清單列出各種啟迪靈感的給予方式，好比經過收費站時替後面車輛付費，或留個訊息給幫助你的人的主管。尼朋說：「越是給予就會越想給予，而你周遭的人也一樣，這感覺就像上健身房；不斷訓練你的『給予』肌群，給予精神就會越來越強壯。」還有一個令人印象深刻的計畫叫「希望快閃族」（HopeMob），標榜「號召世界各地的好心陌生人現身，齊聚幫助有需要的人」

（hopemob.org）。或者如果你希望自己號召一群人一起即興做善事，也可以參考加拿大的「極限善行」（extremekindness.com）或英國的「善行攻勢」（thekindnessoffensive.com）網站。「善行攻勢」由一群發起強勢善行的人組成，他們許多的隨機善行都是史無前例，好比他們曾送倫敦一家醫院的所有病童一人一件玩具、發放五十萬份鬆餅、在英國各地慶典活動發送贈品、提供弱勢家庭免費醫藥用品及住宿協助、替老年人辦茶會、送十歲男孩一把電吉他，或是在莫斯科馬戲團表演時，幫一位想給女兒驚喜的父親取得免費的前排座位，並替他爭取到後台練習的機會。「善行攻勢」的創辦人是誰呢？他的名字叫大衛・郝仁（David Goodfellow），這或許並非巧合。

其他有意思的資源還包括艾文・密斯納創立的商業人脈組織ＢＮＩ（www.bni.com），這個社群的標語是「貢獻的人又來了」。此外還有「給予的力量」社群（www.thegogiver.com/community），這個團體的號召力量是鮑伯・柏格和約翰・大衛・曼恩寫的寓言《給予的力量》，成員認為給予是強化職涯的有力方法。

● 行動八：開始你的個人善行實驗

如果你喜歡自行給予勝過集體行動，不妨試試「極好」（GOOD）的三十日挑戰（www.good.is/post/the-good-30-day-challenge-become-a-good-citizen），這個挑戰會引導你每天進行一個新的給予行動，持續一個月。如果想參考其他做好事的點子，也可造訪沙夏・狄區特的三十日好心實驗（sashadichter.wordpress.com）和萊恩・賈西亞長達一年的每日隨機行善計畫（www.366randomacts.org）。狄區特是「聰明人基金」（Acumen Fund）的創新長，他展開一個月的好心實驗，期間遇到任何要求都得答應；而賈西亞則是「尋醫網」（ZocDoc）的業務專員，他下定決心每天隨機做一件善事，持續一整年，並寫網誌記錄這一年的經驗，他的給予行為包括指導他人、感謝客服人員等等。但別忘了我們在第六章學到的，若希望這類善行實驗為自己帶來最大的精神獎勵，最好每週花二到十一小時從事給予行為，而且與其日行一善，不如集中為每週兩、三個時段，效果會更好。

● 行動九：出資贊助給予計畫

各式各樣的專案都需要資金援助，你可造訪全球最大的群眾募資網站「發動網」（Kickstarter），上面有許多極具創意的企劃案，無論拍片、出書、開發電玩、做音樂、舞台劇、繪畫等，有各式各樣的產品及服務需要資金（www.kickstarter.com），或者也可以到慈善微型貸款網站「奇瓦」（www.kiva.org）尋找資助對象，提供美金二十五元以上的微型貸款，幫助開發中國家的創業家，而且這兩個網站都能查閱受助專案目前的進度。

● 行動十：開口求助

如果你希望大家多貢獻，最好的方法就是直接開口要求他們。請求別人幫助不一定會給對方造成負擔，有些人樂於給予，你開口等於製造機會讓他們體現自己的價值觀，他們也會感覺自己很重要。若你能請別人幫個花費不超過五分鐘的小忙，對方負擔其實很輕，而如果你找的是個互利者，之後更有機會回報對方。韋恩和雪若・貝克指出，大家「若想點燃互惠的火花，除了幫忙他人，主動開口求助也是很好的做法。幫忙時慷慨不求回報，但需要時就大方開口」。如果你不知道該找誰幫忙，建議詢問LinkedIn聯絡王（LinkedIn Open Networker），也就是什麼聯絡人都加的會員，請他們替你牽線。（想了解LinkedIn聯絡王，請參見www.cio.com/article/print/470122或www.linkedin.com/groups/Pay-It-Forward-Open-Networkers-3959173等文章）

國家圖書館出版品預行編目資料

給予：華頓商學院最具影響力教授，創造人際紅利的處世策略 / 亞當．格蘭特 著；汪芃 譯. -- 二版. -- 臺北市：平安文化有限公司, 2025. 08
336 面；21×14.8 公分. --（平安叢書；第 858 種）
(Upward；185)
譯自：Give and Take : Why Helping Others Drives Our Success
ISBN 978-626-7650-68-4（平裝）

1.CST: 人際關係 2.CST: 社交技巧 3.CST: 成功法

177.3　　114009855

平安叢書第 0858 種
UPWARD 185

給予

華頓商學院最具影響力教授，創造人際紅利的處世策略

Give and Take :
Why Helping Others Drives Our Success

作　　者—亞當．格蘭特
譯　　者—汪　芃
發 行 人—平　雲
出版發行—平安文化有限公司
臺北市敦化北路120巷50號
電話◎02-27168888
郵撥帳號◎18420815號
皇冠出版社（香港）有限公司
香港銅鑼灣道180號百樂商業中心
19字樓1903室
電話◎2529-1778　傳真◎2527-0904
總 編 輯—許婷婷
副總編輯—平　靜
責任編輯—陳思宇
行銷企劃—薛晴方
封面設計—兒日設計
內頁設計—李偉涵
著作完成日期—2012年
二版一刷日期—2025年8月
二版二刷日期—2025年9月
法律顧問—王惠光律師

讀者服務傳真專線◎02-27150507
電腦編號◎425185
ISBN◎978-626-7650-68-4
Printed in Taiwan
本書定價◎新臺幣380元/港幣127元